作者简介

牟华林 男,四川平昌人。文学博士,贺州学院文化与传媒学院副教授。现已出版学术著作《温子升集校注》、《唐前帝王诗文校注》、《古今注校笺》、《萧纲骈体论稿》等共5部。

钟桂玲 女,四川自贡人。贺州学院马克思主义学院教师。现已出版学术专著《巴蜀两汉思想家全集》1部。

汉金文辑校

牟华林　钟桂玲 ◎ 著

光明日报出版社

图书在版编目（CIP）数据

汉金文辑校 / 牟华林，钟桂玲著. --北京：光明日报出版社，2016.10

ISBN 978-7-5194-2373-5

Ⅰ.①汉… Ⅱ.①牟…②钟… Ⅲ.①金文—研究—中国—东汉时代 Ⅳ.①K877.34

中国版本图书馆 CIP 数据核字（2016）第 255004 号

汉金文辑校

著　　者：牟华林　钟桂玲

责任编辑：曹美娜　　　　　　　　责任校对：赵鸣鸣
封面设计：中联学林　　　　　　　　责任印制：曹　净

出版发行：光明日报出版社
地　　址：北京市东城区珠市口东大街 5 号，100062
电　　话：010-67078251（咨询），67078870（发行），67019571（邮购）
传　　真：010-67078227，67078255
网　　址：http://book.gmw.cn
E - mail：gmcbs@gmw.cn　　caomeina@gmw.cn
法律顾问：北京德恒律师事务所龚柳方律师
印　　刷：北京天正元印务有限公司
装　　订：北京天正元印务有限公司
本书如有破损、缺页、装订错误，请与本社联系调换
开　　本：710×1000　1/16
字　　数：338 千字　　　　　　　　印　张：20
版　　次：2017 年 1 月第 1 版　　　　印　次：2017 年 1 月第 1 次印刷
书　　号：ISBN 978-7-5194-2373-5
定　　价：78.00 元

版权所有　　翻印必究

前　言

金文,顾名思义,就是指铭刻在金属器物上的文字,尤以铜器铭文为大宗(商周时期的金文就是如此)。后来,随着冶金技术的发展,能制造出金属器物的材质就包括金、银、铜、铁、锡、铅等多种类型了。由此,金文就不单单指铜器上的铭文了,还指其它金属器物上的文字。

金文有着鲜明的时代性,能够真实地反映出某一时代生活的方方面面,对考察研究某一时代的历史文化具有不可替代的重要价值。因此,对一时代之金文加以辑录整理也就具有了较为重要的学术意义。

较早系统辑录两汉时代金文的学者是罗振玉,其代表性著作有《贞松堂集古遗文》《贞松堂集古遗文补遗》《贞松堂集古遗文续编》等。但罗氏的辑录有其不足之处,由于他所见资料的数量并不多,加之很多资料为摹本,故而其所辑录的两汉金文在数量上和准确度上都还需要补正。在罗氏所辑基础上,容庚进一步扩大资料搜查范围,并在细心核对金文所出原器的基础上加以录文,这使得他所辑录的两汉金文无论在数量上还是准确度上都远远超越了罗氏,从而达到了一个新的高度。容氏辑录两汉金文的代表作有《秦汉金文录》《金文续编》等。由于罗氏、容氏所处时代皆很早,故在他们之后数十年间时时间出的、数量众多的金文为他们所未见,自然也不会反映在他们的著作中;况且这些金文散见各处,这就给后来的学者利用这些金文来考察两汉的时代文化带来了极大的不便。有鉴于此,今人徐正考乃以容氏所辑为基础,多番走访各相关机构所藏铜器,核对比勘,鉴伪存真,摩文录铭;又遍览二〇〇六年之前的各类考古文物杂志,爬梳剔抉,终对两汉金文进行了阶段式的详尽搜集整理。徐氏的整理成果主要以《汉代铜器铭文选释》《汉代铜器铭文综合研究》等为代表。

但是,徐氏对两汉金文的整理仍有继续推进的必要。首先,他当时漏查了一些重要资料,导致所辑数量不充分,这从王卉的博士论文《汉代铜器铭文词语通释与研究》所录铭文可以看出来。其次,由于他专以铜器铭文作为整理对象,导致其它材质载体上的金文未能得到反映。比如黄景春的博士论文《早期买地券、镇墓文整理与研究》收录的铅器铭文,就为徐氏书所未收。第三,他之后距今又已过去十年时间,这段时间又陆续发现了一些两汉时期的金文,这些金文数量不少,而徐氏也未能及时整理。第四,徐氏所录金文,也有一部分见于他人之论著中,但他们各自所录文字每每有些差异,这些差异有必要反映出来,供研究人员选择。但此项工作目前尚无人去做。

鉴于上述情况,我们决定继续把两汉金文的整理工作进行下去,一是希望克服既有成果的不足,及时反映最新的发现成果;二是通过一定程度的比勘,以期为利用两汉金文从事相关研究工作的学人提供一个可资借鉴的文本。围绕这两点,本次整理所做的工作主要是三个方面:一是在前举既有成果的基础上增补入自二〇〇六年以来散见于各类考古文物杂志上的两汉金文材料;二是把两汉时期除铜器铭文之外的其它类型的金文材料尽可能加以收录,以使此时期金文的类型能更全面地展示出来;三是把不同学人收录的相同金文尽可能加以核查比勘,从而为学者们利用这些材料提供一个选择。

我们所做的整理工作是建立在前此学人们既有研究成果的基础上的,在此谨向为两汉金文的搜集整理付出过辛勤劳动的学人们表示真诚的感谢!

囿于眼界和水平,本次整理难免会有诸多漏辑,整理的成果也肯定会有诸多不足之处,我们诚恳期待读者的批评指正。

整理说明

一、本次整理所收金文包括学者著述所著录及出土器物所铭刻之文字。材质则含金、银、铜、铁、铅等类型。

二、因铜印铭、钱币铭文这两类数量巨大，雷同甚多且多有专书整理收集，故本次整理未收铜印铭文字，仅极少量涉及一些钱币铭文。

三、本次整理在徐正考《汉代铜器铭文汇集》（见徐正考《汉代铜器铭文综合研究》附录二）、《汉代铜器铭文选释》所收汉代铜器铭文的基础上，以多种学者著作、博硕士学位论文及各类考古文物刊物所收金文材料予以补充。

四、徐氏整理时多据容庚氏《秦汉金文录》录文，而《秦汉金文录》中许多铭文亦见于容庚氏前此所著之《金文续编》，徐氏并未指出。故本次整理特以"亦见《金文续编》"等术语形式加以指出，此亦可见出《秦汉金文录》增补《金文续编》之大概面貌。

五、本次整理所补铭文，尽量分散于徐著原所分各类之中，并于篇题后括注"补"字，以示和徐著所录加以区别。据学者著作、博硕士学位论文所补者，概于篇后以按语形式说明；未以按语形式说明者，即为据各类考古文物刊物所收予以补入者。凡说明性文字皆以按语形式附于各铭文之下。

六、凡录铭文，先列篇题。如所出文献本有篇题，原则上从之；无篇题者则由整理者据铭文内容代为拟题（必要时，则简略说明命名依据）。次列铭文及出处（来源于出土报告者，原报告之编号亦尽量予以转录）。

七、有篇题相同而题下铭文不同者，乃因所出文献不同所致，故仍其旧。

八、同一器种之铭文，纪年明确者先列（以年号先后为序）；仅有纪年而无年号者，次之；无纪年者，置于最后。

九、本次整理除辑录铭文之外，还间有校订；凡所校订，皆以按语形式标出。

一〇、书中按语分两类,一为过录徐著原有按语,则以"徐按"标出;一为整理者之意见(包括各类说明文字、校订文字),则以"整理者案"出现。

一一、铭文出处如有用简称者,其全称在首次出现时标明,如《秦汉金文录》简称《汉金》,《金文续篇》简称《续篇》等。

一二、徐著原有"饪食器铭文"等大类名称,今仍其旧;并增加"钱币铭文"、"铅券"、"镇墓文"等大类名称。又于各大类下尽可能划分出小类名称,以清眉目且便查阅。

一三、出版时间、期刊年份期次除特殊情况外,均采用阿拉伯数字简写形式,如"二〇〇六年二月"、"二〇〇六年第二期"之类,但写作"2006.2"。

一四、参考文献仅列学者著作、博硕士学位论文。各类考古文物刊物所载论文因数量庞大,故不列举,读者可于各铭文下自行查看。

目　录

饪食器铭文 ·· 1

  鼎 ·· 1

  鼎盖 ··· 35

  甗 ·· 38

  鍑 ·· 40

  甑 ·· 40

  簋 ·· 41

  鐎斗 ··· 41

  镬 ·· 44

  铫 ·· 44

  鋗镂 ··· 45

  釜 ·· 45

  鏊 ·· 48

  锅 ·· 49

  灶 ·· 49

  鬲 ·· 49

  饭帻 ··· 50

  碗 ·· 50

  豆 ·· 50

  碟 ·· 51

  匕 ·· 51

  瓢 ·· 52

酒器铭文·····53
    锺·····53
    钫·····66
    壶·····71
    榼·····82
    钾·····82
    罍·····82
    酒儋·····83
    鐎·····83
    尊·····84
    锯·····85
    斛·····85
    鋞·····86
    卣·····86
    盉·····86
    杯·····87
    卮·····88
    温酒器·····88

水器铭文·····90
    銷·····90
    盆·····94
    洗·····96
    盘·····126
    匜·····130
    缶·····131
    鉴·····132
    瓿·····134
    盂·····134
    桶·····135

乐器铭文 ······ **136**

钟 ······ 136
钲 ······ 138
铎 ······ 139
錞于 ······ 140
句鑃 ······ 142
句兵 ······ 143
鼓 ······ 143
锣 ······ 144
通 ······ 144

兵器铭文 ······ **145**

钺 ······ 145
刀 ······ 163
戈 ······ 164
矛 ······ 167
戟 ······ 167
剑 ······ 168
矢镞 ······ 169
镦 ······ 169
斧 ······ 170

度量衡器铭文 ······ **171**

丈 ······ 171
尺 ······ 172
衡 ······ 173
区 ······ 174
斛 ······ 175
斗 ······ 177
升 ······ 178
合 ······ 179

籥	180
撮	180
圭	181
量	181
权	185
铜甬	188
累	188
铜称	189
平器	190
律管	191
砝码	191

车马器具 … 192

杂器铭文 … 196

勺	196
镫	197
锭	218
豆	221
炉	222
斗	228
熨斗	229
书刀	231
砚滴	232
钩	232
师比	245
铃	245
符节	250
漏壶	256
杵臼	257
构件	257

钥	258
铜键	259
金铺	259
铜衾	259
刷	260
农器	260
铜钱范	261
器范	266
铜牌	267
杖棒	268
铜器	268
行乐器具	274
券契	275
其它	276

钱币铭文 …… 279

铅 券 …… 293

镇墓文 …… 300

主要参考文献 …… 302

后 记 …… 305

饪食器铭文

鼎

谷口鼎

谷口,大初四年造。(器)谷☐。(盖)(《汉金》卷一)

整理者案:《汉金》,即《秦汉金文录》。下同。《金文续编》录本篇,盖铭"谷"下之阙文乃"五"字之古体。本篇又见《历代著录吉金目》页819上栏,题作"谷口铜鼎",器铭"大初"作"太初",盖铭作"谷共"。大初四年,即太初四年。太初为西汉武帝年号(太初四年为前101年),故此器为西汉物。

杨鼎

杨厨铜一斗鼎,重十一斤二两。地节三年七月造。(《汉金》卷一)

徐按:"七"《汉金》误释为"十";《续编》不误。整理者案:徐按所谓"《续编》",即《金文续编》。又《秦汉金文汇编》上编亦将"七"误释为"十"。又《历代著录吉金目》页863上栏录本篇,篇题作"杨厨鼎",铭文"二两"作"三两","七月"作"十月"。地节为西汉宣帝年号(地节三年为前67年),故此器为西汉物。

河东鼎

汤官,元康元年,河东所造铜三斗鼎,重廿六斤六两。第廿五。(《汉金》卷一。拓本在卷七)

整理者案:本篇又见《金文续编》。元康为西汉宣帝年号(元康元年为前65年),此器为西汉物。

谷☐宫鼎

谷☐宫,元康二年造。(《考古与文物》1983.2)

整理者案:西汉宣帝元康二年为前64年,此器为西汉物。

上林宣曲宫鼎

上林宣曲宫,初元三年受东郡。白马宣房观鼎,容五斗,重十九斤六两。神爵三年,卒史舍人、工光造。第十五。第五百一十一。(器)上林。第九。(盖)(《考古》1963.2;14号)

整理者案:"初元三年",《秦汉金文汇编》上编作"初元二年",不误。又初元为西汉元帝年号(初元二年为前47年),此为西汉物。

承安宫鼎(一)

承安宫铜鼎,容一斗,具盖并重十斤二两。甘露元年工让造。(《汉金》卷一)

整理者案:本篇又见《金文续编》。甘露为西汉宣帝年号(甘露元年为前53年),此为西汉物。

承安宫鼎(二)

承安宫铜鼎,容一斗,重十四斤。甘露二年,安长丞福、掾禄、守令史宣、工世造。第五。(《汉金》卷一)

整理者案:本篇亦见《金文续编》。铭文"一斗",《积古斋钟鼎彝器款识》卷九作"一升"。铭文"工世",《积古斋钟鼎彝器款识》《历代著录吉金目》页881下栏作"夕世"。《积古斋》曰:"案甘露二年,汉宣帝即位之二十二年。承安,宫名,《三辅黄图》及《长安志》皆无之,汉宫名不传者多矣。《汉书·百官公卿表》云:'卫尉,掌宫门卫屯兵,属官有公车、司马、卫士旅贲三令丞。长乐、建章、甘泉皆掌其宫。'师古云:'各随所掌之宫以名官。'此云安长丞,以所掌承安宫为官名也。"西汉宣帝甘露二年为前52年,此为西汉物。

右丞宫鼎

右丞宫铜鼎,容二斗,并盖重廿四斤。甘露二年,安长丞福、掾禄、守令史宣、工世造。第一。(盖)右丞宫铜鼎,容二斗,并重廿四斤。甘露二年,安长丞福、掾禄、守令史宣、工世造。第一。(器)(《汉金》卷一)

整理者案:《历代著录吉金目》页882下栏未录盖铭三十三字。西汉宣帝甘露二年为前52年。

泰山宫鼎

泰山宫鼎,容一石,具盖,并重六十二斤二两。甘露三年,工王意造。第百一十六。(《考古》1963.2;12号)

整理者案:篇题"泰山",《秦汉金文汇编》上编误作"秦山"。此器《中国书法全集》第九册页44图25亦作"泰山"可证。据《中国书法全集》第九册页187图版说明25,此器1961年出土于西安三桥镇高窑村。《中国书法全集》曰:"此器盖上砵书一行三字:'第廿六'。'泰山宫'一名,《汉书》无载。陈直先生断为武帝封泰山时所见之宫。黄展岳先生则认为是泰山郡博县泰山庙之别名。器盖题记,显係调入上林苑后所刻。"又西汉宣帝甘露三年为前51年,此为西汉物。

博邑家鼎

博邑家铜鼎,容一斗,重十一斤。永光五年二月,河东平阳造。(《汉金》卷一)

整理者案:本篇亦见《金文续编》。永光为西汉元帝年号(永光五年为前39年),此为西汉物。

上林鼎(一)

上林十涑铜鼎,容一斗,并重十斤。阳朔元年六月庚辰,工夏博造。四百合。第百一十七。(《汉金》卷一)

整理者案:本篇亦见《金文续编》。铭文"十斤",《贞松堂集古遗文补遗》卷下、《历代著录吉金目》页883上栏作"七斤"。涑,与"炼"之繁体"煉"同声旁,故相通。下同。又阳朔为西汉成帝年号(阳朔元年为前24年),此为西汉物。

上林鼎(二)

上林铜鼎,容二斗,并重十六斤六两。阳朔二年三月,工李骏造。五百合。第二百九十八。(《汉金》卷一)

整理者案:本篇亦见《金文续编》。又见《中国国家博物馆馆刊》2015.8P104,尚有盖铭"上林第十六"五字,《汉金》《金文续编》皆漏录。西汉成帝阳朔二年为前23年,此为西汉物。

上林鼎(三)

上林。第二百六十。(盖)上林铜鼎,容一斗,並重九斤十两。阳朔二年三月,工错骏造。七百合。第四百。(器)(《汉金》卷一)

整理者案:本篇亦见《金文续编》。《愙斋集古录》卷十三、《历代著录吉金目》页878上栏录本篇,"工"作"士","七百"作"十百"。又《愙斋集古录》盖铭置于器铭后。又西汉成帝阳朔二年为前23年,此为西汉物。

上林鼎(四)

上林铜鼎,容一斗,并重七斤。鸿嘉二年六月,工左恽造。四百合。第四。(《续编》)

整理者案：《续编》，即《金文续编》。《贞松堂集古遗文》卷十三、《历代著录吉金目》页875下栏"一斗"作"一升"。又鸿嘉为西汉成帝年号（鸿嘉二年为前19年)，此为西汉物。

上林鼎（补）

上林供官铜鼎，具盖重八斤十三两，工史揄造。监工黄，佐李负刍。

整理者案：据《历代钟鼎彝器款识》卷十八补。薛尚功曰："右铭不知所从得。铭有'监工李负刍'，按后汉绝无二名者，此鼎盖西汉器也。"《金索》卷一本篇题作"上林铜鼎铭"，铭文"供"字，所附图片作"共"；"十三"作"十二"；"揄"作"榆"。本篇又见《历代著录吉金目》页874上栏，"十三"、"揄"同《金索》。又邃古斋藏本《金索》未录本篇。

上林铜鼎（一）

上林铜鼎，容一石，并重六十斤。鸿嘉二年六月，工李音造。五十合。第十一。（《考古》1963.2；13号）

整理者案：西汉成帝鸿嘉二年为前19年。

上林铜鼎（二）

上林铜鼎，容三斗，并重廿四斤。鸿嘉二年六月，工左恽造。二百合。第五。（器）上林。第百七十二。（盖）（《考古》1963.2；15号）

整理者案："三斗"之"三"字，《秦汉金文汇编》上编作一阙文号。又西汉成帝鸿嘉二年为前19年。

上林铜鼎（补）

上林铜一斗鼎，并重九斤十四两。绥和二年二月，工李造，啬夫钦省。（器）上林。（盖）（《中国国家博物馆馆刊》2015.8P110）

整理者案：王卉《汉代铜器铭文汇总》（见《汉代铜器铭文词语通释与研究》附录一。以下并同，不再说明）据《中原文物》2004.4P18收本篇，脱"十四"下之"两"字及盖铭"上林"二字。又绥和为西汉成帝年号（绥和二年为前7年)，此为西汉物。

上林铜鼎（补）

上林，第廿三。元康二年，供工工广汉造。啬夫安国、佐可、护广汉主，令广都、右丞林省。驺玚上。

整理者案：据《秦汉金文汇编》上编补。元康为西汉宣帝年号（元康二年为前64年)，此为西汉物。

龙渊宫鼎(补)

龙渊宫铜鼎,容一斗五升,并重十斤,元朔三年工禹造。守啬夫掾成、令光、尉定省。(器)龙渊宫,弟六十二。(盖)

整理者案:据《金文续编》补。《历代著录吉金目》页882上栏录本篇,篇题"鼎"上有"铜"字,铭文"成"作"戍"。《贞松堂集古遗文补遗》卷下缺盖铭七字。又元朔为西汉武帝年号(元朔三年为前126年),此器为西汉物。

邵宫私官鼎(补)

邵宫私官四斗,少半斗。私工工感。

整理者案:据《秦汉金文汇编》上编补。

侈耳鼎(补)

厶方司正。

整理者案:据《历代钟鼎彝器款识》卷十八补。薛尚功曰:"右铭藏新平张氏。铭云'厶方司正',不知何谓也。"《积古斋钟鼎彝器款识》卷九题作"司正鼒"。《积古斋》曰:"此即薛氏《款识》所载《侈耳鼎》也。侈耳,据形制为名。《诗》毛传云:'小鼎谓之鼒。'《尔雅》云:'圜弇上谓之鼒。'今未见其器,不能强说。"

高奴鼒(补)

高奴。

整理者案:据《历代钟鼎彝器款识》卷十八、《考古图》卷九补。《考古图》原注:"按此器铭曰'高奴',工郡地名也。"

永始乘舆鼎(一)

乘舆十湅铜鼎,容一斗,并重十斤四两。永始二年,考工=林造,护臣博、守佐臣褒、啬夫臣康、掾臣朋主,守右丞臣□、守令臣立省。第一。(器、盖同文)(《汉金》卷一)

整理者案:本篇亦见《金文续编》。铭文"□"作"闳"。《历代著录吉金目》页895下栏、王卉《汉代铜器铭文汇总》"朋主"作"开主"(以"朋"与"开"之繁体"開"形近。下同),又"□"亦作"闳"。篇题,《历代著录吉金目》无"乘舆"二字。又永始为西汉成帝年号(永始二年为前15年),此为西汉物。

永始乘舆鼎(二)

乘舆十湅铜鼎,容一斗,并重十斤四两。永始二年,考工=林造,护臣博、守佐臣褒、啬夫臣康、掾臣朋主,守右丞臣□、守令臣立省。第六十二。(《汉金》卷一)

整理者案:本篇亦见《金文续编》。铭文"□"作"闳"。《历代著录吉金目》页

896 上栏、王卉《汉代铜器铭文汇总》"朋主"作"开主","□"亦作"闵"。又西汉成帝永始二年为前15年,器物年代为西汉。

永始三年乘舆鼎

乘舆十湅铜鼎,容二斗,并重十八斤。永始三年,考工=蒲造,佐臣立、守啬夫臣彭、掾臣朋主,守右丞臣光、令臣禁省。第二百八十。(《汉金》卷一)

整理者案:本篇亦见《金文续编》。篇题,《历代著录吉金目》页895下栏作"乘乐鼎"。王卉《汉代铜器铭文汇总》"朋主"作"开主",而《秦汉金文汇编》上编所收图版亦不似"朋"字。又《历代著录吉金目》于"第二百八十"下有"又铭旁刻酉酉鼎"七字。西汉成帝永始三年为前14年,此为西汉物。

寿成室鼎(一、二)

寿成。第廿至卅。(盖)寿成室铜鼎,容一斗二升,并重十二斤六两。元延二年,少府真为内者造,守啬夫福、掾建、令相省。(器)(《汉金》卷一)

整理者案:本篇亦见《金文续编》。篇题,《陶斋吉金录》卷五、《历代著录吉金目》页889上栏皆无"室"字。此器又见《中国书法全集》第九册页46图30。此器出土地点未详。《中国书法全集》第九册页188图版说明30曰:"'寿成室'即'寿成殿'。据《汉金文录》载,寿成室鼎共二件,刻文内容相同,此件更趋纤细柔润。书体为缪篆,与汉印所用书体类同。"元延为西汉成帝年号(元延二年为前11年),此器为西汉物。

元延乘舆鼎(一)

乘舆十湅铜鼎,容一斗,并重十一斤三两。元延三年,供工=彊造,护臣武、啬夫臣彭、兼掾臣丰主,守右丞臣放、守令臣赛省。(《汉金》卷一)

整理者案:本篇亦见《金文续编》。"丰主"之"丰",《贞松堂集古遗文》卷十三、《历代著录吉金目》页893上栏、《秦汉金文汇编》上编所录图版作"豊",当据改。"丰"之繁体"豐"与"豊"形近,故致误。西汉成帝元延三年为前10年,此器为西汉物。

元延乘舆鼎(二)

乘舆十湅铜鼎,容五升,并重十斤十五两。元延三年,考工=方为中私官造,佐臣彭、守啬夫臣褒、掾臣孝主,右丞臣谭、守令臣广世省。(《汉金》卷一)

整理者案:本篇亦见《金文续编》,铭文"十五两"作"五两"。又西汉成帝元延三年为前10年,此器年代为西汉。

上林铜斗鼎

上林。(盖)上林铜斗鼎,重九斤三两。元始四年九月,□□□造。(器)(《文

物》1995.8)

整理者案:元始为西汉平帝年号(元始四年为4年),此器为西汉物。

汝南郡鼎

汝南郡。第卅。(盖)汝南郡铜鼎,容六斗,并重八斤三两。永平十三年,工李□造,守啬夫□、令□、左尉守、丞相省。(器)(《汉金》卷一)

整理者案:本篇亦见《金文续编》。永平为东汉明帝年号(永平十三年为70年),此器为东汉物。

云阳鼎

云阳,一斗,九斤三两。餐者尚□。五十六。今安陵,一斗,六斤二两。元年四月受云阳厨。第五十六甲。(《汉金》卷一)

整理者案:本篇亦见《金文续编》。《愙斋集古录》卷十三录本篇,"六斤二两"作"六斤三两"。又铭文但云"元年",则此器应为西汉武帝建元前物。

长杨五年鼎

长杨共鼎,容一斗。五年造。(《汉金》卷一)

整理者案:本篇亦见《金文续编》。篇题,《愙斋集古录》卷十三、《陶斋吉金录》卷五皆无"五年"二字。《陶斋吉金录》《贞松堂集古遗文》卷十三皆无"五年造"三字。《贞松堂集古遗文》尚录有此器盖文,曰"长杨共鼎容一斗"七字。又铭文但云"五年",则此器应为西汉武帝建元前物。

长杨鼎(补)

长杨共鼎,容一斗。(又二。盖器同文)

整理者案:据《金文续编》补。《历代著录吉金目》页827上栏录本篇,则无注文"又二盖器同文"六字。

汝阴侯鼎

女(汝)阴侯鏞(鼎),容一斗四升,重十斤五两十二朱(铢)。六年,女(汝)阴库守欣、工□造。(《汉金》卷一)

整理者案:本篇亦见《金文续编》。《金文续编》《历代著录吉金目》页877上栏"欣"作"訢"。又"朱"假借为"铢"。本篇但云"六年",则器物应为西汉武帝建元前物。

郦偏鼎

郦偏鼎,容一斗,并盖重十二斤二两。十三年,工变造。第二鼠。今大官。今七年。第五百一十四。今镐,上林华阳。六。(《汉金》卷一)

整理者案：本篇亦见《金文续编》。《贞松堂集古遗文》卷十三篇题作"大官鼎"。"今大官"三字，《贞松堂集古遗文》《金文续编》《历代著录吉金目》页892上栏、《秦汉金文汇编》上编在"郿偏"下。"今镐上林华阳六"七字，《金文续编》《历代著录吉金目》置于"今大官"下。又《历代著录吉金目》无"今七年"三字。铭文但云"十三年"、"今七年"，则此应为西汉武帝建元前物。

大官鼎（补）

今镐，上林华阳。六。郿偏今大官鼎，容一斗，并盖重十二斤二两。十三年，工变造。第二鼠。第五百一十四。

整理者案：据《历代著录吉金目》页883下栏补。铭文但云"十三年"，则此应为西汉武帝建元前物。

铜鼎

铜鼎一，容五升，有盖，并重四斤一两。四年二□□□家。第廿一。(《汉金》卷七)

整理者案：《贞松堂集古遗文续编》卷下"二□□□家"作"工□□□□□□"。《历代著录吉金目》页867上栏脱"二□□□家"中三个阙文号。铭文但云"四年"，则此应为西汉武帝建元前物。

素鼎（补）

铜鼎，容二斗，重十一斤。（器）铜鼎，重二斤六两。（盖）

整理者案：据《积古斋钟鼎彝器款识》卷九补。《历代著录吉金目》页830下栏亦题作"素鼎"，铭文"容二斗"作"容二升"。又《积古斋》未区分器铭与盖铭，而《历代著录吉金目》明确加以区分，今从而补"器"、"盖"字。

安邑宫铜鼎

安邑宫铜鼎一，容三斗，重十七斤八两。四年三月甲子，铜官守丞调、令史德、佐奉常、工乐造。第卅一。(《文物》1982.9)

徐按：原报告认为"佐奉常"乃奉常的辅佐机构，误。"佐"为官名，"奉常"乃人名。铭文但云"四年"，则此应为西汉武帝建元前物。

食官鼎

食官鼎盖一，重九斤十两。廿九年，效见。卅年。五。(《考古》1994.4)

整理者案：铭文但云"廿九年"，则此应为西汉武帝建元前物。

长乐饮官鼎

长信，丁□□斤□两。（盖）市。（左耳）十年夏输，容一斗六升，重廿四斤。

大官。四百六十一。今长乐飤官。今元年,长宁私官。第六十九。十六年。长信食詹。尝。(器)(《考古与文物》1980.1)

整理者案:王卉《汉代铜器铭文汇总》脱"飤官"之"官"字。铭文但云"元年"、"十六年",则此应为西汉武帝建元前物。

楚大官厨鼎

楚大官厨,有盖,并重十三斤十三两,一斗五升。八十二。今十年,左鼎。第十一。今好畤共厨金鼎,容一斗五升,重九斤廿两。第百一十。七年。第二百八十六。□□□安。(《考古与文物》1994.4)

徐按:"畤"原报告误释为"时"。整理者案:"时"之繁体"時"与"畤"形近,故致误。铭文但云"七年"、"十年",则此应为西汉武帝建元前物。

安定郡库鼎

安定郡库鼎一,容二升,重十八斤。二年,冶偷铸。(盖)

安定郡库鼎一,容二升,重十八斤。二年,冶工偷铸。(器)(《考古与文物》1992.1)

徐按:"升"、"铸"原报告分别误释为"斗"、"镂"。整理者案:王卉《汉代铜器铭文汇总》未录盖铭。铭文但云"二年",则此应为西汉武帝建元前物。

朝那鼎

第廿九。五年,朝那,容二斗二升,重十二斤四两。今二斗一升。乌氏。今二斗一升,十一斤十五两。(《文物》1982.12)

整理者案:铭文但云"五年",则此应为西汉武帝建元前物。

剌庙鼎(一)

剌庙铜鼎一,容斗五升,有盖,并重十四斤四两。长沙元年造。第一。(《古文字研究》第十九辑)

整理者案:查《古文字研究》第十九辑周世荣《湖南战国秦汉魏晋铜器铭文补记》一文,乃题曰"长沙元年铜鼎",铭文无"造"字。周世荣曰:"铜鼎铭文还书有'剌庙铜鼎'等字样,据《汉书》记载,《景帝十三王传》中,长沙王刘建德谥号为剌王,此物当属西汉剌王建德的祭器。"又汉景帝(前元)元年(前156)复置长沙国,则长沙元年为前156年。下同。

剌庙鼎(二)

剌庙铜鼎一,容斗五升,有盖,并重十五斤六两。长沙元年造。第三。(《古文字研究》第十九辑)

徐按:"一"原报告漏释。整理者案:据上篇,此为西汉长沙王刘建德的祭器。

宗庙铜鼎

□□宗庙金(?)鼎……两。元年□。(《古文字研究》第十九辑)

徐按:原报告"两"字未释出,"两"后亦未加标点。整理者案:铭文但云"元年",此器当为西汉物。

长杨鼎(一)

长杨共鼎,容一斗。(《汉金》卷一)

长杨鼎(二)

文同前。(盖、器文同)(《汉金》卷一)

西鼎

西。(盖、器文同)(《汉金》卷一)

整理者案:亦见《陶斋吉金录》卷五及《金文续编》。

五鼎

五。(阳文)(《汉金》卷一)

中曾鼎

中曾。(《汉金》卷一)

整理者案:本篇亦见《金文续编》。

大官鼎

大官。(《汉金》卷一)

整理者案:本篇亦见《金文续编》。

府鼎

府。美阳。(《汉金》卷一)

整理者案:本篇亦见《金文续编》。《陶斋吉金录》卷五所附拓片,"美阳"二字甚模糊。

苏季儿鼎

苏季儿。(《汉金》卷一)

整理者案:《秦汉金文汇编》上编所收图版"儿"下尚有一字,轮廓模糊不清,不可识。本篇亦见《金文续编》,但"儿"作"皃"("皃"为古"貌"字)。

日利千金鼎(补)

日利千金。

整理者案:据《山左金石志》卷二补。《山左金石志》曰:"右鼎在滋阳牛运震家。铭篆四字,曰'日利千金'。按《周易》六十四卦取象于鼎者,以其圆象阳,方象阴,三足象三公,四足象四辅,黄耳象才之中,金铉象才之断。其器重,其体备,不特以木巽火为养人之具而已,故其铭或纪君赐,或扬祖德,即间有颂祷之词,亦不过祈眉寿、保子孙等语,安有廊庙礼器犹规规于千金者?直断为汉末估客之所造可也。"

汉兒鼎(补)

明□鼎。兒。

整理者案:据《西清古鉴》卷七补。《西清古鉴》曰:"兒,通倪,姓也。……鼎其倪氏制耶?"

襄成鼎(补)

襄成阴□尚。

整理者案:据《贞松堂集古遗文》卷十三补。此鼎其余诸家未收。

卢氏鼎

卢氏厨。(《汉金》卷一)

整理者案:本篇亦见《金文续编》。

雍一斗鼎

雍,一斗。(《汉金》卷一)

整理者案:本篇亦见《金文续编》。《金文续编》《秦汉金文汇编》上编所收图版"雍"皆作"雖",当据改。

乌氏鼎

乌氏,一斗,六斤。(耳)乌氏,一斗,□斤。(盖)(《汉金》卷一)

整理者案:本篇亦见《金文续编》。《金文续编》耳铭"六斤"在"一斗"上,盖铭无阙文号。《贞松堂集古遗文》卷十三、《历代著录吉金目》页813下栏"□斤"下皆有"盖"字,据增。又《历代著录吉金目》耳铭"一斗"在"六斤"下。

黄山鼎

黄山共鼎,容一斗。(《汉金》卷一)

整理者案:本篇亦见《金文续编》。《历代著录吉金目》页822下栏篇题作"黄山共鼎"。

平陆鼎

平陆,一斗少半斗。(《汉金》卷一)

整理者案:本篇亦见《金文续编》。《历代著录吉金目》页819上栏"半斗"作

"半升"。疑是。

柴是鼎

柴是,一斗。范阳侯。(《汉金》卷一)

整理者案:本篇亦见《金文续编》。"是"通"氏"。

偃鼎

偃……容一斗一升半。(《汉金》卷一)

徐按:"偃"与"容"之间有几个字已泐,容氏未加"……"。整理者案:徐按中所言"容氏",即"容庚"。本篇亦见《金文续编》。

一合鼎

□□鼎一合,重十斤,容一斗。(《汉金》卷一)

徐按:容氏注:"商承祚云首二字疑是承安。"首字似"承",第二字不可辨。整理者案:本篇亦见《金文续编》。

杨氏鼎

杨氏,十三斤十四两。(《汉金》卷一)

整理者案:本篇亦见《金文续编》。

阴密鼎(一、二)

阴密,三升,二斤十两。(《续编》)

整理者案:《续编》,即《金文续编》。《贞松堂集古遗文》卷十三、《历代著录吉金目》页827上栏"十两"皆作"七两"。

阴密鼎(补)

阴密,一斗四升,七斤六两。

整理者案:据《贞松堂集古遗文》卷十三补。又见《金文续编》。

外黄鼎

外黄,五斤四两,容一斗。十三。(《汉金》卷七)

整理者案:本篇亦见《金文续编》。

泰官鼎

泰官,二斗,十一斤。右般中。(《汉金》卷一)

整理者案:本篇亦见《金文续编》。"般"字,《秦汉金文汇编》上编未释,然其所收图版清晰可辨,不当漏释。

宣曲鼎

甲。宣曲,六斤,八升半升。(《汉金》卷一)

整理者案：本篇亦见《金文续编》。又见《中国国家博物馆馆刊》2015.8P115，"八升"作"一升"。

大卫无极鼎

大卫无极铜五升鼎。第八。(《汉金》卷一)

整理者案：本篇亦见《金文续编》。

临菑鼎

临菑，斗五升，十一斤十两。(《汉金》卷一)

整理者案：本篇亦见《金文续编》。

栎鼎

栎厨。九。临晋，一斤十三两。(《汉金》卷一)

整理者案：本篇亦见《金文续编》。《历代著录吉金目》页836上栏题作"栎厨鼎"。

杜阳鼎

杜阳，十斤，容一斗大半升。(《汉金》卷一)

整理者案：本篇亦见《金文续编》。

张氏鼎

张氏鼎，容一斗，并重十斤。(《汉金》卷一)

整理者案：本篇亦见《金文续编》。

湿成鼎

湿成铜鼎盖，重四斤。(盖)

湿成铜鼎，容三斗，重十三斤。(器)(《汉金》卷一)

整理者案：本篇亦见《金文续编》。铭文"鼎"字，《陶斋吉金录》卷五、《金文续编》《秦汉金文汇编》上编所收图版俱作"鎘"。又案：王卉《汉代铜器铭文汇总》未录器铭。

王后中宫鼎

王后中宫，二斗五升少半升。(《汉金》卷一)

君昭。(《汉金》卷七)

徐按："宫"，容氏误释为"官"。整理者案：本篇亦见《金文续编》。《贞松堂集古遗文补遗》卷下、《金文续编》《历代著录吉金目》页836下栏、页844下栏"宫"俱作"官"。又王卉《汉代铜器铭文汇总》未录"君昭"条。

孝武庙鼎

孝武庙铜鼎，容二斗，重十一斤。(《汉金》卷一)

整理者案：本篇亦见《金文续编》。《贞松堂集古遗文补遗》卷下、《历代著录吉金目》页 837 下栏"重十一斤"作"重七斤"。

王长子鼎

王长子鼎，容二斗，重十六斤。（《汉金》卷一）

整理者案：本篇亦见《金文续编》。

赞鼎

赞，重十斤六两，容一斗一升。（《汉金》卷一）

整理者案：本篇亦见《金文续编》。《贞松堂集古遗文》卷十三、《历代著录吉金目》页 839 上栏"十斤"皆作"七斤"。

第十三鼎

第十三。重十斤六两，容一斗。（《汉金》卷一）

整理者案：本篇亦见《金文续编》。《从古堂款识学》卷五录本篇，题作"汉器盖"。

脩鼎

脩，十一斤十二两，一斗少半。（《汉金》卷一）

整理者案：本篇亦见《金文续编》。

荀少夫鼎

荀少夫鼎盖，重六斤。（盖）荀少夫铜鼎，容一石，重卅三斤。（器）（《汉金》卷一）

整理者案：本篇亦见《金文续编》，"荀"作"荀"。王卉《汉代铜器铭文汇总》器铭脱"卅"字。

法丘鼎

法丘，一斗。阳卅八。重十斤二两。（《续编》）

整理者案：《续编》，即《金文续编》。

中水鼎

中水鼎，容一斗，并重十斤十两。（《汉金》卷一）

整理者案：本篇又见《陶斋吉金录》卷五及《金文续编》。

汝阴鼎（补）

整理者案：此器见《陶斋吉金录》卷五，所附拓片模糊不清，难以辨认。

宜阳鼎

二斤九两□秦□。（盖）宜阳，十二斤六两，二斗。十二斤七两。（器）（《汉金》卷一）

整理者案：本篇又见《金文续编》。"十"、"斤"、"六"三字俱不缺。

二斤九两鼎

徐按：文同上，缺"宜阳"二字。容氏疑即前器。整理者案：《历代著录吉金目》页839下栏"十二斤六"四字俱全，亦缺"宜阳"二字，此与宜阳鼎不同。余皆同宜阳鼎。原注："《汉金》一·二十《汉器》疑即宜阳鼎，但铭文缺'宜阳'二字。"

平恩侯鼎

平恩侯家铜鼎一，容一斗，并重九斤。（《续编》）

整理者案：《续编》即《金文续编》。

荥阳鼎

荥阳。百三。一斗，四斤十四两十四朱（铢）。（《汉金》卷一）

整理者案：本篇亦见《金文续编》。铭文"十四两"，《贞松堂集古遗文》卷十三作"十二两"。"朱"假借为"铢"字。

辇车宫鼎（一）

辇成，一斗，八斤。卅五。[辇八斤容一。]（盖）辇车宫鼎，容一斗一升，重八斤。名□。（器）（《汉金》卷一）

整理者案：本篇亦见《金文续编》。"卅五"下，《金文续编》注云："下有'辇八斤容一'五字，刻画甚细。"而《陶斋吉金录》卷五、《历代著录吉金目》页849下栏"卅五"下亦有"辇八斤容一"五字。故据增。

辇车宫鼎（二）

辇车宫鼎，容一斗，重八斤八两。名衣。（《汉金》卷一）

整理者案：本篇亦见《金文续编》。《愙斋集古录》卷十三录本篇，未释"车"字。

卫少主鼎

卫少主菅邑家五升鼎盖，重十二两。第一。（盖）卫少主菅邑家鼎，容五升，重六斤。第一。（器）（《汉金》卷一）

整理者案：本篇亦见《金文续编》，器铭"菅邑"作"管邑"。《贞松堂集古遗文》卷十三以盖铭为器铭，器铭为盖铭。

韩氏鼎（补）

韩，容一斗，重十二斤二两，百半九少廿。

整理者案：据《历代著录吉金目》页851下栏补。

美阳鼎

美阳共厨金鼎一合，容一斗，并重九斤。（《汉金》卷一）

整理者案：本篇亦见《金文续编》。王卉《汉代铜器铭文汇总》"厨"误作"处"。

南皮侯家鼎

南皮侯家鼎，容一斗，重七斤三两。第二。(《汉金》卷一)

整理者案：本篇亦见《金文续编》。王卉《汉代铜器铭文汇总》"三两"作"二两"。《历代著录吉金目》页850下栏篇题无"家"字。

□□共厨鼎

□□共厨铜斗鼎，重八斤三两。第卅八。(《汉金》卷一)

蕾川鼎（一）

蕾川金鼎，容一斗，并盖重十六斤。第六。(《汉金》卷一)

整理者案：本篇亦见《金文续编》。

蕾川鼎（二）

蕾川金鼎，容二斗，并盖重廿六斤。第卅二。工。(《汉金》卷一)

整理者案：本篇亦见《金文续编》。《愙斋集古录》卷十三录本篇，铭文"二斗"下尚有一字，字迹模糊，隐约可见是"半"字。

置鼎

第六。置鼎一，容一斗五升，重十二斤，盖备。(《汉金》卷一)

徐按："盖"后之字乃"备"，容氏缺释。整理者案：本篇亦见《金文续编》。铭文"鼎"字，《从古堂款识学》卷四、《愙斋集古录》卷十三、《金文续编》《历代著录吉金目》页854上栏、《秦汉金文汇编》上编皆作"鎘"。《秦汉金文汇编》所收图版"备"字亦清晰可辨。铭文"备"字，《金文续编》亦缺释，而《从古堂款识学》《愙斋集古录》《历代著录吉金目》上栏则作"通"。

卫鼎

卫鼎，容一斗二升，重十斤十二两。乙百六。(《汉金》卷一)

整理者案：本篇亦见《金文续编》。铭文"十斤"，《贞松堂集古遗文补遗》卷下、《历代著录吉金目》页854下栏作"七斤"。铭文"十二两"，《金文续编》作"十一两"。又"乙百六"三字，《金文续编》《历代著录吉金目》在"卫鼎"上。

盩厔鼎

□□五斗鼎盖，重□□斤。第十三。(盖)盩厔共鼎，容五斗，重廿八斤。第廿一。山陵造。(器)(《汉金》卷一)

徐按：盖铭首二字当为"盩厔"。器、盖编号不一致，可能是误配所致。整理者案：本篇亦见《金文续编》。

鳌厔鼎盖

鳌厔共斗鼎盖,重一斤九两。第九十七。槐里,一斤十两。(倒刻)(《汉金》卷一)

杜阳,十斤,容一斗大半升。(《尊古斋所见吉金图》卷四,与以上两段均为同器之铭文,但此段《汉金》未录)

整理者案:本篇亦见《金文续编》。《历代著录吉金目》页835下栏、页868下栏篇题无"盖"字。《金文续编》《历代著录吉金目》页868下栏均无下"杜阳"条铭文。疑"杜阳"条铭文当别是一器之铭文。

好畤鼎

好畤共厨金鼎,容二斗,重六斤十三两。第卌八。(《汉金》卷一)

整理者案:本篇亦见《金文续编》,铭文"畤"作"畦"。《愙斋集古录》卷十三录本篇,"十三两"作"二两","卌"作"卅"。

好畤鼎一(补)

长乐饲官二斤十一两,四百三十五。太官中丞,今第八百六十。今好畤供厨金一斗鼎盖,重二斤十两,第百卅。(盖)好畤供厨铜鼎,容九升,重九斤一两。山。(腹)

整理者案:据《宣和博古图》卷五补。篇题原作"汉好畤供厨鼎",以《金索》卷一录此器三件,标注一、二、三序号以别,故据改。盖铭"二斤十一两",《金索》作"二斤十两";《历代著录吉金目》页850上栏、陈直《两汉经济史料论丛》俱作"二斤十一斤",而陈直《两汉经济史料论丛》于"二斤"下又加(?)示疑。盖铭"三十五",《考古图》作"廿五",《啸堂集古录》卷上、《金索》作"卅五"。盖铭"太官"之"太"字,《啸堂集古录》作一黑丁。盖铭"今第八百六十",《考古图》脱"八"字;《金索》"十"下有"一"字。盖铭"二斤十两"下,《金索》注:"二斤十两,《博古》释作'十一两',薛氏释作'二斤十一斤',俱误。"又《考古图》脱"供厨金一斗鼎盖重二斤十两"十二字。腹铭"九升",《考古图》卷九作"九斗"。腹铭"山"下,陈直《两汉经济史料论丛》P131录文重一"山"字。

好畤鼎二(补)

好畤,第百卅。大官中丞,今第八百六十。长乐飤官二斤十一两,四百廿五。(盖)好畤供厨铜鼎,容九升,重九斤一两。山。(腹)

整理者案:据《金索》卷一补。

好畤鼎三(补)

好畤供厨铜鼎,第十,八斤一两。(器铭)

整理者案：据《金索》卷一补。

销鼎

重一斤十三两。名曰四　四　销　一斗。（盖）

重四斤十二两。销　人名□□□　九升大半升。（器）（《汉金》卷一）

徐按：器铭"名"后之字容氏释"一"，误，乃某字之横画。整理者案：本篇亦见《金文续编》。《贞松堂集古遗文》卷十三盖铭"一斗"上有二阙文号，器铭"人"作一阙文号，"九升"之"升"作一阙文号。《历代著录吉金目》页858上栏有"耳□□"字样，意谓鼎耳尚有二铭文，但其文未识。器铭"重四斤十二两"，《金文续编》《历代著录吉金目》在"九升大半升"下。

雍栿阳鼎

雍栿阳共厨铜鼎一合，容一斗，并重十二斤。（《汉金》卷一）

整理者案：本篇亦见《金文续编》。铭文"雍"字，《贞松堂集古遗文补遗》卷下、《金文续编》《历代著录吉金目》页858下栏、《秦汉金文汇编》上编作"雎"，《汇编》所收图版亦如此。当据改。又《历代著录吉金目》篇题"鼎"上有"共厨"二字。

衙鼎

衙，容一斗一升，重六斤十四两。今五斤十四两。（《汉金》卷一）

整理者案：本篇亦见《金文续编》。

安邑鼎

安邑共厨宫铜鼎，容一斗，重八斤十两。第十二。（《汉金》卷一）

徐按："宫"依例当在"安邑"之后，刻写之误。整理者案：本篇亦见《金文续编》。

第七平阳鼎

第七。平阳共鼎一合，容二斗，并重十三斤二两。（《汉金》卷一）

整理者案：本篇亦见《金文续编》。《贞松堂集古遗文补遗》卷下、《历代著录吉金目》页859上栏"第七"作"第一"。王卉《汉代铜器铭文汇总》"二斗"作"一斗二升"。又《历代著录吉金目》篇题作"平阳共鼎"。

第廿平阳鼎

第廿。平阳共鼎一合，容一斗二升，并重十斤。（《汉金》卷一）

整理者案：本篇亦见《金文续编》。王卉《汉代铜器铭文汇总》未录此篇。

安成家鼎

安成家铜鼎，容一斗，重十五斤半。第十五至十六。（器）安成家铜鼎，容一

斗,盖重十五斤。第十六。(盖)(《汉金》卷一)

  整理者案:本篇亦见《金文续编》。《历代著录吉金目》页862上栏器铭无"至十六"三字。

蓝田鼎

第五十七。蓝田共,容一斗二升,重八斤八两。卌八。(同前)

  整理者案:本篇亦见《金文续编》。

阳周仓鼎

阳周仓金鼎,重十四斤十三两,容二斗一升半升。(《汉金》卷一)

  整理者案:本篇亦见《金文续编》。

重九斤十二两鼎

盖,并重九斤十二两,一斗。

一斗,十斤□两。五十三。(《汉金》卷一)

  整理者案:本篇亦见《金文续编》。《贞松堂集古遗文》卷十三"盖"上有二阙文号。

杨家山汉墓鼎(补)

重九斤□□。

  整理者案:据《考古学集刊》第一辑P140录文补。

频鼎

频,一斤四两,二升。频共。今一斤八两十二朱(铢),二升半升。(盖)频,六斤,一斗。频共。(器)(《汉金》卷一)

  整理者案:本篇亦见《金文续编》。

十斤十一两鼎

重十斤十一两。(《汉金》卷七)

新成鼎

新成,一斗,四斤十两。共,共厨。名曰五十。今四斤十二两。(《汉金》卷一)

  整理者案:本篇亦见《金文续编》。《金文续编》《历代著录吉金目》页867下栏"共厨名曰五十"六字在"今四斤十二两"下。

平阳宫鼎

平阳宫金鼎一。名十一。雍,容一斗,重九斤八两。今泘共厨。(《汉金》卷一)

整理者案：本篇亦见《金文续编》。"十一"，吴镇烽录文作"是一"（见吴氏《近年所见所拓两周秦汉青铜器铭文》文，载《文博》2006.3P4—9）。"雍"，《贞松堂集古遗文补遗》卷下、《金文续编》、王卉《汉代铜器铭文汇总》并作"雝"。"今"，《贞松堂集古遗文补遗》卷下作"合"。"今汧共厨"四字，《金文续编》《历代著录吉金目》页869上栏在"平阳宫金鼎一"上。又"汧"字，《金文续编》作"沂"。

雍鼎

雍，一斗，重六斤六两。□百六十八。

雍庙府，容一斗，重五斤十三两。名才六。二百卅七（横刻）。（《汉金》卷一）

整理者案：本篇亦见《金文续编》，"雍"字作"雝"。上条铭文之"六两"，《历代著录吉金目》页883上栏录文同，而《贞松堂集古遗文》卷十三、《历代著录吉金目》页846上栏皆作"六石"。

雍鼎（补）

雍，一斗。

整理者案：据《陶斋吉金录》卷五补。亦见《历代著录吉金目》页782上栏。

雍平阳宫鼎

卅五。第廿三。平阳共。雍平阳宫。（盖）七十（横刻）。八斤十两，一斗一升。雍平阳宫鼎，容一斗一升，重十斤□两。名五十二。今七斤一两。（器）（《汉金》卷一）

整理者案：本篇亦见《金文续编》，"雍"字作"雝"。"卅五"上，《贞松堂集古遗文补遗》卷下有"第"字。"七十"上，《金文续编》曰："尚有数字不可辨。"而《秦汉金文汇编》上编则著六个缺字符。"重十斤□两"，《贞松堂集古遗文补遗》卷下作"重□□□两"。"七斤"，吴镇烽录文作"十斤"（见吴氏《近年所见所拓两周秦汉青铜器铭文》文，载《文博》2006.3P4—9）。

杜鼎（一）

杜共。第九十八鼎盖，重一斤八两。名曰九十八。杜宜共。百廿八。（盖）一斗，十斤。西共左。（器）（《汉金》卷一）

整理者案：本篇亦见《金文续编》。盖铭"杜宜共"三字，《金文续编》《历代著录吉金目》页819下栏、《秦汉金文汇编》上编在"百廿八"下。又器铭"十斤"，《贞松堂集古遗文》卷十三、《历代著录吉金目》作"九斤"。

杜鼎（二）

杜共。第百五十五鼎，盖重二斤。名曰百五十五。宜共，二斤。（《汉金》卷一）

整理者案：本篇亦见《金文续编》。《愙斋集古录》卷十三、《历代著录吉金目》页869下栏本篇题作"杜共鼎"。又王卉《汉代铜器铭文汇总》未录此篇。

临菑鼎（补）

临菑。十五。并重一斤十两。

整理者案：据《愙斋集古录》卷十三补。

杜宣鼎

杜……重六 斤 十 两。名曰百五十。一斗。

杜宣共，一斗一升，六斤十两。廿六　食　食（《汉金》卷一）

整理者案：本篇亦见《金文续编》。上条"杜……"，《金文续编》《秦汉金文汇编》上编作"杜□□□□"。《金文续编》曰："所缺字数不明。"又下"杜宣共"条，《金文续编》《历代著录吉金目》页876上栏、《秦汉金文汇编》上编作"杜宣共廿六食一斗一升六斤十两食"。

临晋鼎

不五□□名廿七。（盖）一斗　五月　门共鼎。乙十。七斤四两，一斗。临晋厨鼎一合，容一斗，盖重一斤四两，下重六斤三两，并重七斤七两。名卅五。（器）（《汉金》卷一）

整理者案：本篇亦见《金文续编》。王卉《汉代铜器铭文汇总》"门共鼎"作"斗共鼎"。疑是。作"门"，以与"斗"之繁体"鬥"字形近而误。

万岁宫鼎（补）

万岁宫铜鼎，重二斤二两，元延二年工宁虞造。□斤三两。

整理者案：据《历代著录吉金目》页870上栏补。元延为西汉成帝年号（元延二年为前11年），此为西汉物。

建昭宫鼎（补）

建昭宫铜鼎，容一斗六升，具盖重九斤七两，元狩元年中尚方缮作府造。左丞宗、工威省。

整理者案：据《历代著录吉金目》页885上栏补。元狩为西汉武帝年号（元狩元年为前122年），此为西汉物。

陶陵鼎（一）

隃糜陶陵共厨铜斗鼎盖，并重十一斤。汧。第卅五。（盖）

隃糜陶陵共厨铜鼎一合，容一斗，并重十斤。

汧共厨铜鼎，容一斗，重八斤一两。第廿。（横列于上段"重"、"十"二字之

间)(《汉金》卷一)

　　整理者案：本篇亦见《金文续编》。器铭"第廿"下，《愙斋集古录》卷十三、《江苏金石记》卷一、《历代著录吉金目》页884上栏皆有"一"字。又盖铭、器铭之"容一斗"，《江苏金石记》皆作"容一升"。《积古斋钟鼎彝器款识》卷九曰："案《汉书·地里志》，隃麋、汧二县属右扶风。《后汉书·耿弇传》：'建武四年，封耿况为隃麋侯。'《续汉书·郡国志》作'渝麋'。又《续汉志》：'定陶在济阴郡，本曹国后，汉属兖州刺史部。'郭璞曰：'城中有陶邱。'《史记》云'穰侯出之陶'，即其地。定陶共王康，元帝子，哀帝父，永光八年自山阳徙封。《汉书·丁太后传》：'建平二年，上曰太后宜起陵恭皇之园，遣大司马票骑将军明东送葬于定陶。贵震山东。'《共王传》：'哀帝二年，追尊共王为共皇帝。'《水经注》：'济水自定陶县南，又东迳秦相魏冉冢南，又东北迳定陶恭王陵。'此器云'陶陵'，是定陶共王陵也。隃麋、汧二邑，合共此器，故曰共厨铜鼎。薛氏《款识》汉好畤鼎铭云'今好畤共厨金一斗鼎'，汾阴宫鼎铭云'汾阴共官铜鼎'，上林鼎铭云'上林共官铜鼎'，汉器体制如是。汉陵庙皆有厨，《三辅黄图》'昭帝平陵为小厨，裁足祠祝'，薛书汉孝成鼎铭云'长安厨，孝成庙铜三斗鼎'是也。此鼎盖与器铭辞不相应者，当是共鼎正多，不知何时互错也。"《江苏金石记》曰："定陶故城在今山东曹州府定陶县西南。"

陶陵鼎(二)

　　隃麋陶陵共厨铜鼎一合，容二斗，并重十五斤。

　　汧陶陵共厨铜鼎，容二斗，重十五斤。（横列于上段"重"、"十"二字之间）(《汉金》卷一)

　　整理者案：《历代著录吉金目》页882下栏题作"隃麋定陶鼎"。"汧陶陵"，王卉《汉代铜器铭文汇总》脱"陶陵"二字。

千岁鼎

　　千岁。(《文物》1963.11)

　　整理者案：王卉《汉代铜器铭文汇总》本篇误收下"朝歌鼎"篇铭文。

朝歌鼎

　　朝歌。(腹)戊。一斗，重八斤四两。(耳)(《十二家吉金图录》第一册)

汉长安共厨鼎

　　长安共厨二升鼎盖。第三。(盖)长安共厨金鼎一合，重十八斤八两，容二升。第八。(器)(《岩窟吉金图录》卷上)

莽鼎

　　莽。(《文物》1963.11)

整理者案:王卉《汉代铜器铭文汇总》未收此篇。

蒉阳鼎

鄂蒉阳共鼎,容一斗一升,重六斤七两。第百卅七。第百卅七。(《文物》1995.11)

徐按:原报告认为是战国鼎,此为第六段铭文,汉初刻。第一至第五段铭文乃汉以前所刻,此不录。整理者案:王卉《汉代铜器铭文汇总》无铭首"鄂"字。

马里梁氏鼎

马里梁氏。(腹部一侧)合□。(腹部另一侧)(《满城汉墓发掘报告》第52页;1:4101)

整理者案:王卉《汉代铜器铭文汇总》"梁"误作"梁"。

乙亥鼎

乙亥。六斤五两。容一斗七升。(腹)重二斤六两。家。(盖)(《考古》1996.6;M25:17)

私官鼎

右　私官六　一斗半斗　曲高(盖)九斤十二两　右游九□□止　斗半斗　高居恒　高居　少宫　□　曲(腹)(《考古》1996.6;M25:13)

容四斗鼎

容四斗,重一钧。(《考古学报》1983.4;35号)

辛鼎

四斤九两。名辛。(盖)容二斗少半斗,十六斤七两。(口沿)(《广州汉墓》P137;1097:22)

蕃禺鼎(一)

蕃禺,少内。(盖)蕃禺,少内,容一斗大半。(腹)(《西汉南越王墓》P276;G54)

整理者案:《秦汉金文汇编》上编"大半"作"少半"。

蕃禺鼎(二)

蕃禺,少内。(盖)蕃禺,少内。容二斗二升。(腹)(同前;G64)

蕃禺鼎(三)

蕃禺,少内。(盖)蕃,少内,一斗二升少半。(腹)(同前;G66)

蕃鼎(一)

蕃,一斤九两,少内。(盖)蕃,容一斗一升。(腹)(同前;G53)

整理者案：王卉《汉代铜器铭文汇总》盖铭"一斤九两"误作"一斗一升"。

蕃鼎（二）

蕃，三斗。（盘口）（同前书 P278；G36）

重廿八斤鼎

重廿八斤，容六斗大半斗。（盘口）（同前；G9）

整理者案：王卉《汉代铜器铭文汇总》"大半斗"作"大半升"。

少内鼎

少内，蕃，一斗一升。（口沿）（同前；G55）

重十六斤鼎

重十六斤，容三斗大半斗。（口沿）（同前书 P279；G10）

整理者案：《秦汉金文汇编》上编"十六"作"廿六"，"大半"作"少半"。

周里鼎

容斗六升，并盖重十五斤四两。（腹）周里。（腹另一侧）（《文物》1973.4；TG55）

御食官鼎

御食官，容六升，并盖重六斤一两。丁。（腹）文后家官。（口唇外侧）食官。（一钮上）甲第五。（盖）（《文物》1973.4；TG58）

整理者案：《秦汉金文汇编》上编以"文后家官"四字为盖铭。

昆阳乘舆铜鼎

昆阳乘舆铜鼎一，有盖，容十斗，并重六十六斤。阳翟守令当时、守丞千秋、左乐、工国造。（《考古》1963.2；11号）

整理者案：《秦汉金文汇编》上编"十斗"作"七斗"，"六十六"作"八十六"，"左乐"作"光乐"，并误。《中国书法全集》第九册页41图16、《中国青铜器全集·秦汉》（以下省称《全集·秦汉》）图二八并作"十斗"、"六十六"，甚清晰。铭文"铜鼎"，《中国书法全集》作"铜鏏"。又《中国书法全集》《全集·秦汉》图二八"阳翟"上俱有"三年"二字，当据补。"左乐"，《中国书法全集》作"佐乐"。据《中国书法全集》第九册页184图版考释16，此器作于西汉中期，1961年出土于西安三桥镇高密村汉上林苑遗址。《中国书法全集》曰："'昆阳'，县名，属颍川郡。此鼎係昆阳县上供汉庭之鼎。'乘舆'，原指汉代帝王使用之物，其后亦以称天子。器铭的'守令'——'守臣'——'佐'——'工'的行文排列顺序，为西汉中期偏早所通行。故刻铭中的'三年'，应为汉武帝置年号以前的纪年。'当时'、'千秋'、

'乐'均为建造官吏之属名。'阳翟',县名。颍川工官所在地,故城在今河南禹县。"

齐食大官畜鼎

齐食大官畜□。(盖)(《考古学报》1985.2;1:88)

整理者案:王卉《汉代铜器铭文汇总》未录此篇。又黄展岳释文"畜□"作"畜粲[人]"(见《西汉齐王墓器物坑出土器铭考释》,载《中国考古学研究——夏鼐先生考古五十周年纪念论文集》P220—234。以下引黄展岳释文,若未特别说明,皆出此)。

大官鼎(一)

大官。(腹)木。(耳)大官尚志。(盖)(同前;1:90)

整理者案:黄展岳释文"志"作"寺"。

大官鼎(二)

大官。(腹)(同前;1:97)

齐食官畜鼎

齐食官畜。(腹)齐食大官北宫。十。(盖)(同前;1:92)

南宫鼎(一)

南宫鼎。(腹)齐食官朱。(横刻)(同前;1:101)

整理者案:黄展岳释文"齐食官朱"四字亦在腹部。

南宫鼎(二)

南宫鼎。(腹)(同前;1:105)

南宫鼎(三)

南宫鼎。朱,齐食官。(腹)齐食大官右般者。(盖)(同前;1:106)

整理者案:黄展岳释文盖铭"食"在"官"下。

大官北宫鼎(一)

大官北宫。(腹)齐食官朱。(盖)(同前;1:110)

大官北宫鼎(二)

大官北宫。(腹)(同前;1:126)

齐大官尚志鼎

齐大官尚志。十。南宫鼎。(腹)左,容二斗,重九斤。(盖)(同前;1:111)

整理者案:黄展岳释文"志"作"寺"。

齐大官畜粲人鼎

齐大官畜粲人。(腹)(同前;1:125)

齐大官畜鼎

齐大官畜。南宫鼎。(盖)(同前;1:127)

张端君鼎

张端君斗鼎一只。(《考古》1966.4)

羽阳宫鼎

今汧共厨。郡邸鼎一合,容一斗二升,并重七斤十四两。名丑。雍羽阳宫鼎,容一斗二升,并重六斤七两。名卌九。

容一斗二升,高唐,六斤一两一二朱。五十三。(《考古与文物》1981.1)

整理者案:王卉《汉代铜器铭文汇总》上条铭文"邸鼎"下有"彝"字。

曲庙鼎

曲庙,并重廿一斤四两。(《考古》1997.3)

废丘鼎

废丘,一斗,重七斤。丑四。(《考古与文物》1980.1)

整理者案:王卉《汉代铜器铭文汇总》"七斤"作"四斤"。

鄜厨金鼎

贞共。百十八。尚。今黄共,二升少半。二百卅二。槐里,重一斤八两。(盖)

今鄜。鄜厨金鼎一合,容九升,重十斤十二两。□□□华共,八升,十斤八两。百一十。十斤四两。名缶。令□,六斤八两。□□□□门共鼎。黄山共盖□。(器)(《考古与文物》1980.1)

整理者案:王卉《汉代铜器铭文汇总》未释二"鄜"字,"令□"之"令"作"今"。又案:吴镇烽录文上条"二百卅二"作"百卅二"(见吴氏《近年所见所拓两周秦汉青铜器铭文》文,载《文博》2006.3P4—9)。

竟陵鼎

竟陵。(阳文)(《考古》1988.8;M11:4)

临晋厨鼎

乙廿三。名卅二。(盖)乙廿三。九斤五两,一斗一升。临晋厨鼎一合,容□斗□升,重七斤十两,并重九斤十两。名卅二。临晋,重……(余残损)(腹)(《考古与文物》1994.4)

慎鼎

慎,重十斤十两,容一斗三升。甲。食官,一斗三升,十斤六两。(《考古学报》1957.1)

高平宫金鼎

郑,一斗五斤,行。五斤八两,一斗,才。十一。(盖)栎阳高平宫金鼎,容一斗,重四斤十三两。名曰五十四。今栎阳。今百一十六(横刻)。(器)(《考古与文物》1980.1)

新丰宫鼎

新丰宫□□□,容一斗三升,十斤五两□。

新丰宫,一斗三升,九斤二两。夕里癸。(《考古与文物》1980.1)

整理者案:王卉《汉代铜器铭文汇总》未收此篇。吴镇烽录文"容一斗三升"上有"百一十三"四字,无后条"新丰宫"至"九斤二两"十一字(见吴氏《近年所见所拓两周秦汉青铜器铭文》文,载《文博》2006.3P4—9)。据《中国书法全集》第九册页183图版考释15,此器作于西汉早期,出土于陕西三原,藏陕西省原县文化馆。《中国书法全集》曰:"据《汉书·地理志》载,新丰在今陕西临潼北,新丰宫当係汉高祖刘邦为太上皇于新丰所置之宫。"又曰:"三部分铭文係三次刻成。'夕里癸'为初刻,'新丰宫一斗三升九斤二两'为第二次铭刻,'新丰宫容一斗三升十斤五两'为最后刻成。"

雍虢共厨鼎

雍虢共厨。第辰。(《考古与文物》1992.4)

整理者案:王卉《汉代铜器铭文汇总》"雍"作"雝"。

河间邸鼎

河间邸,容五升,重十二钧十两。(《考古与文物》1987.4;铜鼎Ⅰ)

徐按:拓片不清。"均"当是"斤"之误释。

朐邑铜鼎

朐邑铜鼎,容斗四升,重廿斤。(《考古》1992.2)

一斗一升鼎

一斗一升。(盖)(《考古》1987.8)

钜平鼎

钜平。(《考古》1987.7)

整理者案:王卉《汉代铜器铭文汇总》"钜平"下尚有"(器一侧)同(器另一侧)"字样。

阳平顷侯石鼎

阳平顷侯家上铜石鼎,重七十三斤。(《考古与文物》1985.5)

徐按："冢",原报告误释为"冢"。整理者案:《秦汉金文汇编》上编亦作"冢"。则作"冢"字不误。

子鼎

子鼎,一斗。(一耳旁)赵主家。(另一耳旁)(同前)

延寿宫鼎

延寿宫,重十六斤四两,容二升。(《考古》1980.1)

明光宫鼎(一)

明光宫。(上腹一侧)□□家。(另一侧)(《文物》1984.11;M2:1)

明光宫鼎(二)

明光宫。(上腹一侧)□□家。(另一侧)(《文物》1984.11;M2:85)

明光宫鼎(三)

明光宫。(上腹一侧)(同前;M2:2)

明光宫鼎(四)

明光宫。(上腹卧刻)□□家。(另一侧)(《文物》1984.11;未编号)

明光宫鼎(五)

明光宫。(上腹卧刻)(《文物》1984.11;M2:3)

广陵服食官钉(一)

服食官钉盖。第二。(盖)广陵服食官钉。第二。(腹)(《文物》1991.10;M104:1)

徐按:"钉"通"鼎"。

广鼎服食官钉(二)

服食官。第五。(盖)广陵服食官钉。第十。(腹)(《文物》1991.10;M104:2)

徐按:器盖误配。

大子鼎

大子。(同前;M104:6)

馆陶家铜连鼎

铜连鼎四合,容各三斗,并重九十三斤。馆陶家,霸田。(《考古与文物》1982.4)

整理者案:又见《全集·秦汉》说明页8。《全集·秦汉》定此为西汉早期物。

王氏一斗鼎

王氏,容一斗,重七斤十一两。(一耳旁)庚。(另一耳旁)(《考古与文物》1982.4)

王氏鼎

王氏,重一斤十四两。(盖边缘处)庚。(另一处)(《考古与文物》1982.4)

整理者案:王卉《汉代铜器铭文汇总》"另一处"作"另一耳旁"。

李氏鼎(补)

李氏。

整理者案:据《宣和博古图》卷五补。亦见《啸堂集古录》卷上。

李氏鼎

李氏,重十三斤。(口沿下)(《文物》1983.12)

鲍氏鼎(补)

鲍氏。

整理者案:据《历代钟鼎彝器款识》卷十八补。亦见《啸堂集古录》卷下。

汾阴侯鼎(补)

汾阴侯。

整理者案:据《历代钟鼎彝器款识》卷十八补。亦见《啸堂集古录》卷下。

汾阴侯铏(补)

始建国元年正月癸酉朔日制。汾阴侯。

整理者案:据《陇右金石录》卷一补。《陇右金石录》曰:"出于泾川,民众教育馆藏。今存。按此器出于泾川,其形如鼎,高一尺二寸,周二尺四寸,三足,无盖。盖古和羹之器,所谓铏也。右有字三行十二字,左字一行,'汾阴侯'三字。为莽初所制。汾阴侯,不知何人,《汉书》有'汾阴侯周昌,传四代至昌玄孙明,失爵,复家'。似尚未至莽初。文用小篆,甚似莽权铭。"又新莽始建国元年为8年。

汉孝成鼎(补)

长安厨孝成庙铜三斗鼎盖一合。第一。(盖)长安厨孝成庙铜鼎,容三斗一合,并重廿六斤。建平三年十月,工王襃造。左丞辅、掾谭、守令史永省。第一。(器)

整理者案:据《宣和博古图》卷五补。《啸堂集古录》卷上、《历代钟鼎彝器款识》卷十八所录未明确区分盖铭与器铭。器铭"工王襃",《啸堂集古录》作"土王襃",《积古斋钟鼎彝器款识》卷九误作"上王襃"。《金索》卷一篇题"成"下有"庙"字,器铭阙"第一"二字。而邃古斋藏本《金索》未录器铭。《历代著录吉金目》页890上栏器铭"廿六"作"廿八"。又建平为西汉哀帝年号(建平三年为前4年),此为西汉物。

长安鼎(补)

长安厨孝成庙铜二斗鼎盖一合。第九。(盖)厨孝成庙铜鼎,容二斗一合,并重十二斤六两。建平三年十月,工王褒造。左丞辅、掾谭、守令史永省。第九。(器)

整理者案:据《陶斋吉金录》卷五补。西汉哀帝建平三年为前4年,此为西汉物。

汉汾阴宫鼎(补)

汾阴供官铜鼎盖,二十枚,重三斤八两。(盖)汾阴供官铜鼎,二十枚,容一斗,重十斤。汾阴宫铜鼎一,容一斗,重十斤。平阳一斗鼎,重十斤。第廿三。(器)

整理者案:据《宣和博古图》卷五补。《啸堂集古录》卷上、《历代钟鼎彝器款识》卷十八所录未明确区分盖铭与器铭。《啸堂集古录》《金索》卷一器铭、盖铭"二十"皆作"十十"。又器铭、盖铭之"供"字,《啸堂集古录》《金索》所附图片皆作"共"。器铭"二十枚容一斗",《啸堂集古录》无"一"字。

彭阳鼎

彭阳,重三斤四两,容三升。(盖)彭阳,重七斤,容十斗三升。(口沿)(《文物》1984.4)

整理者案:本篇又见秦凤鹤《甘肃出土先秦两汉青铜器铭文整理与研究》P150所录,"容三升"作"容二升","十斗"作"一斗"。

二斗二升鼎

二斗二升。(《文物》1978.9;M1:28)

二斗少半鼎

二斗少半。(《文物》1978.9;M1:30)

整理者案:王卉《汉代铜器铭文汇总》铭文"半"下有"升"字。

布鼎(一)

布。(盖)布。析。(腹一侧)析,二斗一升。二斗大半升。(另一侧)(同前;M1:31)

整理者案:王卉《汉代铜器铭文汇总》腹一侧铭文脱"析"字。

布鼎(二)

布。析。(盖)一斗九升。布。(腹一侧)蕃,二斗二升。析,二斗大半升。(同前;M1:32)

甲鼎

甲。(《文物资料丛刊》4)

甲鼎(补)

甲。□曲六斤,一升半升。

整理者案:据《贞松堂集古遗文》卷十三补。

平息侯家鼎

平息侯家铜鼎一,容一斗二升,并重十斤。(《古文字研究》第十九辑)

整理者案:此鼎又见《贞松堂集古遗文》卷十三,"息"作"恩","十斤"作"九斤",无"二升"。查《古文字研究》第十九辑周世荣《湖南战国秦汉魏晋铜器铭文补记》一文,铭文"十斤"作"一斤"。

杨子赣家铜鼎

杨子赣家鼎盖。(盖)杨主家铜鼎,容斗五升,有盖,并重□□斤。(器)(《古文字研究》第十九辑)

整理者案:据《古文字研究》第十九辑周世荣《湖南战国秦汉魏晋铜器铭文补记》一文,此器出土于长沙王后冢,则亦为西汉物。

西□宫鼎

西□宫鼎,容一斗,并重十七斤七两。七。(《中国文物报》1994.2.27—总372期)

□□铜鼎

□□铜鼎,容五升,有盖,并重四两。(腹外沿)□□□□□□十二两。(盖)(《考古》1984.9;74长阿M7)

吕鼎

吕,容一斗五升,重十五斤十五两。第卅七。(器)吕。第卅七。(盖)(《文物》1998.8;W1:33)

徐按:原报告"七"均误释为"十"。

清河第四鼎

清河第四鼎,容二斗半,重廿斤。(《汉书新证》P313—314)

清河第五鼎

清河邸少内。第五。(盖)清河邸少内第五鼎,容一斗半,重十斤。(器)(同前书P314)

大吉利鼎

大吉利,君宜官。(《考古》2001.1O;FN:466)

整理者案:王卉《汉代铜器铭文汇总》未收此篇。

赵鼎（补）

赵鼎,十四斤。

整理者案:据《贞松堂集古遗文》卷十三补。

赵夫人鼎

赵夫人,二斗,王夫人。(盖)王夫人,二斗,赵夫人。(器)(《文物》2003.9)

整理者案:王卉《汉代铜器铭文汇总》未收此篇。

平阳家鼎（补）

平阳家,容二斗,重一斤八两。(《文博》2006.3P7)

新丰宫鼎（补）

新丰宫,百一十三,容一斗三升,七斤五两。夕里癸。(《文博》2006.3P9)

整理者案:据铭文拟题。

咸阳鼎（补）

咸阳,五斗九升,名戌。重廿六斤十两。□南□,容二斗,重斤五两。(《文博》2006.3P9)

整理者案:吴镇烽录文"□南"作"滈(?)南"(见吴氏《近年所见所拓两周秦汉青铜器铭文》文,载《文博》2006.3P4—9)。

佳县鼎（补）

□□宫。重一斤二两,容二斗。(《文博》2006.3P9)

家鼎（补）

家鼎。(《文博》2006.3P9)

康共铜鼎（补）

康共。(《中原文物》2004.4P18)

赤壁沙羡一斗铜鼎（补）

六斤十二两。沙羡一斗宿寺御。一升。(鼎腹部外壁)沙羡一斗。(器底)(《江汉考古》2010.2P121)

整理者案:篇题据铭文所出文献拟。

D型鼎（补）

容二(口沿)。容石。(腹部)二石一斗五升,共一钧十七斤六两。第三。(腹部)容一石一斗二升,重一钧十五斤五两,第五百卅五。(腹部)(《考古》2013.10,P23;M1:3607)

整理者案:篇题据原报告相关文字拟。

长沙鼎（补）

□一□二,有盖,并重十七斤八两,长沙□□□。(口沿,阴文篆书)(《文物》2007.12P33,M1:95)

大张鼎（补）

大张。(盖)(《文物》2007.7P42,M1边厢:74)

千秋鼎（补）

千秋。

整理者案:据《历代著录吉金目》页752下栏补。

西汉晋阳铜鼎（补）

君子□□□。曰□容□□□。烟行□□□。(盖)四年晋阳,诹丞头,祠官□,匠□。重十一斤八两,容二斗四升。今并重十一斤七两。第九。(腹部)(《文物》2015.4P89)

西汉宣春鼎（补）

宣春,长平家,重二斤四两。(盖一侧)宣春,长平家,容一斗,重九斤。(腹部近口沿处)(《文物》2008.7P61)

九斤十五两鼎（补）

九斤十五两。(《文物》2009.5P95)

雷纹鼎（补）

□节作□鼎。

整理者案:据《历代著录吉金目》页804上栏补。

金鼎（补）

金鼎一双。(《关沮秦汉墓简牍》P179,XM26:83)

定陶鼎（补）

高庙。(盖)都仓。定陶庙,容十斗,并重九斤二两。(腹)

整理者案:据《隶续》卷十四(页418)补。此器为西汉物。《啸堂集古录》卷上所录铭文"都仓"二字作横书状。《宣和博古图》卷五"并重"作"共重"。《西清古鉴》卷七阙"十"字及"九斤二"三字。《西清古鉴》曰:"此云都仓,或监制者官名也。"《金索》卷一本篇题作"汉高庙鼎",铭文"十斗"作"一斗"。

莒夷鼎（补）

莒夷鼎,容二升,并重六斤。弟卅二。(盖)莒夷鼎,容二升,并盖重六斤。弟卅二。(器)

整理者案：据《历代著录吉金目》页849上栏补。

区川鼎（补）

区川□□官□容一斗二□□□重十斤。

整理者案：据《历代著录吉金目》页853下栏补。

后汉建武鼎（补）

……东……鼎……盖重……容一斗（余不辨）

整理者案：据《钟鼎款识》补。亦见《历代著录吉金目》页878下栏。

建武十七年鼎（补）

建武十七年，考工令史击、丞或、令工伍舆造。

整理者案：据陈直《两汉经济史料论丛》P131补。建武为东汉光武帝年号（建武十七年为41年），此为东汉物。

建武廿年鼎（补）

建武十十年，考工令史击、丞或、令工伍舆造。

整理者案：据《历代著录吉金目》页853下栏补。铭文除"十七"与"十十"小异外，其余全同。颇疑该器与上"十七年鼎"本为一器，以误"十七"作"十十"，故别作"廿年鼎"。东汉光武帝建武廿年为44年，此为东汉物。

东汉建宁元年鼎（补）

建宁元年八月丁酉诏书：作鼎一枚，重十二斤，太仆临右工史庞善，考工令张玮，右丞毛迁，铜曹史和辛。

整理者案：据秦凤鹤《甘肃出土先秦两汉青铜器铭文整理与研究》P162所录补。铭文"临"疑当是"监"字之误。建宁为东汉灵帝年号（建宁元年为168年），此为东汉物。

光和鼎（补）

大司农以戊寅诏书，秋分之日，同度量、均衡石、桷斗桶、正权概，特更为诸州作铜斗、斛、称、尺，依黄钟律历、九章算术以均长短、轻重、大小，用齐七政，令海内都同。光和二年闰月廿三日，大司农曹袂、丞淳于宫、右仓曹掾朱音、史韩鸿造。

整理者案：据《历代著录吉金目》页902上栏补。原注曰："按是器《汉金文录》著录作斛，参看'光和斛'。"光和为东汉灵帝年号（光和二年为179年），此为东汉物。

汉武帝鼎铭（补）

登于泰山，万寿无疆，四海宁谧，神鼎传芳。

整理者案:据《金石古文》卷十四补。

汉大梁鼎(补)

梁廿又五年,大梁司寇□□智□为量□四分。

整理者案:据《筠清馆金石》卷五补。《筠清馆金石》曰:"此汉梁王之器,其称'梁廿又五年',犹五凤石刻称'鲁卅四年'也。"

汉太师鼎(补)

太师鼎。

整理者案:据《陇右金石录》卷一补。《陇右金石录》曰:"今佚。虞荔《鼎录》:董卓为太师,铸鼎,其文曰'太师鼎',古隶书。"

承露鼎文(补)

承露鼎。

整理者案:据《中州金石考》卷七补。《中州金石考》曰:"《鼎录》:安帝延光四年铸于少室山,其文曰'承露鼎',小篆书。"

汉太宗庙鼎文(补)

大宗庙金鼎,容一斗,重九斤三两。元年十月丁亥,宜成□□越库婴工九造。

整理者案:据《八琼室金石札记》卷二补。《札记》曰:"称元年而不书纪号,景帝时尚未建元也。"又曰:"宜成,汉侯国,隶济南郡。"据此,则此器为西汉景帝时物。

永安宫鼎(补)

永安宫铜鼎,容斗,重十一斤。甘露元年十月併工长造。护昌,守啬夫宗扬省。(《汉金》卷一)

整理者案:据《历代著录吉金目》页879下栏补。甘露为西汉宣帝年号(甘露元年为前53年),此为西汉物。

鼎盖

安陵鼎盖

华共,一斗一升半升,十斤。十九。今安陵,二升,一斤十四两。今安陵,容二升,重一斤十四两。元年四月,受云阳厨。第卅六甲。(《汉金》卷一)

整理者案:本篇亦见《金文续编》。本篇但云"元年",则此器应为西汉武帝建元前物。

阳信家铜二斗鼎盖

阳信家铜二斗鼎盖,并重十四斤四两。四年二月,工官得指造。第十二。函池。(盖)阳信家,容二斗,并重十六斤。六年。第十七。黄山。(腹)(《文物》1982.9;K1:025)

整理者案:本篇但云"六年",则此器应为西汉武帝建元前物。

上林鼎盖

上林。第十六。(《汉金》卷一)

商鼎盖

商。(《汉金》卷一)

整理者案:本篇亦见《金文续编》。《历代著录吉金目》页748上栏篇题无"盖"字。

伏地鼎盖

伏地。(阳文)(《汉金》卷一)

整理者案:本篇亦见《金文续编》,但无"阳文"二字。

方氏鼎盖

方氏。(《汉金》卷一)

整理者案:本篇亦见《金文续编》。《历代著录吉金目》页755上栏篇题无"盖"字。

谯鼎盖

谯。(《汉金》卷一)

整理者案:本篇亦见《金文续编》。

张氏鼎盖

张氏铜鼎盖,并重十斤八两。第四。(《汉金》卷一)

整理者案:本篇亦见《金文续编》。

迎光宫鼎盖

蒲反迎光宫铜鼎盖。第十一。(《汉金》卷一)

整理者案:本篇亦见《金文续编》。《历代著录吉金目》页828下栏篇题作"蒲反迎光宫鼎"。

平阳鼎盖

平阳,容一斗二升,重十斤七两。(《汉金》卷一)

整理者案：本篇亦见《金文续编》。《历代著录吉金目》页840下栏篇题无"盖"字，然又以铭文为盖铭。

广阳鼎盖

广阳。卅六。容二升,重二斤二两。(《汉金》卷一)

整理者案：本篇亦见《金文续编》。

废丘鼎盖

废丘,一斗少半斗,重三斤。甲四。(《汉金》卷一)

整理者案：本篇亦见《金文续编》。

西乡鼎盖

西乡二斗鼎盖,重三斤四两。第二。(《汉金》卷一)

整理者案：本篇亦见《金文续编》。《历代著录吉金目》页845上栏篇题无"盖"字。

汧鼎盖

汧共厨铜一斗鼎盖,重二斤一两。第八。(《汉金》卷一)

整理者案：本篇亦见《金文续编》。《历代著录吉金目》页850下栏篇题作"汧共鼎"。

蕾川鼎盖(一)

蕾川金鼎盖,并重廿四斤。第一。(《汉金》卷一)

整理者案：本篇亦见《金文续编》。

蕾川鼎盖(二)

蕾川金鼎盖,并重十八斤。第四。(《汉金》卷一)

整理者案：本篇亦见《金文续编》。《历代著录吉金目》页842下栏本篇题作"蕾川金鼎"。

蕾川鼎盖(三)

蕾川金鼎盖,并重十七斤。第十五。(《汉金》卷一。拓本在卷七)

整理者案：《历代著录吉金目》页851上栏题作"蕾川金鼎"。铭文"十七",《筠清馆金石》卷五、《历代著录吉金目》作"十十"。

蕾川鼎盖(四)

蕾川金鼎,容一斗,并盖重十六斤。第六。(《汉金》卷一)

整理者案：《筠清馆金石》卷五合本篇与上篇为一。《筠清馆金石》曰："案:此鼎盖云'重十十斤第十五',器云'重十六斤第六',其轻重次第悉不合,乃当时互错者。'十十'即二十也。菑川,国名,建武十三年并入北海。"

美阳高泉宫鼎盖

美阳高泉宫共厨铜一斗三升鼎盖,重二斤五两。名吉。(《汉金》卷一)

整理者案:本篇亦见《金文续编》。《愙斋集古录》卷十三本篇题作"美阳鼎盖"。

橐泉宫鼎盖

雍橐泉宫金鼎盖一,容二升,重一斤八两。名百卌二。

杜阳,五十四,斤十两。(《汉金》卷一)

整理者案:本篇亦见《金文续编》。

五柞宫鼎盖

杜五柞宫,三升少半,二斤。鄠五柞共盖,容三升少半,重二斤。第百七。(《考古与文物》1994.4)

徐按:"七",原报告误释为"十"。

瓯

平阳瓯

第二。平阳共鏖瓯一,容二斗八升,重七斤六两。(《汉金》卷四)

整理者案:本篇亦见《金文续编》。吴镇烽录文无"共"字(见吴氏《近年所见所拓两周秦汉青铜器铭文》文,载《文博》2006.3P4—9)。《愙斋集古录》卷十三、《历代著录吉金目》页952上栏录本篇,铭文"七斤"皆作"十斤"。铭文"六两"下,《愙斋集古录》有"八斤八两"四字,《历代著录吉金目》有"八斤八两四"五字,而《金文续编》注曰:"两旁尚有数字不可辨。"

阳信家瓯

阳信家鏖复(釜),容一斗,并重三斤六两。五年,奉主买邯郸。第二。(釜)

阳信家鏖瓯,容一斗,并重三斤六两。五年,奉主买邯郸。第二。(瓯)

阳信家鏖盆,容一斗,并重三斤六两。五年,奉主买邯郸。第二。(盆)(《文物》1982.9;K1:0006)

整理者案:第三条铭文"第二"两字,《秦汉金文汇编》上编、《中国书法全集》第九册页41图18并作"夷二"。"夷"即"第"之假借字。据《中国书法全集》第九册页184图版考释18,此器作于西汉中期,1981年出土于陕西兴平茂陵一号无名冢一号丛葬坑。《中国书法全集》曰:"'阳信家'铜器中有七件九处刻文记载年月。但均无年号。过去出土的一些金文也有这种款式,西安三桥镇出土的昆阳乘舆鼎就是其中一例。有人认为这类纪年的铜器是文、景时期之物,也有人认为应属武帝初年之物。根据后种观点,此件的'五年奉主买邯郸'即'建元五年'。据考,建元年号系以后追补,故当时没刻上。"

御铜金雍甗

御铜金雍甗一,容十斗,盆备。卅七年十月,赵献。(釜)

御铜金雍甗甑一具,盆备。卅七年十月,赵献。(甑)

御铜金雍甗盆,容十斗。卅七年十月,赵献。(《满城汉墓发掘报告》P52;1:4104)

整理者案:本篇又见《全集·秦汉》说明页8—9,题作"赵献甗"。为西汉中期物。

赵氏甗

赵氏,十一斤。(釜)赵氏,八斤十三两。(盆)(《考古与文物》1994.4)

徐按:原报告言甑"口沿上有一行铭文四字",未言何铭。无拓片。据釜、盆铭推测,甑铭当是"赵氏,□斤"。

中官甗

中官。(釜、甑文同)(《文物》1991.10)

周阳侯家甗鍑(补)

周阳侯家铜三习雔甗鍑一,容五斗,重十八斤六两。侯治国五年五月国输。第四。(阴刻)

整理者案:据《金索》卷二补。

周阳侯甗(补)

周阳侯家铜三习雔甗鍑一,容五斗,重十八斤六两。师治国五年五月国输。第四。

整理者案:据《历代钟鼎彝器款识》卷二十补。篇题,《考古图》卷九作"周阳侯甗鍑";《金索》卷二作"周阳侯家甗鍑",所附拓片为阳刻。铭文"师治国",《考古图》作"侯治国"。薛尚功曰:"文曰'师治国五年',自以侯受封嗣位之年数也。《文字》疑宣帝时器,皆未可考。"《金索》曰:"此《积古斋款识》所摹江郑堂拓本,铭与前同。惟阴识作阳识,'侯治国'作'师治国',未知是否,故并存之。"

鍑

孝文庙甗鍑
孝庙。渔阳郡。孝文庙铜甗鍑,重四斤七两。渔孝庙。(《汉金》卷四)

整理者案:本篇亦见《金文续编》。《簠斋金石文考释》之《西汉渔阳郡孝文庙铜甗鍑并甑考》录本篇,"七"作"十"。

汉孝文庙锶(补)
渔阳郡。孝文庙铸□锶,容三斗,重□□五两。第卅一。

整理者案:据《八琼室金石札记》卷补。《札记》曰:"锶字不见于字书,盖即幎之异文。幎,覆也。字亦作幂,移巾于下耳。……《玉篇》:'幂,鼎盖也。'古用絺、绤,用锡,用疏布,用畳布,故字从巾。亦或用茅。后人用铜,故字从金。从金者,后起之字,许书不收。幎、锶古今字。"

大官鍑(补)
大官,十升,一钧三斤。

整理者案:据《历代著录吉金目》页956下栏补。

金鍑(补)
金。(盖)金。(器)

整理者案:据《西清古鉴》页卷三十一补。《西清古鉴》曰:"铭一字,曰'金',盖其氏,如'严氏洗'耳。"

鄠邑鍑(补)
鄠邑宰从军夜用。(上横头面)

整理者案:据陈直《两汉经济史料论丛》P132补。

甑

闵翁主铜甑
闵翁主铜曽(甑)铜□,容四斗□。(《古文字研究》第十九辑)

整理者案:查《古文字研究》第十九辑周世荣《湖南战国秦汉魏晋铜器铭文补

记》一文,铭文"铜□"乃作"铜夬(夫?——釜)",周世荣曰:"根据器形当为铜'甑'与'釜'连称,故夬当属'釜'的异体字。"

富贵昌乐未央甑

富贵昌,乐未央。(阳文)(《考古学报》1986.2;8:58)

轵家甑(补)

轵家,容四斗,重四斤廿铢。

整理者案:据《历代钟鼎彝器款识》卷二十补。

轵家甑(补)

轵家,容三升,重四斤廿铢。三年工丙造。弟五。

整理者案:据《历代著录吉金目》页953下栏补。"三升"疑"三斗"之误。又铭文但云"三年",则此应为西汉武帝建元前物。

簋

天凤元年铜簋

天凤元年四月十九日造。(《古文字研究》第十九辑)

整理者案:天凤为新莽年号(天凤元年为14年),此为新莽时物。

鐎斗

元康鐎斗(补)

元康元年,考工工贤友缮作,府啬夫建、护万年、般长当时主,令长平、右丞义省。重一斤十四两。

整理者案:据《积古斋钟鼎彝器款识》卷十补。篇题,《两汉金石记》卷四作"汉鐎斗字"。铭文"般长",《两汉金石记》作"县长"。《两汉金石记》曰:"考汉宣帝、晋惠帝皆有元康之号,审此器文字古质,必汉器也。其字体虽极小,然与五凤二年字正相埒,是篆初变例时也。《钟鼎款识》云:'凡汉器必谨其岁月与夫造器之官,《记》所谓物勒工名以考其成是也。'是器藏海盐张芑堂(燕昌)家,芑堂自为记云。……'贤友'乃缮作人之名,'府啬'以下或署官署名,皆不署姓也。"又曰:

"'万年'下一字,芸堂释作'般',予按当是'县'字。《汉书·地理志》:'左冯翊万年县,高帝置。'师古曰:《三辅黄图》云'起万年陵'是也。《百官表》曰:'县令、长皆秦官,掌治其县。万户以上为令,秩千石至六百石。减万户为长,秩五百石至三百石。皆有丞、尉,秩四百石至二百石,是为长吏。'又云:'啬夫职听讼收赋税。'此器自'府啬夫'以下凡四人,建、当时、平、义,皆名也。上一人云'缮作'者,工之职;下四人总言'省'者,官所司也。……其曰右丞者,《百官表》止言县有丞,不言左右,是又可以补史家所未及矣。"又曰:"'般'亦县名,然般属渤海郡,不应远与三辅之邑连书。"《积古斋》曰:"海盐张芸堂所藏器据《金石契》摹本编入。芸堂释文'丞'上有'右'字,摹款无之,盖误脱也。"又曰:"翁学士又谓'般当是县字'……元案:此款'般'字甚明,姑从芸堂释。"《金索》卷三曰:"《金石契》云:颜师古《急就篇》注:'镬斗,温器也,似铫而无缘。'王应麟曰:'镬,刁斗也。温器,三足而有柄。'赵希古《洞天清录》:'刁斗无足,镬斗有足。'……元康,汉宣帝年号。"西汉宣帝元康元年为前65年。

中尚方镬斗

建始二年六月十四日,中尚方造铜镬斗。重三斤九两,容一斗。(《汉金》卷四)

整理者案:本篇亦见《金文续编》。《陶斋吉金录》卷六、《历代著录吉金目》页963上栏题作"建始镬斗"。铭文"十四",《陶斋吉金录》《历代著录吉金目》皆作"十六"。建始为西汉成帝年号(建始二年为前31年),此为西汉物。

建始二年镬壶(补)

建始二年六月,工赵骏造。

整理者案:据《历代著录吉金目》页448上栏补。西汉成帝建始二年为前31年。

汉镬斗(补)

居摄二年丁卯正月朔日制。

整理者案:据《筠清馆金石》卷五补。居摄为西汉孺子婴年号(居摄二年为7年),此为西汉物。

永元镬斗(补)

永元十五年堂狼造。

整理者案:据《湖北金石志》卷二补。《湖北金石志》引《华阳国志》曰:"堂螂,因山名也。出银铅白铜,故造器多出其地。"永元为东汉和帝年号(永元十五年为103年),此为东汉物。

汉鐎斗柄字(补)

八升。

整理者案:据《两汉金石记》卷四补。《两汉金石记》曰:"右'八升'二字,阳文,篆书,在鐎斗之柄。"《积古斋钟鼎彝器款识》卷十题作"八方鐎斗",铭文"方"亦作"升",曰:"案翁学士《两汉金石记》'方'字……释为'升'。"

千万鐎斗(补)

千万。

整理者案:据《历代著录吉金目》页962上栏补。

五铢鐎斗(补)

五铢。

整理者案:据《历代著录吉金目》页962上栏补。

宜子孙鐎斗(补)

宜子孙。

整理者案:据《积古斋钟鼎彝器款识》卷十补。《积古斋》曰:"案《说文解字》'鐎'字云:'鐎斗也。'《广韵》云:'鐎,刁斗也。温器,三足而有柄。'又《史记·李广传》孟康注:'以铜作鐎器,受一斗。昼炊饭食,夜击持行,名曰刁斗。'苏林曰:'形如铞,以铜为之。'《埤仓》云:'鐎,温器,有柄斗,似铫。'《周官·郁人》郑司农注:'郁,十页为贯,百二十贯为筑,以煮之鐎中,停于祭前。'盖鐎斗为煮物之器,故字从焦。焦者,持火爇物也。"

大泉五十鐎斗(补)

大泉五十。

整理者案:据《陶斋吉金录》卷六补。亦见《历代著录吉金目》页962上栏。

长宜子孙鐎斗(补)

长宜子孙。

整理者案:据《历代著录吉金目》页962下栏补。

长宜富贵鐎斗(补)

长宜富贵。

整理者案:据《历代著录吉金目》页962下栏补。

货泉鐎斗(补)

货泉。

整理者案:据《历代著录吉金目》页962下栏补。

大吉利长宜子孙鐎斗(补)

大吉利,长宜子孙。

整理者案:据《历代著录吉金目》页962下栏补。

货泉宜子孙鐎斗(补)

货泉。货泉。货泉。货泉。宜子孙。

整理者案:据《陶斋吉金录》卷六补。亦见《历代著录吉金目》页962下栏。

货泉长宜子孙鐎斗(补)

货泉。货泉。货泉。货泉。长宜子孙。

整理者案:据《历代著录吉金目》页963上栏补。

小泉直一鐎斗(补)

小泉直一。小泉直一。小泉直一。小泉直一。货泉。货泉。货泉。货泉。

整理者案:据《历代著录吉金目》页963上栏补。

镬

千万镬

千万。(阳文)(《汉金》卷四)

整理者案:本篇亦见《金文续编》。王卉《汉代铜器铭文汇总》未收此篇。

中山内府铜镬

中山内府铜镬,容十斗,重卅一斤。卅九年九月己酉,工丙造。(《满城汉墓发掘报告》P56;1:4110)

整理者案:本篇又见《全集·秦汉》说明页10。《全集·秦汉》定此为西汉中期物。

铫

敬武主家铫

敬武主家铜铫,五升,二斤九两。初元五年五月,河东造。第四。富平家。(《汉金》卷四)

整理者案:本篇亦见《金文续编》。《历代著录吉金目》页957上栏录本篇,篇题于"家"下多一"铜"字。铭文"富平家"则在"敬武主家铜铫"上。初元为西汉元帝年号(初元五年为前44年),此为西汉物。

阳信家铫(补)

阳信家铫,容五升。(《秦汉金文汇编》上编)

鉶镂

大高枸篓(补)

大高铜枸篓一,容一升。

整理者案:据《汉代物质文化资料图说》页326补。"枸篓"通"鉶镂"。

赵鉶镂

赵,容三升,重三斤十二两。第武四。(《汉金》卷四)

整理者案:本篇亦见《金文续编》。《贞松堂集古遗文》卷十三、《历代著录吉金目》页846上栏篇题皆作"赵鼎"。

阳信家鉶镂

阳信家铜鉶镂盖,重一斤八两。四年。第一。(盖)铜鉶镂一,重四斤八两。(器)(《汉金》卷四)

整理者案:本篇亦见《金文续编》。王卉《汉代铜器铭文汇总》录文脱"盖"、"器"字样,致使器铭、盖铭难分。

釜

交阯釜

汉安二年十月十三日,交阯西于作。(《汉金》卷四)

整理者案:本篇亦见《金文续编》。汉安为东汉顺帝年号(汉安二年为143年),此为东汉物。

□君釜(一)

□君。(《文物》1984.11;H1:1)

□君釜(二)

□君。(同前;H1:2)

王家尚食釜

王家尚食。(同前;M2:29)

千釜

千。(阳文)(《考古》1980.5)

百釜

百。(阳文)(《考古》1980.5)

万釜

万。(阳文)(《考古》1980.5)

徐按：原报告言釜6件，釜内底铸有千、百、万字。但无拓片，不知详情如何。此姑录此三器铭。

八百釜

八百。(阳文)(《四川文物》1993.6)

赵氏铜釜（补）

赵氏。重四斤二两十二。(《文物与考古》2007.6P74)

轵家釜（补）

轵家，容四斗，重四斤廿铢。三年工丙造。第五。

整理者案：据《历代钟鼎彝器款识》卷二十补。篇题，《考古图》卷九作"轵家甗"，《金索》卷三作"轵家甗铭"。《金索》曰："釜、甗铭文不同，而薛氏同之，更谬。"铭文"四斗"，《考古图》作"三升"，《金索》作"三斗"。又铭文但云"三年"，则此或为西汉物。

轵家釜（补）

轵家，容四斗五升，重十斤一两九铢。三年工丙造。弟五。

整理者案：据《考古图》卷九补。篇题，《金索》卷三作"轵家釜铭"。铭文"九铢"，《金索》作"九朱"。《金索》曰："鹏按'朱'即'铢'，二十四铢为一两。古'五铢'亦有作'五朱'者。"又铭文但云"三年"，则此或为西汉物。

馆陶铜釜（补）

河东所造，三年铜庆釜，重十二斤，长信赐馆陶家。第二。

整理者案：据《历代钟鼎彝器款识》卷二十补。篇题，《历代著录吉金目》页954上栏篇题无"铜"字，《金索》卷三作"馆陶釜铭"，《金石一跋》卷一作"汉铜釜铭"。铭文"三年铜庆釜"，《续考古图》卷一作"三斗铜鹿釜"，《金索》作"三年铜庆釜"。《金索》曰："按'三斗'，薛氏误作'三年'，观下'四斗釜'、'三斗甗'可证。"铭文"第二",《金索》误作"第一",其所录拓片作"第二"甚清晰。《金索》又曰:"《古器物铭》云:《汉书·外戚传》:'文帝窦皇后女封馆陶长主。'又《百官公卿表》:'长信詹事,掌皇太后宫。景帝中,更名长信少府。'张晏注:'以太后所居宫为名也。'铭虽无年月,然其为窦皇后赐馆陶公主物无疑也。"《金石一跋》曰:"《金石录》载釜铭云'长信赐馆陶家',又按:《汉书·外戚传》:'窦皇后女嫖封馆陶长主。'又《百官公卿表》:'长信詹事,掌皇太后宫。景帝中六年,更名长信少府。'张晏注:'以太后所居宫为名也。居长信则曰长信少府,居长乐则曰长乐少府。'然则景帝时宫名长信,则窦太后居是宫无疑。铭虽无年月,然知其为窦太后赐馆陶公主亦无疑也。愚谓赵氏所指良然,然张晏注以长信、长乐皆为太后随所居而名之,盖疏也。《汉官仪》:'帝祖母称长信宫,帝母称长乐宫。'考窦太后崩于建元六年五月丁亥,则窦太后于武帝为祖母,故称长信。《汉书·魏相传》云:'显及诸女皆通籍长信宫。'《霍光传》:'显及诸女昼夜出入长信宫殿中。'师古曰:'长信宫为上官太后所居。'此当宣帝时,上官为帝祖母。《傅昭仪传》:'成帝母太皇太后,本称长信宫。'此亦在哀帝时,昭仪为帝祖母。皆灼然可据如此。而釜铭既称'长信赐馆陶家',证之《外戚传》:'窦太后将崩,遗诏尽以东宫金钱财物赐长公主嫖。'此釜岂亦赐于此时与?赵氏既引其端,而予更为补识所未逮者,亦以俟博考也。"据此,则此器为西汉文帝时物。

永兴铜釜(补)

永兴二年堂福造作工。

整理者案:据《山左金石志》卷二补。《山左金石志》曰:"堂福乃作者姓名,所谓物勒工名者是也。永兴,汉桓帝年号。帝好祷祀,史谓其文罽为坛,饰淳金釦器,亲祠老子于濯龙。此可见矣。《毛诗》:'维锜及釜。'传谓:'有足曰锜,无足曰釜。'郑氏《笺》谓:'亨铏羹之芼。'是此釜为祷祀时亨铏羹之器,未可知也。器见于济南市。"然据其所摹铭文,"堂福"实是"堂狼"。"堂狼"者,县名,属犍为郡,乃造器之所,非作者姓名。又永兴为东汉和帝年号(永兴二年为106年),此为东汉物。

A型釜(补)

……石二斗,重廿斤。(《考古》2013.10,P25;M1:4261)

整理者案:篇题据原报告相关内容拟。

鋞

十六年鋞

鋞，容五升，重三斤九两。十六年，工从造，第一。闵主。(《汉金》卷四)

整理者案：本篇又见《金文续编》。陈直《两汉经济史料论丛》P130 录本篇，"九两"作"六两"。据《簠斋金石文考释》之《西汉孝文帝铜鋞考释》，则此器为西汉文帝时物。铭文"闵"字，《簠斋金石文考释》作"闉"，王卉《汉代铜器铭文汇总》作一阙文号。

时文仲铜鋞

时文仲铜鋞，容二升，重六斤二两。黄龙元年十月丙辰治。(《文物参考资料》1952.2;201:1)

整理者案：黄龙为西汉宣帝年号(黄龙元年为前 49 年)，此为西汉物。

绥和元年铜鋞

绥和元年，王昌，大官，铜造。(《古文字研究》第十九辑)

徐按：原报告言"王昌"、"大官"作两行排列。铭文难辨，疑释文有误。整理者案：绥和为西汉成帝年号(绥和元年为前 8 年)，此为西汉物。

翁主铜鋞

□□翁主……容二斗……重十二斤。(《古文字研究》第十九辑)

隃糜家鋞(补)

隃糜家铜鋞，具盖并重六斤四两，元鼎二年中藏治将造王宛之。(器)隃糜家。(盖)

整理者案：据《历代著录吉金目》页 448 下栏补。元鼎为西汉武帝年号(元鼎二年为前 115 年)，此为西汉物。

莲西宫铜鋞(补)

莲西宫铜鋞，容五升，并重六斤九两，阳朔二年二月工错骏造。十百合。第百卅。

整理者案：据《历代著录吉金目》页 449 上栏补。阳朔为西汉成帝年号(阳朔二年为前 23 年)，此为西汉物。

长信鋞(补)

今元年长信私官，左厨四。(《文物》2007.6P94)

整理者案：篇题据铭文拟。铭文但云"元年"，此或为西汉武帝建元前物。

锅

富贵昌宜侯王锅
富贵昌,宜侯王。(阳文)(《考古》1992.8)

灶

第四竃
第四。(《汉金》卷四。拓本在卷七)

整理者案:本篇亦见《金文续编》。

鬲

公主家鬲(补)
十六年。栎左工工贺咸,五升。公主家鬲,重二斤三两。

整理者案:据《从古堂款识学》卷五补。本篇亦见《金文续编》。《从古堂款识学》原注曰:"西汉文帝、东汉世祖建武、明帝永平、章帝永元、献帝建安并有十六年,此不著年号,知为文帝时器。"

五同鬲(补)
五同。

整理者案:据《山左金石志》卷二补。《山左金石志》曰:"右鬲口径一尺四寸五分,腹深二寸七分强,足高四寸八分,连耳通高一尺四分。腹内作夔首饰,底有小篆文铭二字曰'五同',字径二寸。藏黄县县库。详其制度,应是鬲甗之属。按'同'者,乃器名。《尚书·顾命》:'上宗奉同。'岂器之大能受五同欤?不然,所造器五者皆同,正如魏人之五孰釜耶?"

饭帻

新常乐卫士饭帻
常乐卫士上次士铜饭帻,容八升少。新始建国地皇上戊二年二月造。(《汉金》卷四)

整理者案:本篇亦见《金文续编》。新莽始建国地皇上戊二年为21年。

碗

杨子赣铜䥽
杨子赣家铜䥽盖,并重十六斤。(盖)

杨子赣家铜䥽,容二斗,有盖,重十六斤。(器)(《文物》1960.3)

整理者案:王丹《汉代铜器铭文汇总》未录此篇。"䥽"即"碗"之异体。

汉使者䥽
使者于常□所有□□□。(《双剑誃古器物图录》卷下)

豆

赵内者豆
赵内者,容二升,重二斤二两。第八。(《考古与文物》1980.1)

承安宫铜豆(补)
承安宫铜豆,重三斤八两,五凤元年正月朔造。第五。

整理者案:据《历代著录吉金目》页730上栏补。五凤为西汉宣帝年号(五凤元年为前57年),此为西汉物。

碟

建武铜碟
建武十年三月丙申,周仪造。(阳文)(《文博》1985.2)
整理者案:建武为东汉光武帝年号(建武十年为34年),此为东汉物。

匕

鏊匕
鏊□□容大半□重十一两……工……九……半斗……。(《贞松堂吉金图》卷下)

市北匕
市北。(《颂斋吉金续录》图一〇〇)

朱鼎匕
朱鼎。(《考古学报》1985.2;1:64—1)

齐大官匕
齐大官右殷北粲人。(《考古学报》1985.2;1:64—2)

木鼎匕
木鼎。(《考古学报》1985.2;1:64—3)

高密匕
高密,半升。(《考古学报》1985.2;1:64—4)
徐按:原报告释为"鼎容半斗"。此从黄展岳之释文。详见黄氏《西汉齐王墓器物坑出土器铭考释》,载《中国考古学研究》,文物出版社,1986.8.

尚米匕
尚米。(同前;1:64—5)

明光宫匕(一、二)
明光宫。(《文物》1984.11)

布匕(一、二、三、四)
布。(《文物》1978.9)

八两三朱匕

八两三朱。(《考古学报》1983.4;33号)

瓢

三升瓢(补)

三升。(把手内中部)二十。(瓢身背面)容三升半升,重一斤十三两。第七百口。(把手一侧)重一斤十三两六朱。(把手另一侧)今合容三升半升,一斤十二两。(把手中部)(《考古》2013.10,P27;M1:3875)

整理者案:篇题据铭文相关文字拟。

酒器铭文

锺

雒阳武库锺

元封二年,雒阳武库丞□、啬夫菅□、令史乐时、工置造。容十六斗八升,重六十八斤。(《汉金》卷二)

徐按:"菅"后之字也可能是"守",则应与"令史"连读。整理者案:本篇亦见《金文续编》。"丞□"之"□",《金文续编》《历代著录吉金目》页238下栏、《秦汉金文汇编》上编皆作"阙",《秦汉金文汇编》所收图版作"阙"字亦可辨。"六十八斤",《陶斋吉金录》卷六所附拓片似是"八十八斤"。又元封为西汉武帝年号(元封二年为前109年),此为西汉物。

中私官铜锺(一)

太初二年造。第六十九。中私官铜锺,容十斗,重卌一斤。中私。(内底,阳文)(《文物》1980.7;甲)

整理者案:太初为西汉武帝年号(太初二年为前103年),此为西汉物。

中私官铜锺(二)

太初二年造。第十。中私官铜锺,容十斗,重卌四斤。

中私。(内底,阳文)(《文物》1980.7⋯乙)

整理者案:西汉武帝太初二年为前103年,器物年代为西汉。

中私宫铜锺(三)

中私官铜锺,容十升,重卌八斤。太初二年造。第九十一。中私。(内底,阳

文)(《文史考古论丛·汉中私官铜锤考释》)

整理者案：西汉武帝太初二年为前 103 年,器物年代为西汉。

南宫锤

南宫锤,容十斗,重五十一斤。天汉四年造。(《考古》1963.2;17 号)

整理者案：又见《中国书法全集》第九册页 44 图 24。此器 1961 年出土于西安三桥镇汉上林苑遗址。《中国书法全集》第九册页 186 图版说明 24 曰："关于'南宫'的位置,尚有争议。陈直先生认为在上林苑中,史书失载。黄展岳先生则认为原系洛阳南宫物,调入上林后未补铭刻,如同泰山宫鼎。"又天汉为西汉武帝年号(天汉四年为前 97 年),此为西汉物。

阳朔四年锤

阳朔四年,考工考工为汤官造卅湅铜锤,容五斗,重廿三斤。工敞、护章、佐谭、啬夫谭、掾彭祖主,右丞贺、令护省。外汤官第卅九。(《考古与文物》1989.6)

整理者案：阳朔为西汉成帝年号(阳朔四年为前 21 年),此为西汉物。

考工为掖庭造铜锤

阳朔□年,考工为掖庭造铜锤,容一石,重四十六斤。考工□谯敞、佐宋、右啬夫临、掾室主,守右丞受、令护省。(《汉书新证》P109)

徐按：陈氏言此锤乃白集武所藏,未著录。整理者案：徐按所谓"陈氏"者,谓陈直。又阳朔为西汉成帝年号,此为西汉物。

南陵锤

南陵大泉。第五十八。乘舆御水铜锤,容一石,重卅四斤半。建平四年十一月,长安市造。(《汉金》卷二)

整理者案：本篇又见《陶斋吉金录》卷六、《金文续编》。建平为西汉哀帝年号(建平四年为前 3 年),此为西汉物。

新中尚方锤

中尚方铜五斗锤一,重三十六斤。始建国四年黍月,工□□,□东、啬夫□、掌护常省。(《汉金》卷二)

整理者案：本篇亦见《愙斋集古录》卷十三、《金文续编》。《愙斋集古录》本篇题作"始建国锤"。新莽始建国四年为 12 年。

永初锤

永初四年三月廿五日作锤,重廿四斤,直戈(钱)二千。宜子孙。(《汉金》卷二)

整理者案:本篇亦见《贞松堂集古遗文》卷十四、《金文续编》《历代著录吉金目》页237上栏。铭文"直戋",《贞松堂集古遗文》《历代著录吉金目》作"宜年"。戋,通"钱"字。又永初为东汉安帝年号(永初四年为110年),此为东汉物。

延光四年铜锺

延光四年,铜,二百斤。直钱万二千。(《古文字研究》第十九辑)

整理者案:篇题,《隶续》卷十四页418作"延光铜壶",《金石录补》卷一作"汉延光壶铭",《钟鼎款识》作"后汉延光壶",如此则此器当归壶类。铭文"二百斤",《金石录补》误作"二百斛"。《金石录补》曰:"壶者其用非一,初为瓦器,未知何时始范以铜也。此壶用铜二百斤,所容必大,疑非祭祀盛酒之具。薛氏《商弓壶》注:'壶,酒之下尊也。'尊而居下,则其所容或越于鼎、彝之外,视古瓦甒五斗,未可知。"《钟鼎款识》曰:"延光四年,后汉安帝十九年,今铜百斤约直钱万五千,古斤权轻小也。"《金石综例》卷四曰:"按古彝多称重若某干斤,容若干,未有书直钱者,此例之创新。"又东汉安帝延光四年为125年,此为东汉物。

项伯锺

阳。项伯庶锺。永建三年六月七日,项君于南海府,五官掾遗项君一双锺。(《汉金》卷二)

整理者案:本篇亦见《贞松堂集古遗文》卷十四、《金文续编》《历代著录吉金目》页238上栏。《贞松堂集古遗文》《历代著录吉金目》"庶"作"鹿","建三"作"□□","于"作"於"。又永建为东汉顺帝年号(永建三年为128年),此为东汉物。

陈肜锺

阳嘉二年十一月廿五日癸亥,陈肜作此锺。□宜子孙家□□。(《汉金》卷二)

整理者案:本篇亦见《金文续编》《秦汉金文汇编》上编、王卉《汉代铜器铭文汇总》。铭文"廿五",王卉误作"年五"。据《秦汉金文汇编》所收图版,"□宜"似是"光工宜","家□□"似是"家□是"。又阳嘉为东汉顺帝年号(阳嘉二年为133年),此为东汉物。

扶侯锺

阳嘉三年九月十八[日],雷师作。直二千五百。扶侯锺。宜□。(阳文)(《汉金》卷二)

整理者案:本篇亦见《金文续编》《秦汉金文汇编》上编、王卉《汉代铜器铭文汇总》。铭文"十八"下,《金文续编》《秦汉金文汇编》所收图版、王卉录文俱有"日"字。兹据补。又案:《愙斋集古录》卷十三本篇题作"阳嘉锺"。而"扶侯锺宜□"别为一篇,题作"扶侯锺"。东汉顺帝阳嘉三年为134年,此为东汉物。

永和锺

永和四年正月一日戊辰,造□□□锺,重□□斤。直钱七千二百。宜用。(《汉金》卷二)

整理者案:永和为东汉顺帝年号(永和四年为139年),此为东汉物。

延熹锺

延熹元年造作,□□□成雷□□锺,廿二斤,直钱二千四百,大吉,□□富贵,宜田家,□意□长生。(《汉金》卷二)

整理者案:本篇亦见《金文续编》。延熹为东汉桓帝年号(延熹元年为158年),此为东汉物。

杜陵东园锺(补)

杜陵东园铜锺,容三□,重一□十斤。永始元年,并工长造,护昌、守啬夫宗、掾通主,左丞博、令并省。

整理者案:据《历代著录吉金目》页239下栏补。《愙斋集古录》卷十三本篇铭文脱"省"字。永始为西汉成帝年号(永始元年为前16年),此为西汉物。

熹平锺

熹平六年,櫎为国上计王翔奉。(《汉金》卷二)

整理者案:本篇又见《金文续编》《历代著录吉金目》页235下栏。《历代著录吉金目》题作"熹平六年锺"。熹平为东汉灵帝年号(熹平六年为177年),此为东汉物。

大贾锺(补)

大贾铜,重七斤八两,容一斗三升。

整理者案:据《历代著录吉金目》页235下栏补。据铭文辞例,"铜"下应漏刻"锺"字。

中私府锺

中私府铜锺,容一石,重卅六斤四元。十年正月甲寅造。中宫赐,今平昌家。第十九。

五十。(阳文)(《汉金》卷二)

徐按:"元"当是"两"之误刻。整理者案:《陶斋吉金录》卷六所附拓片"元"正作"两",不误。又案:本篇亦见《金文续编》。"中私府",《陶斋吉金录》误作"中和府"。铭文"中宫",《秦汉金文汇编》上编作"中官",然其所收图版乃作"中宫"。铭文"平昌",《历代著录吉金目》页239上栏、王卉《汉代铜器铭文汇总》作"平邑"。铭文但云"十年",则此器应为西汉武帝建元前物。

家官锺

十二年,家官锺一,重廿九斤五两,容一石四升十三籥,有盖。第廿二。中尚食。(《汉金》卷二)

整理者案:本篇又见《从古堂款识学》卷九、《金文续编》《历代著录吉金目》页238上栏,铭文"四升",《从古堂款识学》《历代著录吉金目》皆作"四斗"。《从古堂款识学》曰:"汉制,太子、公主、列侯并称家。《博古》《考古法帖》载有周阳侯家、武安侯家、𫐐家等器,今所见有阳平家、菑川太子家、公主家等器,此但曰家,以'十二年'证之,当是文帝之太子家器也。家官,谓太子家之官属。"据此,则此器为西汉文帝时物。

右糟锺

十五年,大官,容八斗,重一均。第五百四二。右糟。

今元年,右糟。第三百一十。重一钧,容八斗。(《汉金》卷二)

整理者案:上条"一均"之"均"字,《金文续编》《历代著录吉金目》页239下栏、《秦汉金文汇编》上编作"钧",《汇编》所收图版亦可证。当据改。又《历代著录吉金目》本篇题作"大宫锺",铭文两"八斗"俱作"八升"。又铭文但云"十五年"、"今元年",则此器应为西汉武帝建元前物。

中山内府锺(一)

中山内府锺一,容十斗,重(缺文)。卅六年,工充国造。(《满城汉墓发掘报告》P43—44;1:4108)

整理者案:《秦汉金文汇编》上编"十斗"作"七斗",误。《全集·秦汉》图六二正作"十斗"。《全集·秦汉》说明页18定此为西汉中期物。

中山内府锺(二)

中山内府锺,容十斗。第卅二。(《河北省出土文物选集》P137)

整理者案:据上篇,此器亦当为西汉中期物。

襃锺

襃。(阳文)(《汉金》卷二。拓本在卷七)

整理者案:本篇亦见《金文续编》。王卉《汉代铜器铭文汇总》未收此篇。

二X锤

二X。(阳文)(《汉金》卷二)

整理者案:本篇亦见《金文续编》。X乃"五"字之古文。

丰X锤

丰X。(并同前)

整理者案:本篇亦见《金文续编》。

巨孔锤

巨孔。(《汉金》卷二)

整理者案:本篇亦见《金文续编》。

范是锤

范是。(《汉金》卷二)

徐按:"范"作𩰫,容氏释为"芑"(《续编》)、"芭"(《汉金》),此从裘锡圭先生之释。详见裘氏《古文字论集》第491页。整理者案:《贞松堂集古遗文补遗》卷下、《历代著录吉金目》页233上栏、《秦汉金文汇编》上编亦作"芭是"。又"是"字,假借为"氏"。

郭氏锤

郭氏。(《汉金》卷二)

整理者案:本篇亦见《金文续编》。

大吕锤

大吕。(《汉金》卷二)

整理者案:本篇亦见《金文续编》。

何文锤

何文。(阳文)(《汉金》卷二)

整理者案:本篇亦见《愙斋集古录》卷十三、《金文续编》。《愙斋集古录》题作"何文壶"。

宜主锤(一、二)

宜主。(阳文)(《汉金》卷二)

整理者案:《金文续编》录本铭一篇。

大吉锤(一至十一)

大吉。(阳文)(《汉金》卷二)

整理者案:本篇亦见《金文续编》。

义阳是锺

义阳是。(《汉金》卷二)

整理者案:本篇亦见《陶斋吉金录》卷六、《金文续编》。《陶斋吉金录》篇题无"是"字。又铭文"是"字,《陶斋吉金录》所附拓片似是作"邑"字。

日入八千锺

日入八千。(阳文)(《汉金》卷二)

整理者案:本篇亦见《愙斋集古录》卷十三、《金文续编》。《愙斋集古录》本篇题作"日入八千壶"。

日入大万锺

日入大万。(阳文)(《汉金》卷二)

整理者案:本篇亦见《金文续编》。

大监千万锺

大监千万。(阳文)(《汉金》卷二)

整理者案:本篇亦见《陶斋吉金续录》卷二、《金文续编》。

赵锺

赵,重十四斤。(《汉金》卷二)

整理者案:本篇亦见《金文续编》。

赵阳锺(补)

赵阳,卅斗一升。

整理者案:据《历代著录吉金目》页234下栏补。

建武十年锺(补)

建武十年,工伍舆造。

整理者案:据《历代著录吉金目》页234下栏补。建武为东汉光武帝年号(建武十年为34年),此为东汉物。

一石锺

铜一石锺,重卅二斤。

丅。(阳文,在足内)(《汉金》卷二)

整理者案:本篇亦见《陶斋吉金录》卷六、《金文续编》《历代著录吉金目》页234下栏、《秦汉金文汇编》上编。铭文"卅二",《金文续编》作"卅四",《陶斋吉金录》《历代著录吉金目》《秦汉金文汇编》作"卅二"。"丅",《金文续编》作"丄",《秦汉金文汇编》作"下"(其所收图版亦作"下")。而"丄"为"上"字之古文,"丅"

为"下"字之古文。

三斗一升半锤

今三斗一升半。器七。(《汉金》卷二)

整理者案:本篇又见《金文续编》《历代著录吉金目》页235上栏。《历代著录吉金目》器文作"今三斗一升八十七器七"十字。

王长子锤

王长子锤,容一石,重卅五斤。(《汉金》卷二)

整理者案:本篇亦见《积古斋钟鼎彝器款识》卷九、《金文续编》《历代著录吉金目》页235上栏。铭文"五斤",《积古斋》《历代著录吉金目》作"二斤"。《积古斋》曰:"按薛氏《款识》周阳侯钟铭云:'今周阳侯家金钟一,容十斗,重卅八斤。'钟记量权,汉制如是。"

吕氏锤(补)

吕氏,容十斗石千内日吕氏。

整理者案:据《历代著录吉金目》页235上栏补。

食官锤(补)

食官一年造,重五十斤四两。

整理者案:据《西清古鉴》卷三十四补。铭文"一年",原作"一朋",《金索》卷二作"一年",其所附拓片正作"一年"。《金索》曰:"一年,疑即元年,未改元之称。其'年'字似五凤二年石刻。"故据改。此器为西汉物。

食官锤(补)

食官一朋造,□□□□斤□。

整理者案:据《西清古鉴》卷三十四补。《西清古鉴》曰:"铭缺五字。"

食官锤(补)

食锤,重五十斤。十年六月乙未望日造。

整理者案:据《西清古鉴》卷三十四补。《金索》卷二"食锤"作"食官锤",其所附拓片"官"字不可辨,乃据此类铭文辞例所补者。又铭文但云"十年",则此器应为西汉武帝建元前物。

频锤

频,四斤,四升。频共。今三斤十三两。(《汉金》卷二)

整理者案:本篇亦见《金文续编》。

□阿侯锤

□阿侯锤,容十斗,重卅斤八两。(《汉金》卷二)

整理者案:王卉《汉代铜器铭文汇总》未录本篇。又《贞松堂集古遗文》卷十四、《历代著录吉金目》页236上栏,铭文"□阿"上还有四个阙文号;《历代著录吉金目》页236上栏"十斗"作"一斗"。

卫少主锺

卫少主菅邑家,容十斗,重卅三斤。第百。(《汉金》卷二)

整理者案:本篇亦见《金文续编》。

朝阳少君锺

朝阳少君锺,重卅斤八两,容十斗。乙。(《汉金》卷二)

整理者案:本篇亦见《从古堂款识学》卷九、《金文续编》。《从古堂款识学》曰:"朝阳,汉侯国","少君,犹中君、幼君、细君,汉时辈行通偁。"

祝阿侯锺

李是锺,容十斗。祝阿侯锺,容十斗,重卅斤。(《汉金》卷二)

整理者案:本篇又见《金文续编》《历代著录吉金目》页236下栏。《历代著录吉金目》"李是锺容十斗"六字在"重卅斤"下,铭文两"十斗"皆作"十升"。又"是"假借为"氏"字。

利成家锺

利成家家□铜锺一,容二斗,重九斤六两。(《汉金》卷二)

整理者案:本篇又见《金文续编》。

梁锺

梁。三。食官酒官。九斗七升半,一钧十斤三两。(《汉金》卷二)

整理者案:本篇又见《金文续编》。

永建锺(补)

永建元年四月廿五日,□□张文高□□作□锺。

整理者案:据《西清古鉴》卷三十四补。篇题,《金索》卷二作"汉食官锺"。细审《西清古鉴》所附拓片,铭文"作"下所缺之字似是"我"字。"张"上"□□",《金索》作"□工"。《历代著录吉金目》页237上栏录本篇,铭文无"锺"字。《金索》曰:"铭云永建元年,则东汉顺帝纪元也。"东汉顺帝永建元年为126年。

第一锺

□□第一。□十斗,重一钧十二斤八两。甲。(《汉金》卷二)

整理者案:本篇亦见《金文续编》,铭文"斤"字作阙文号。

平都主家锺

平都主家铜锺,容五斗,重廿三斤二两。第七。(《汉金》卷二)

整理者案:本篇亦见《金文续编》。

南皮侯家锺

南皮侯家锺,容十斗,重卌四斤。第五。容一石,重卌四斤。锺,重卌四斤。第一。(《汉金》卷二。末行拓本在卷七)

整理者案:本篇亦见《贞松堂集古遗文》卷十四、《金文续编》《历代著录吉金目》页239上栏。铭文"锺重卌四斤",《贞松堂集古遗文》《历代著录吉金目》作"□□□锺□□□廿四斤"。又"卌"当为"卌"之形误字,《金文续编》正作"卌"。

楚锺

楚,一钧五斤,十斗九升。十一。今六,第一。重一钧,容十斗十升。(《汉金》卷二)

整理者案:本篇亦见《贞松堂集古遗文》卷十四、《金文续编》《历代著录吉金目》页237下栏。《贞松堂集古遗文》《历代著录吉金目》"今六"作"今元",无"第一"之"一"字,亦无"十升"之"升"字。《金文续编》"今六"下十二字在"楚"上。"第一"之"一"字作阙文号,下注云:"下似尚有字。""十升"之"升"字亦作阙文号。

西粆锺

西粆,容一均廿四斤。百一十九。今一钧廿六斤。重五十七斤。(《汉金》卷二)

整理者案:本篇亦见《金文续编》《秦汉金文汇编》上编、王卉《汉代铜器铭文汇总》。"一均"之"均"字,《金文续编》《秦汉金文汇编》作"钧"(其所收图版亦作"钧"可证),当据改。又案:王卉《汉代铜器铭文汇总》误"粆"字为"米"、"人"二字。

汉第八锺

大监千万。(阳文)第八。(阴刻)(《尊古斋所见吉金图》卷四)

整理者案:王卉《汉代铜器铭文汇总》无"阳文"、"阴刻"字样。

常山食官锺(一)

常山食官锺,容十斗,重一钧十八斤。(《文物》1976.12)

整理者案:《秦汉金文汇编》上编"官"作"宫","十斗"作"七斗","斤"下有"食"字。据其所收图版看,似可从。

常山食官锺(二)

常山食官锺,容十斗,重钧少斤。(《考古》1994.4)

常山食官锺(补)

常山食官锺,容十斗,重一钧廿斤。(《中原文物》2008.1P55,M1:413)

整理者案:器物出高庄汉墓,墓主人为汉景帝之子常山宪王刘舜。故器物时代为西汉时期。

常山宫锺(补)

常山宫锺。

整理者案:据《秦汉金文汇编》上编补。

宦者铜锺(补)

宦者铜金锺一,重一钧廿斤八两,容十斗六升。(《中原文物》2008.1P55—56,M1:6)

整理者案:器物出高庄汉墓,墓主人为汉景帝之子常山宪王刘舜。故器物时代为西汉时期。

代食官糟锺

代食官糟锺,容十斗。第十。(《文物》1962.4—5合刊;1号)

清河大后中府锺

清河大后中府锺,容五斗,重十七斤。第六。(《文物》1962.4—5合刊;3号)

阳信家铜锺

阳信家铜锺,容十斗,重卅九斤。(《文物》1982.9;K1:002)

整理者案:《秦汉金文汇编》上编"十斗"误作"七斗",其所收图版及《中国书法全集》第九册页41图17俱不误。据《中国书法全集》第九册页184图版考释17,此器作于西汉中期,1981年出土于陕西兴平茂陵一号无名冢一号丛葬坑。《中国书法全集》曰:"(丛葬坑)共出土二十三件铜器,其中十八件有刻铭。虽然墓主人尚未明确,但多数铜器铭文中都有'阳信家'这一字眼,似可推断为汉武帝刘彻的姐姐阳信公主府邸中所用器物。'阳信家铜锺'与满城汉墓出土的铜锺相似,与西汉晚期的铜锺造型却显著不同。此锺应为武帝时期所作无疑。"

上林锺

上林。(《考古》1963.2;16号)

九江共锺(一、二)

九江共。(阳文)上林。(阴刻)(同前;18、19号)

整理者案:王卉《汉代铜器铭文汇总》无"阳文"、"阴刻"字样。又案:本篇又见《全集·秦汉》说明页19,题作"上林锺",为西汉晚期物。其"上林"为肩部铭,

"九江共"为腹部铭。

李是锤
富贵昌,乐未央。李是。(阳文)(《文物》1960,3)

整理者案:本篇亦见《古文字研究》第十九辑周世荣《湖南战国秦汉魏晋铜器铭文补记》一文,周世荣曰:"汉代铜洗铭文中,'氏'往往写作'是',如'董氏'或写作'董是','李氏'也有写作'李是'的,可证。"

邓次严铜锤
主师作。上牢,宜子孙。(颈部)邓次严铜锤一只,直钱六千五百卅。(圈足)主人相宜。(锤底阳文)(《文物》1960.3)

整理者案:本篇亦见《古文字研究》第十九辑周世荣《湖南战国秦汉魏晋铜器铭文补记》一文,据以补"颈部"、"圈足"字样。周世荣文篇题无"严"字,铭文"邓次严铜锤"作"邓次臧(?)锤"。

平望子家锤
平望子家锤,容十升。(《考古》2005.6)

徐按:原报告称"壶"。当依其自名。整理者案:王卉《汉代铜器铭文汇总》未录此篇。

臣平锤
臣平。(《考古》1994.4)

河间食官锤
酒。河间食官锤,容十升,重一钧四斤四两。(《考古与文物》1987.4)

徐按:原报告在"锤"后断句,误。

旬阳锤
旬阳,重七斤。(《考古与文物》1987.2)

明光宫赵姬锤
明光宫赵姬锤。(《文物》1984.11;M2:62)

明光宫锤
明光宫。(圈足)明。(器底)(《文物》1984.11;M2:63)

整理者案:王卉《汉代铜器铭文汇总》无"圈足"、"器底"字样,未妥。

布锤(一)
布,八斤四两。(《文物》1978.9;M1:35)

布锤(二)
布,七斤。(《文物》1978.9;M1:36)

淳于锺

淳于,容十升,重一钧五斤八两。(《考古与文物》1993.4)

整理者案:"十升",《秦汉金文汇编》上编作"七斗",其所收图版可证。当据改。

巨李锺

巨李锺。(《考古学报》1974.2;41号)

徐按:原报告称"壶",当依其自名。

贾重铜锺

贾,重十三斤半。(《古文字研究》第十九辑)

整理者案:见《古文字研究》第十九辑周世荣《湖南战国秦汉魏晋铜器铭文补记》一文,周世荣曰:"其状与天凤元年铜簋同,一墓出土,故年代也相当王莽时期。"天凤元年为14年。

闵翁主铜锺

闵翁主铜锺,容五斗。(《古文字研究》第十九辑)

徐按:原报告"主"误释为"立",今据拓本改。整理者案:本篇见《古文字研究》第十九辑所载周世荣《湖南战国秦汉魏晋铜器铭文补记》,周世荣曰:"翁主:据《汉书·高帝纪》师古注:'天子不亲主婚,故谓之公主,诸侯即自主婚,故其女号翁主。翁主者父也,又称王主'。也就是说,西汉称诸王女叫翁主。"据此,则此器年代为西汉。

□□锺

□□容十升。五二。(《文物》1993.9;M1:202)

整理者案:王卉《汉代铜器铭文汇总》未收此篇。

上御锺

上御锺。常(尚)从温者业市。(《考古》2004.12)

徐按:原报告释为"上御锺常从盗者弃市"。不辞。整理者案:王卉《汉代铜器铭文汇总》未收此篇。

定陶锺(补)

者仓。定陶庙,容十斗,并重十六斤二两。

整理者案:据《愙斋集古录》卷十三补。《历代著录吉金目》页236上栏未释"者"字。又"者"当为"都"之省文。

申氏锺(补)

申氏第一。□□斤,重一钧十二八两。甲。

整理者案:据《贞松堂集古遗文》卷十四补。据文意,"斤"似应在"十二"下。

二五锺(补)

二五。

整理者案:据《贞松堂集古遗文》卷十四补。铭文作"二十五",然其所收拓片只有"二五"字,故不从。

三十五锺(补)

三十五。

整理者案:据《贞松堂集古遗文》卷十四补。

周阳侯锺(补)

畔邑家。今周阳家金锺一,容十升,重卅八斤。第廿。

整理者案:据《历代钟鼎彝器款识》卷十八补。

钫

东阿宫钫

上林共府,初元三年受东郡。东阿宫钫,容四斗,重廿一斤。神爵三年,卒史舍人、工光造。第一。(《考古》1963.2;21号)

整理者案:《秦汉金文汇编》上编篇题作"上林共府钫"。王卉《汉代铜器铭文汇总》"卒史"作"史使",未当。又初元为西汉元帝年号(初元三年为前46年),神爵为西汉宣帝年号(神爵三年为前59年),则此为西汉物。

元延钫

铜钫,容六斗。元延二年,供工=长缮锢、佐普、守啬夫建主,守左丞赛、令修宗省。(《汉金》卷二)

整理者案:本篇又见《金文续编》《历代著录吉金目》页232上栏。《历代著录吉金目》"供"作"併"。元延为西汉成帝年号(元延二年为前11年),此为西汉物。

建平钫

铜钫,容六斗,重卅六斤。建平二年,供工=□造。(《汉金》卷二)

整理者案:本篇又见《金文续编》。建平为西汉哀帝年号(建平二年为前5年),此为西汉物。

元始钫

铜钫,容六斗,重廿九斤。元始四年,考工=礼造,守佐众、守令史由、兼掾荆

主,左丞平、守令禁省。(《汉金》卷二)

整理者案:本篇亦见《金文续编》。铭文"容六斗",《陶斋吉金录》卷六所附拓片作"容六升"。此器亦见《中国书法全集》第九册页47图31,题作"元始四年钫",铭文"史由"作"史凷"。故《中国书法全集》第九册页188图版说明31录文作"史凷(块)"。《中国书法全集》曰:"《汉书·百官公卿表》:'武帝太初元年更名考工室为考工。'考工为少府属官,掌宫廷器具的制造。'众'、'史块'、'平'、'禁'等均为监制官吏之属名。"元始为西汉平帝年号(元始四年为公元4年),此为西汉物。

长沙钫

□庙涂钫一,容四斗,重十八斤十二两。长沙元年造。(《汉金》卷二)

整理者案:本篇亦见《金文续编》。又汉景帝(前元)元年(前156年)复置长沙国,则长沙元年为前156年,故此器属西汉物。

中山内府铜钫(一)

中山内府铜钫一,容四斗,重十五斤八两。第一。卅四年,中郎柳市雒阳。(《满城汉墓发掘报告》P49;1:4326)

整理者案:此器又见《中国书法全集》第九册页43图23,篇题无"铜"字。据《中国书法全集》第九册页186图版考释23,此器作于西汉元狩二年(前121年),1968年出土于河北满城陵山汉墓刘胜墓。

中山内府铜钫(二)

中山内府铜钫一,容四斗,重十五斤十两。第十一。卅四年,中郎柳市雒阳。(《满城汉墓发掘报告》P49;1:4327)

整理者案:据上篇,此器为西汉时物。

桥钫

桥。(《汉金》卷二)

整理者案:本篇亦见《金文续编》。

丁钫

丁。(阳文)(《汉金》卷二)

整理者案:本篇亦见《金文续编》、王卉《汉代铜器铭文汇总》。王卉录文"丅"释"丁"。

甲钫

甲。(并同前)

整理者案:本篇亦见《金文续编》。

工钫(补)

工。

整理者案:据《历代著录吉金目》页229下栏补。

十二钫

十二。(阳文)(《汉金》卷二)

整理者案:本篇亦见《金文续编》。

十四钫

十四。(阳文)(《汉金》卷二)

整理者案:本篇亦见《金文续编》。

二十钫

二十。(《汉金》卷二)

整理者案:本篇又见《历代著录吉金目》页230上栏,题作"涂金钫"。

赵是钫

赵是。(《汉金》卷二)

整理者案:本篇亦见《金文续编》。"是"假借为"氏"。

赵长乐钫

赵长乐。(《汉金》卷二)

整理者案:本篇又见《陶斋吉金录》卷六、《金文续编》《历代著录吉金目》页230上栏。"长"皆作"常"。

千四钫(补)

千四。

整理者案:据《历代著录吉金目》页230下栏补。

西乡钫

□萧西乡。(阳文)(《汉金》卷二)

整理者案:铭文所阙释之字,《陶斋吉金录》卷六、《金文续编》《秦汉金文汇编》上编皆作"時"。《秦汉金文汇编》所收图版作"時"亦清晰可辨。当据改。

窦氏钫

窦氏,容四斗,十一斤十两。(《文物》2004.6)

贾氏家钫

贾氏家钫。(《汉金》卷二)

整理者案:本篇亦见《陶斋吉金录》卷六、《金文续编》。

十六斤八两钫

十六斤八两,三斗九升。(《汉金》卷二)

整理者案:本篇亦见《金文续编》。

平阳子家钫

平阳子家方(钫)一,容四斗,重(下泐)。(《汉金》卷二)

整理者案:本篇亦见《金文续编》。又《秦汉金文汇编》上编两收此钫,文全同。

平阳子家钫(补)

平阳子家方(钫)一,容。

整理者案:据《历代著录吉金目》页 231 上栏补。

司马扶钫(补)

建武元年乙酉三月朔日,工伍平造。安邑司马扶。

整理者案:据《历代著录吉金目》页 231 下栏补。建武为东汉光武帝年号(建武元年为 25 年),此为东汉物。

寿春钫

寿春,容四斗六升,重廿四斤二两。名廨。(《汉金》卷二)

整理者案:本篇亦见《金文续编》。

鄂邑家钫

鄂邑家。赵,容四斗,重十七斤一两。第武八十一。(《汉金》卷二)

整理者案:本篇亦见《金文续编》。

齐食官钫(一)

齐食官,上米。(唇)齐大官右般。(颈)重十斤十五两。(盖)(《考古学报》1985.2;1:83)

整理者案:黄展岳释文盖铭"十斤"作"二斤"。

齐食官钫(二)

齐食官,上米。(唇)齐大官右般。(颈)(《考古学报》1985.2;1:84)

左钫

左,三斤六两。(盖)(《考古学报》1985.2;1:85)

整理者案:此器又见《中国书法全集》第九册页 40 图 14,题作"三斤六两钫"。据《中国书法全集》第九册页 183 图版考释 14,此器作于西汉早期,1980 年出土于山东淄博窝托村齐王墓。

辛钫(一)

辛。(《广州汉墓》P134;1175:45)

辛钫(二)

辛。(上一行)容四斗五升,重十七斤五两十二朱。(下一行)(《考古》1996.6)

整理者案:王卉《汉代铜器铭文汇总》无"上一行"、"下一行"字样,未妥。

晋阳钫

晋阳,容六斗五升,重廿斤九两。(《文物》1962,4—5合刊;5号)

蟠螭纹钫

重一均廿斤,容一石八斗。

容一石一斗,重一钧廿斤。(《考古学报》1983.3;1:3)

辇钫

辇。(《文物》1978.9;M1:9)

高奴庙钫

高奴庙,□斤十两。(口沿)饶。(颈)大□。名五。重十四斤四两。十三。(腹)名十一。(足)(《文物》1987.6;3M46:19)

泰钫

泰,容五斗。廿五。……(《考古学报》1983.4;70号)

马病以家钫(补)

马病以(已)家钫。利。(《古文字研究》第二十八辑 P556)

容四斗一升钫(补)

庙容四斗一升,重十七斤四两。第九。(圈足底部,横向)重十七斤四两。(圈足底部,竖向)(《考古》2009.4P47,M2:53)

武安侯钫(补)

武安侯家铜钫一,容一石二升,重卅二斤。第一。

整理者案:据《历代钟鼎彝器款识》卷十八、《续考古图》卷一补。《续考古图》但题"铜钫"。《历代著录吉金目》页231下栏、朱心剑《金石学》第二编《说金》页133录本篇,"二升"作"二斗",疑是。《续考古图》"卅二"作"四十二"。

壶

长沙元年壶一(补)

铜壶一,容五斗,有盖,并重□□斤十二两。长沙元年造。第七。(口沿,阴文篆书)(《文物》2007.12P34—35,M1:96)

整理者案:又汉景帝(前元)元年(前156年)复置长沙国,则长沙元年为前156年,故此器属西汉物。

长沙元年壶二(补)

□壶一,容五斗,有盖,并重廿六斤十三两。长沙元年造。第八。(口沿,阴文篆书)(《文物》2007.12P35,M1:99)

整理者案:据上篇,此器属西汉物。

龙渊宫壶(补)

龙渊宫行壶,元朔二年正月造。

整理者案:据陈直《两汉经济史料论丛》P129补。元朔为西汉武帝年号(元朔二年为前127年),此为西汉物。

龙渊宫壶(补)

龙渊宫,元朔二年□□造。

整理者案:据《历代著录吉金目》页214下栏补。西汉武帝元朔二年为前127年,此为西汉物。

骀荡宫壶

骀荡宫铜壶,太初二年,中尚方造,铸工广。(《汉金》卷二)

整理者案:本篇亦见《金文续编》。太初为西汉武帝年号(太初二年为前103年),此为西汉物。

错金银铭文壶(补)

鬃□盖。(盖)盖圜四叕,仪尊成壶。(颈)盛兄盛味,于心佳都,擅于。(上腹)口味,充闰(润)血肤,延寿却病。(下腹)

整理者案:据《全集·秦汉》说明页16补。《全集·秦汉》为西汉中期物。

蟠龙纹壶

楚大官,糟,容一石□,并重二钧八斤十两。第一。(《满城汉墓发掘报告》

P43;1:5014）

整理者案：本篇又见《全集·秦汉》说明页16—17，题作"楚大官壶"，为西汉中期物。

乳丁纹壶

甄氏。（盖）甄氏，大官，五斗五升。今长乐飤官。（底）右□，重四十斤一两八朱六□。（圈足内壁）（同前书P41;1:5019）

整理者案：本篇又见《全集·秦汉》说明页18—19，题作"甄氏壶"，为西汉中期物。王卉《汉代铜器铭文汇总》未录盖铭。

鸟篆纹壶

有言三，甫金X，为荃盖，错书之。（盖）

盖圆四叕，仪尊成壶。（颈）

盛兄盛味，于心佳都，擅于。（上腹）

□味，充润血肤，延寿却病，万年有余。（下腹）（同前书P43;1:5015）

徐按：此壶之鸟篆，各家所释不一。详见肖蕴《满城汉墓出土的错金银鸟虫书铜壶》，《考古》1972.5；《关于满城汉墓铜壶鸟篆释文的讨论》（三篇），《考古》1979.4；查瑞珍《战国秦汉考古》P190，南京大学出版社，1990.6。整理者案：周筠等录文"金X"作"金鲦"，"四叕"作"四苻"，"擅于"作"渣于"，"润"作"闰"（详见周筠、陈静《满城汉墓出土铜器铭文研究》一文，载《文物春秋》2010.3P51—66）。王卉《汉代铜器铭文汇总》未录此篇。此器出土于满城汉墓，为西汉中期物。

昭台宫扁

昭台宫铜扁，容八升，并重十五斤十二两。元康三年，考工＝贤友缮，作府啬夫建、护□、长当时、令贺省。（《汉金》卷四）

整理者案：本篇亦见《金文续编》。《贞松堂集古遗文》卷十五"＝贤友缮"作"□□□"，"建"、"时"二字并作阙文号。本篇又见《中国国家博物馆馆刊》2015.8P117，"八升"作"八斗"。元康为西汉宣帝年号（元康三年为前63年），此为西汉物。

阳朔二年壶（补）

阳朔二年三月，工错骏造。第二。

整理者案：据《历代著录吉金目》页215下栏补。阳朔为西汉成帝年号（阳朔二年为前23年），此为西汉物。

杜陵东园壶

杜陵东园铜壶，容三斗，重十五斤。永始元年，供工＝长造，护昌、守啬夫宗、

掾通主,守左丞博、守令并省。(同前。拓本在卷七)

整理者案:本篇亦见《金文续编》。铭文"三斗",《秦汉金文汇编》上编误作"二斗",其所收图版亦作"三斗"可证。铭文"十五",《积古斋钟鼎彝器款识》卷九、《历代著录吉金目》页224下栏作"十三"。铭文"供工",《积古斋》《历代著录吉金目》作"併工"。《积古斋》曰:"杜陵,西汉宣帝陵也。永始元年,成帝之十七年也。"成帝永始元年为前16年,此为西汉物。

汉杜陵壶(补)

杜陵东园铜壶,容二斗,重四斤八两。永始元年,併工长造,护昌、守啬夫宗、掾通主,守左丞博、守令并省。

整理者案:据《八琼室金石札记》卷二补。《札记》曰:"《汉志》:'杜陵,故杜伯国,宣帝更名,莽曰饶安。'此壶造于永始元年,乃成帝即位之十七年。是年乙巳距更名时已久矣。阮氏以杜陵为宣帝陵,盖以下文言东园也。"成帝永始元年为前16年,此为西汉物。

绥和壶(补)

绥和元年供,王昌为汤官造。世鍊铜黄涂壶,容二斗,重十二斤八两。涂工乳,护级,掾临主,守右丞同,守令宝省。

整理者案:据《历代钟鼎彝器款识》卷十九补。篇题,《续考古图》卷一作"汤官黄金图壶",《金索》卷二作"绥和黄涂壶"。铭文"汤官",《历代著录吉金目》页226上栏作"汤宫"。铭文"世鍊",《啸堂集古录》卷上作"卅鍊",《宣和博古图》卷十二作"三十鍊",《续考古图》作"三十练"。铭文"工乳",《续考古图》作"工记"。铭文"守右丞同",《续考古图》作"帀右丞回"。又《续考古图》阙释"级"字。《金索》曰:"绥和元年,西汉成帝之二十五年也。"成帝绥和元年为前8年,此为西汉物。

绥和壶(补)

绥和元年造。壶容一斗,重六斤八两。第二。

整理者案:据《从古堂款识学》卷九补。原注:"西汉成帝二十五年为绥和元年。"铭文"一斗",《窦斋集古录》卷十三、《历代著录吉金目》页218下栏作"□升"。铭文"第二",《历代著录吉金目》作"第三"。成帝绥和元年为前8年,此器时代为西汉。

汉方壶(补)

□□□。容四斗,重二十斤。(腹下)元寿武库,容四斗,重二十斤八两。(存监)

整理者案：据《金石一跋》卷一补。《金石一跋》曰："方壶一，藏自清化高氏。腹两侧有兽耳，腹下横勒铭，上三字不显，余有'容四斗重二十斤'字。存监勒铭'元寿武库容四斗重二十斤八两'。《宣和博古图》所载汉兽耳方壶，并无款识。此独有，亦世所希也。然方壶用之燕礼，盖以贮酒。今题'武库'字，未审何义。或当是武库内所遗器与？'元寿'，孝哀帝年号，故决为汉物也。"

元始元年壶（补）

元始元年。

整理者案：据《历代著录吉金目》页206下栏补。元始为西汉平帝年号（元始元年为公元1年），此为西汉物。

太官壶（补）

太官铜锺，容一斛，建武二十年，工伍舆造。考工令史曰，丞或，令通主，太仆监掾苍省。

整理者案：据《历代钟鼎彝器款识》卷十九补。篇题，《啸堂集古录》卷上同。《考古图》卷九题"大官铜鍊"，《金索》卷二作"建武太官锺"，《历代著录吉金目》页224上栏作"太官锺"。然铭文曰"锺"，而篇题曰"壶"、曰"鍊"，必有误。《考古图》原注："按此器形制如壶而谓之鍊，未详。或云鍊或从重字，与铜锺同。釜、锺，量器也。"此为曲说，篇题当据铭文本身作"太官锺"为宜。铭文"二十年"，《啸堂集古录》作"十十年"，《积古斋钟鼎彝器款识》卷九作"十十选"。铭文"史曰"，《宣和博古图》卷十二、《考古图》《历代著录吉金目》皆作"史由"，《啸堂集古录》《积古斋》《金索》俱作"史由"，当据改"由"或"由"字。《积古斋》曰："'建武十十'者，二十年也。薛氏《款识》铭文脱一'十'字，且以'十十选工'四字释作'二十五年'。'二'当是传抄之讹。"据此，则《积古斋》所见薛氏本与今传本异。又东汉光武帝建武二十年为43年。

汧共厨壶（补）

汧共厨铜壶，容一升，重一斤二两。第廿。建初六年八月造。

整理者案：据《历代著录吉金目》页222下栏补。建初为东汉章帝年号（建初六年为81年），此为东汉物。

元和四年壶

元和四年，江陵黄阳君作。宜子孙及酒食。吏人得之，致二千石；□人得之，致二千万；田家得之，千厨万仓。（《文物》1983.10）

整理者案：本篇又见《全集·秦汉》说明页20，题作"元和四年黄阳君壶"，定为东汉早期物。铭文"千厨",《全集·秦汉》作"千尉",疑误。又东汉章帝元和四年为87年。

谢著有壶

元初五年七月中,西于李文山治。谢著有。(《考古》1981.4)

整理者案:元初为东汉安帝年号(元初五年为118年),此为东汉物。

后汉延光壶(补)

延光四年,铜二百斤,直钱万二千。

整理者案:据《积古斋钟鼎彝器款识》卷九补。《积古斋》曰:"延光四年,东汉安帝之十九年。今铜百斤,约直钱万五千,古斤权轻小也。"东汉安帝延光四年为125年。

王壶

王。(阳文)(《汉金》卷二)

三壶

三。(阳文)(《汉金》卷二)

整理者案:亦见《陶斋吉金录》卷六,题作"三字壶"。

壬壶(补)

壬。

整理者案:据《历代著录吉金目》页199下栏补。

木壶(补)

木。

整理者案:据《历代著录吉金目》页199下栏补。

鱼壶(补)

鱼。

整理者案:据《西清古鉴》卷二十一补。

张壶

张。(阳文)(《汉金》卷二)

整理者案:本篇亦见《金文续编》。

衷壶

衷。(阳文)(《汉金》卷二)

整理者案:本篇亦见《愙斋集古录》卷十三、《金文续编》。《愙斋集古录》题作"汉衷字壶"。

霍壶

霍。(阳文)(《汉金》卷二)

整理者案:本篇亦见《金文续编》。

田壶盖
田。(阳文)(《汉金》卷二)

整理者案:亦见《陶斋吉金录》卷六、《金文续编》。

姚壶
姚。(《续编》)

任壶
任。(阳文)(《汉金》卷七)

整理者案:本篇亦见《金文续编》。

长兔壶
长。(《汉金》卷七)

整理者案:本篇亦见《金文续编》。

千秋壶
千秋。(阳文)(《汉金》卷二)

整理者案:本篇亦见《金文续编》。

千万壶(补)
千万。

整理者案:据《历代著录吉金目》页 201 上栏补。

介壶(补)
介。举。

整理者案:据《从古堂款识学》卷十一补。原题注:"铭,腹侧一字,腹一字。"

更甲壶(补)
更甲。

整理者案:据《积古斋钟鼎彝器款识》卷九补。

酉壶(补)
酉□。

整理者案:据《历代著录吉金目》页 203 上栏补。

素壶(补)
□□。

整理者案:据《历代著录吉金目》页 203 下栏补。原注:"《宝蕴》八十七:汉器款在底,似是'长乐'二字。"

蕉苏壶盖(补)

蕉苏。

整理者案:据《历代著录吉金目》页204上栏补。

□未央扁壶(补)

□未央。

整理者案:据《历代著录吉金目》页204上栏补。

吉羊壶(补)

大吉羊。

整理者案:据《历代著录吉金目》页205上栏补。

严氏壶(补)

严氏作。

整理者案:据《积古斋钟鼎彝器款识》卷九补。

槐里壶

槐里壶,重三斤一两,长容四升。乙十三。(《汉金》卷七)

徐按:"长"似一字之偏旁。

大富壶(一、二)

大富。(阳文)(《汉金》卷二)

整理者案:此器又见《从古堂款识学》卷四、《金文续编》。《从古堂款识学》曰:"古人语尚吉羊,盖如此。"

万金温壶

万金。(阳文)(《汉金》卷二)

整理者案:本篇又见《金文续编》《秦汉金文汇编》上编。

万金扁壶

万金。(阳文)(《汉金》卷二)

整理者案:本篇又见《金文续编》。王卉《汉代铜器铭文汇总》未收此篇。

日利壶

日利。(阳文)(《汉金》卷二)

整理者案:本篇又见《金文续编》。

大利壶

大利。(阳文)(《汉金》卷二)

富贵方壶

富贵。(阳文)(《汉金》卷二)

整理者案:本篇又见《金文续编》。

侯勉壶

侯勉。(阳文)(《汉金》卷二)

整理者案:本篇又见《金文续编》。

范阳侯壶

范阳侯。(盖、器文同)(《汉金》卷二)

整理者案:本篇又见《金文续编》《历代著录吉金目》页205下栏。《历代著录吉金目》题作"范阳扁壶"。

大命日利壶

大命日利。(阳文)(《汉金》卷二)

整理者案:本篇又见《金文续编》《秦汉金文汇编》上编。"命",《金文续编》《秦汉金文汇编》作"泠"(其所收图版可证),当据改。王卉《汉代铜器铭文汇总》未收此篇。

日入千金壶

日入千金。(《汉金》卷二)

大吉壶(一)

大吉。□□巨□。(阳文)(《汉金》卷二)

整理者案:本篇又见《金文续编》、王卉《汉代铜器铭文汇总》。"□□巨□",《金文续编》作"□千巨□"。王卉仅录"大吉"二字,无其余文字。

大吉壶(二)

大吉。(阳文)(《双剑誃吉金图录》卷下)

大吉壶(三)

大吉。(阳文)(《考古》1996.9)

大吉壶(四)

大吉。(阳文)(《考古》1974.2)

大吉壶(补)

大吉巨万。

整理者案:据《愙斋集古录》卷十三补。《历代著录吉金目》页206下栏本篇题作"大吉巨万壶"。

日利千金方壶(补)

日利千金。

整理者案:据《金索》卷二补。《金索》曰:"铭阳文'日利千金'……乃汉人吉利语,犹镜铭之有'日利大万'、'家富千金'也","壶以盛酒,亦尊之属。"

菑川大子家壶(补)

菑川大子家铜壶,容一斗五升,重十斤四两。第三。

整理者案:据《历代著录吉金目》页220下栏补。

乐未央壶

乐未央,宜酒食,长久富。(阳文)(《汉金》卷二)

整理者案:本篇亦见《金文续编》。

大贾壶

大贾铜,重十斤八两,容一斗三升。(《汉金》卷二)

徐按:"铜"代指"铜壶",以质料代本体。整理者案:本篇亦见《金文续编》。

平阳子家壶

平阳子家壶一,容二斗,重十斤四两。(《汉金》卷二)

整理者案:本篇亦见《陶斋吉金录》卷六、《金文续编》。

关邑家壶

关邑家银黄涂壶,容二斗,及盖并重十斤四两。(《汉金》卷二)

整理者案:本篇亦见《贞松堂集古遗文补遗》卷下、《金文续编》。《贞松堂集古遗文补遗》"及"字作一阙文号。

代大夫人家壶

代大夫人家,容二斗,重十斤十两。

今信成,十斤二两。(《续金》)

徐按:"成"容氏释"弌",非。乃"成"之泐余。整理者案:"成"字,《贞松堂集古遗文补遗》卷下、《历代著录吉金目》页221上栏皆作"成",王卉《汉代铜器铭文汇总》则作一阙文号;"二两"之"二"字,《历代著录吉金目》页221上栏作一阙文号。

李大壶

李大大半。(《贞松堂吉金图》卷下)

整理者案:本篇亦见《金文续编》。

沃君孺壶

沃君孺,重一斤七两。(盖)沃君孺,容三升,重四斤一两。(《文物》2005.6;M1:45)

徐按:"容"乃笔者据辞例补。整理者案:王卉《汉代铜器铭文汇总》未录此篇。

上米壶(一)

上米。(口)十斗,廿八斤十四两。西。(外底)(《考古学报》1985.2;1:26)

上米壶(二)

上米。(口)十斗,廿七斤十二两。东。(外底)(同前;1:29)

上米壶(三)

上米。(口)十斗,一钧九斤。西。(《考古学报》1985.2;1:30)

上米壶(四)

上米。(口)十斗,一钧五斤。西。(《考古学报》1985.2;1:32)

上米壶(五)

上米。(口)十斗,廿八斤八两。东。(《考古学报》1985.2;1:34)

上米壶(六)

上米。(口)十斗,一钧五斤七两。西。(《考古学报》1985.2;1:36)

上米壶(七)

上米。上米。(口)十斗,一均五斤十五两。东。(《考古学报》1985.2;1:42)

上米壶(八)

上米。(口)十斗,廿七斤七两。东。(《考古学报》1985.2;1:43)

西壶

十斗,一钧八两。西。(《考古学报》1985.2;1:44)

整理者案:王卉《汉代铜器铭文汇总》未录此篇。

东壶

十斗,一钧二两。东。(《考古学报》1985.2;1:62)

整理者案:王卉《汉代铜器铭文汇总》未录此篇。

端君壶(一)

端君五斗壶一只。(《考古》1966.4)

端君壶(二)

端君二斗壶一只。(同前)

丙长翁主壶

丙长翁主壶,重六斤四两。(《文物》1973.4;TG52)

姚巳壶

姚巳。(《广州汉墓》P131;1172:43)

蕃禺壶

蕃禺,三斗。(《西汉南越王墓》P277;G46)

整理者案:《秦汉金文汇编》上编"斗"误释作"升",其所收图版正作"斗"字。

张伯宗壶

大吉。(壶底,阳文)张伯宗、刘春。(壶口沿,阴刻)正二(另有三字不可辨)(圈足,阴刻)(《考古》1963.12)

二千石大壶

二千石大□氏。(《文物》1978.10)

整理者案:王卉《汉代铜器铭文汇总》未录此篇。

大子壶

大子。(《文物》1991.10;M104:6)

吕任壶

吕任。(《华夏考古》1993.4;CM02047:3)

记号壶(补)

X≡。(《文物》2007.7P42,M1边厢:1)

整理者案:此两记号似可释作"五三",殆为此壶之编号。

蒜头壶(补)

金壶一。(《关沮秦汉墓简牍》P179,XM26:83)

单氏大家壶盖(补)

单氏大家,重一斤十四两。第二。

整理者案:据《历代著录吉金目》页215下栏补。又《历代著录吉金目》页842上栏题作"单氏鼎盖",文全同。

父孙壶铭(补)

父孙壶,大吉羊。

整理者案:据《陇右金石录》卷一补。《陇右金石录》曰:"出于兰州清水马氏藏。今存。按此器高尺二寸,口径四寸,腹七寸,腹刻右列六字,当为汉时遗物。"

榼

河间食官榼

酒。河间食官榼盖。(盖)

酒。河间食官榼,容二升,重十一斤二两。(器)(《考古舆文物》1987.4)

徐按:原报告在"榼"前断句,误。整理者案:王卉《汉代铜器铭文汇总》上条"榼盖"少一"盖"字。

钾

于兰家铜钾

于兰家铜钾一,容四斗三升,重廿斤八两。(《文物》1978.7)

罍

淳于罍

淳于,重一钧六斤十两,容十斗。今高密,九斗五升。(《考古学报》1985.2;1:37)

徐按:第二段原报告释为"今见容九斗五升"。此从黄展岳释。

大官右般罍

大官右般。下米。大官南曹。大官北宫。(《考古学报》1985.2;1:27)

大官南曹罍

大官南曹。下米,下米,下米。(《考古学报》1985.2;1:28)

下米罍(一)

下米,下米。(《考古学报》1985.2;1:31)

整理者案:王卉《汉代铜器铭文汇总》铭文只有一"下米"。

下米罍(二)

下米,下米,下米。(《考古学报》1985.2;1:25)

整理者案：王卉《汉代铜器铭文汇总》未录此篇。

齐大官右般罍（一）

齐大官右般。（《考古学报》1985.2；1:33）

齐大官右般罍（二）

齐大官右般。下米。大官。（《考古学报》1985.2；1:38）

齐大官畜罍（一）

齐大官畜，粲人。下米。大官曹。下米。大官 ☐ 钧五斤。（《考古学报》1985.2；1:35）

整理者案：黄展岳释文"曹"作"糟"。

齐大官畜罍（二）

齐大官畜上。下米，上米。大官南曹。畜官。（《考古学报》1985.2；1:56）

齐大官罍

齐大官。齐大官右般。下米，下米。（《考古学报》1985.2；1:41）

酒儋

二年酒儋（补）

酒。（口缘上）二年，蜀西工长儋、令史后得、啬夫中章、佐广成、工贞造。容五石，重九十五斤。（口缘下）

整理者案：据《历代著录吉金目》页253下栏补。铭文但云"二年"，此应为西汉武帝建元前物。

鐎

富平侯家温酒鐎

富平侯家铜温酒鐎一，容三升，重三斤六两。元延三年十二月辛未造。第一。（《汉金》卷四）

整理者案：本篇亦见《金文续编》。元延为西汉成帝年号（元延三年为前10年），此为西汉物。

第二鐎

容一斗,并盖重六斤十两。第二。(器)第二。(盖)(《汉金》卷四)

整理者案:《贞松堂集古遗文》卷十五篇题作"容一斗鐎斗",器铭无"并盖"二字,盖铭"第二"作"第一"。

孙氏家鐎

缾□主。(盖钮左侧)鐎。第二。容三升,重六斤五两。(右侧)孙氏家。(器柄)(《考古》1982.5)

整理者案:王卉《汉代铜器铭文汇总》"缾□主"作"□并主"。《全集·秦汉》说明页21为西汉中期物。《汉代物质文化资料图说》页325录本篇,"缾□主"作"缾阴主","容三升"作"容参"。

黄氏鐎

黄氏铜鐎□有□。(《考古与文物》1985.5)

尊

中陵胡傅温酒尊

中陵胡傅铜温酒尊,重廿四斤。河平三年造。二。(《文物》1963.11)

整理者案:本篇又见《全集·秦汉》说明页11,题作"胡傅鎏金兽纹尊",为西汉晚期物。又河平为西汉成帝年号,河平三年为前26年。

勮阳阴城胡傅温酒尊

勮阳阴城胡傅铜酒尊,重百廿斤。河平三年造。(《文物》1963.11)

整理者案:本篇又见《全集·秦汉》说明页12,题作"胡傅鎏金银兽纹尊",为西汉晚期物。"铜酒尊",《全集·秦汉》作"铜温尊"。又西汉成帝河平三年为前26年。

蜀郡西工造酒尊

建武廿三年,蜀郡西工造乘舆大爵酒尊,内者室,铜工堂、金银涂章、文工循、造工业,护工卒、史恽、长氾、守丞泛、掾习、令史愔主。(《文物》1995.10)

整理者案:许建强录文"内者室"作"内室者","造工业"之"业"作"菜","史恽"作"史□"(见许氏《东汉元和二年"蜀郡西工造"鎏金银铜舟》文,载《文物》2014.1P88—92)。建武为东汉光武帝年号(建武廿三年为47年),此为东汉物。

阳信温酒尊
阳信尚卧尚从。(《文物》1982.9;K1:015)
整理者案:《秦汉金文汇编》上编篇题作"阳信家尊"。

真君亦温酒尊
真君亦。(《广州汉墓》P229;2060:2)

郝氏尊
郝氏之家大富贵,子孙千代皆阳遂。(《文物》1984.12)

大吉尊(补)
大吉。(《小校》卷13P50)
整理者案:据王卉《汉代铜器铭文汇总》补。原无篇题,此据铭文拟题。

王长子鐎尊(补)
王长子鐎尊,容十升,重十斤。
整理者案:据《金索》卷一补。原注:"末二字为青绿掩蔽,不全,姑释作'十斤',俟考。"又邃古斋藏本《金索》未录本篇。

鏂

张端君酒鏂
张端君酒鏂一。(《考古》1966.4)

斛

蜀西工铜斛
建武廿一年,蜀郡西工造乘舆一斛承旋,雕蹲熊足,青碧闵瑰饰。铜承旋径二尺二寸。铜涂工崇、雕工业、湅工康、造工业。造护工卒史恽、长氾、丞萌、掾巡、令史郧主。(《文物参考资料》1958.9)
徐按:原报告在"造工业"后断句,释"丞"为"承",释"令"为"命",误。整理者案:建武为东汉光武帝年号(建武廿一年为45年),此为东汉物。

鋞

河平元年鋞
河平元年,供工昌造铜鋞,容二斗,重十四斤四两。护武、啬夫昌主,右丞谭、令潭省。(《古代文史研究新探·鋞与桱桯》)

整理者案:王卉《汉代铜器铭文汇总》未录此篇。河平为西汉成帝年号(河平元年为前28年),此为西汉物。

卣

千卣
千。(阳文)(《汉金》卷四。拓本在卷七)

整理者案:本篇亦见《金文续编》。

刘氏卣
刘氏,容二斗,重十九斤十两。(《汉金》卷四)

整理者案:本篇亦见《金文续编》。

千马卣(补)
千马形。

整理者案:据《积古斋钟鼎彝器款识》卷九补。《积古斋》曰:"汉人铭器每作吉祥语。千马,盖取富厚之义,庾子山《刀铭》云:'价重十城,名高千马',则以马铭器,亦有珍重之义焉。"

盉

何大万盉
何大万。(阳文)(《十二家吉金图录》第一册)

邵宫盉(补)
邵宫和官,四斗少半斗,和工工感。廿三斤十五十两。

整理者案:据《金文续编》补。"廿三斤十五十两"不辞。铭文两"和"字,《秦汉金文汇编》上编皆作"私"。

杯

绪杯一(补)

绪杯,容一籥。廿七年二月,南工官监延年、大奴固造。(杯外底)(《考古》2013.10,P54;M1:4653)

整理者案:据铭文所出文献,此器为西汉物。

绪杯二(补)

绪杯,容一籥。廿七年二月,南工官监延年、大奴德造。(杯外底)(《考古》2013.10,P54;M1:4670)

整理者案:据铭文所出文献,此器为西汉物。

绪杯三(补)

绪杯,容一籥。廿七年二月南工官监延年、大奴元造。(杯外底)(《考古》2013.10,P54;M1:4672)

整理者案:据铭文所出文献,此器为西汉物。

丞不败残杯

丞不败利。(《汉金》卷四)

徐按:《贞松堂集古遗文续编》卷下收此器,名曰《永(徐按:当为"丞")不败杯》,铭文为"丞不败利厚世"。整理者案:本篇亦见《金文续编》,所录同《贞松堂集古遗文续编》。《历代著录吉金目》页431下栏以"丞不败利厚世"另作一篇,题作"丞不败杯"。

山都杯

山都王□子家。山都王□子家。山都。(《汉金》卷四)

整理者案:王卉《汉代铜器铭文汇总》仅有一"山都王□子家"。

□宫染杯

□宫铜染,容一升。(《续编》)

史侯家染桮

史侯家铜染桮。第四。重一斤十四两。(《汉金》卷四)

整理者案:本篇亦见《陶斋吉金录》卷六、《金文续编》。《陶斋吉金录》题作"汉铜染栖"。《积古斋钟鼎彝器款识》卷十曰:"染栖,未详何器。"

平阳铜杯(补)

重十四两。

整理者案:据《历代著录吉金目》页431下栏补。

张端君酒杯(补)

张端君酒杯□□。(《考古》1966.4P186)

卮

建光卮(补)

建光中室。有四。

整理者案:据《历代钟鼎彝器款识》卷十九补,亦见《啸堂集古录》卷上。铭文"有"字,《啸堂集古录》、陈直《两汉经济史料论丛》P130所录皆作"又"。《宣和博古图》卷十六曰:"按东汉孝安帝即位之十六年,名其年纪曰建光。是器盖于建光中造也。"东汉安帝"建光"年号仅使用二年,即121至122年。

温酒器

阳信家温酒器(一)

阳信家铜炉,重二斤七两。三年,曹孟所买。第六。函池。(炉)阳信家铜杯,容二升,重十五两。三年,曹孟所买。第五。函池。(耳杯)(《文物》1982.9;K1:010)

整理者案:《秦汉金文汇编》上编篇题作"阳信家炉",所收图版"第六"则作"第九"。同书所收耳杯铭则题作"阳信家杯"。《全集·秦汉》说明页23题作"阳信家温酒炉",定为西汉中期物。

阳信家温酒器(二)

阳信家,重二斤七两。第十。函。(炉)阳信家,容一升半升,重十五两。第九。函池。(耳杯)(《文物》1982.9;K1:009)

整理者案:《秦汉金文汇编》上编收耳杯铭题作"阳信家杯"。据上篇,此器为西汉中期物。

大中宜酒酒器

大中宜酒。(《汉金》卷四)

整理者案:本篇亦见《金文续编》。

留里杨黑酒器

留里杨黑。(《汉金》卷四)

整理者案:本篇亦见《金文续编》。

水器铭文

鋗

二年酒鋗

酒。(口缘上)二年,蜀西工长儋、令史后得、啬夫中章、佐广成、工贞造。容五石,重九十五斤。(口缘下)(《汉金》卷四)

整理者案:本篇又见《陶斋吉金录》卷六、《金文续编》。《金文续编》无"口缘上"、"口缘下"字样。铭文但云"二年",此器应为西汉武帝建元前物。

中山内府铜鋗(一)

中山内府铜鋗一,容三斗,重七斤五两。第卅五。卅四年四月,郎中定市河东,贾八百卅。(《满城汉墓发掘报告》P250;2:4106)

整理者案:"八百卅"之"卅"字,王卉《汉代铜器铭文汇总》误作"卅"。《中国书法全集》第九册页43图22亦作"卅"。据《中国书法全集》第九册页186图版说明22,此器作于西汉元狩二年(前121),1968年出土于河北满城陵山汉墓窦绾墓。《中国书法全集》曰:"窦绾墓共出土两件铜鋗,器形相似,铭文内容大同小异。另外,一九六五年河北行唐北高里村曾发现一件铜鋗,其形制、刻铭亦与上述二件相近。铭文中均有'三十四年',即中山靖王卅四年。中山国第一代靖王刘胜,在位四二年,景帝前元三年(前一五四)至元鼎四年(前一一三)。'三十四年'当为武帝元狩二年(前一二一)。'郎中定'官名。'河东',地名。今山西夏县。由此看来,以上三件铜鋗均为'郎中定'从河东购置而来的。"

中山内府铜鋗(二)

中山内府铜鋗一,容二斗,重六斤七两。第八十三。卅四年四月,郎中定市河

东。(《文物》1976.12)

整理者案:据上篇,此器为西汉武帝时物。

中山内府铜鋗(三)

中山内府铜鋗一,容三斗,重七斤十三两。第五十九。卅四年四月,郎中定市河东。(同前;2:4034)

整理者案:据上二篇,此器年代为西汉。

橐泉鋗(一、二)

橐泉铜一斗鋗,重三斤。元康元年造。(《汉金》卷四)

整理者案:本篇亦见《金文续编》《历代著录吉金目》页958下栏。《历代著录吉金目》篇题于"泉"下多"一斗"二字。铭文末"造"字下,《金文续编》注曰:"又二。文同。"元康为西汉宣帝年号(元康元年为前65年),此为西汉物。

黄山鋗

黄山铜二斗鋗,重六斤。元康元年造。(《文物》1983.10)

整理者案:西汉宣帝元康元年为前65年,此为西汉物。

元康鋗(补)

梁山铜二斗鋗,重十斤。元康元年造。扶。

整理者案:据《历代钟鼎彝器款识》卷二十一补。《啸堂集古录》卷下、《宣和博古图》卷二十一、《历代著录吉金目》页959上栏篇题俱作"梁山鋗"。《宣和博古图》原注:"按汉孝宣帝即位之十年乃改元康,而是器盖元康元年造也。"《金索》卷三曰:"《博古录》云:'汉宣帝即位之九年乃改元康。'其末'扶'字,乃号耳。如号時鼎之用'山'字也。梁山铜者,纪其贡金之地。梁山于汉初为孝王之封,依山鼓铸,为国之富。故在孝王时,有罍、尊直千金,戒后世宝之。则梁山之铜自有来矣。"又此为西汉物。

建昭鋗

鋗,容一石,重三十二斤。建昭四年二月。(《痴庵藏金》图三十一)

整理者案:建昭为西汉元帝年号(建昭四年为前35年),此为西汉物。

扶风鋗(补)

扶风供官铜鋗,重一斤九两。永始元年张甲造。

整理者案:据《历代著录吉金目》页959上栏补。永始为西汉成帝年号(永始元年为前16年),此为西汉物。

长安鋗

长安共厨铜三斗鋗。卅枚。第廿。重十五斤八两。元延元年七月造。(《汉

金》卷四）

整理者案：本篇亦见《金文续编》。篇题，《两汉金石记》卷四、《积古斋钟鼎彝器款识》卷九、《从古堂款识学》卷十二、《金索》卷三、《愙斋集古录》卷十三、《历代著录吉金目》页959下栏皆作"元延鋗"。铭文"七月"，诸书俱作"十月"。《积古斋》曰："元延元年，西汉成帝即位之二十一年。《说文》云：'鋗，小盆也。'《汉书·李广传》注云：'鋗即铫也，今俗呼铜铫。'"又西汉成帝元延元年为前12年。

绥和鋗

绥和元年八月，公孙家造，工李本。（《汉金》卷四）

整理者案：本篇亦见《陶斋吉金录》卷六、《金文续编》。绥和为西汉成帝年号（绥和元年为前8年），此为西汉物。

永初鋗（补）

定侯家铜鋗，重六斤二两，容一斗二升。永初元年造。

整理者案：据《愙斋集古录》卷十三补。永初为东汉安帝年号（永初元年为107年），此为东汉物。

延熹六年鋗

□兴十□铜鋗□□皇□延熹六年冬□□□守臣木桥僅育主尚右丞臣术□臣首。（《考古与文物》1992.3）

徐按：未见拓本，疑释文有误。整理者案：王卉《汉代铜器铭文汇总》未录此篇。延熹为东汉桓帝年号（延熹六年为163年），此为东汉物。

南中君鋗

南中君。（《汉金》卷四）

整理者案：本篇亦见《陶斋吉金续录》卷二、《金文续编》。

邓中孺鋗（补）

邓中孺，五斤五两。紫。

整理者案：据《历代著录吉金目》页958上栏补。

攀氏鋗

攀氏，三斗，重九斤。第十。（《汉金》卷四）

整理者案：本篇亦见《贞松堂集古遗文》卷十五、《金文续编》。铭文"三斗"，《贞松堂集古遗文》作"三升"。

富平侯家鋗

富平侯家一斗鋗，重七斤。（《汉金》卷四）

整理者案:本篇亦见《金文续编》。《历代著录吉金目》页958下栏篇题无"家"字。

菅邑家䥶

菅邑家铜䥶,容二斗七升,重八斤三两。第一。(同前)

整理者案:本篇亦见《金文续编》。

官邑家䥶(补)

官邑家铜䥶,容二斗五升,重八斤二两。第六。

整理者案:据《历代著录吉金目》页959上栏补。又"官"疑"菅"字之讹。

上林昭台厨铜䥶

上林昭台厨铜䥶,容一石,重廿斤。宫。(腹)第七百廿六。(口沿)(《考古》1963.2;22号)

徐按:原报告认为"宫"本在"昭台"后,漏而补刻于后。可从。

富贵昌宜侯王䥶(一)

富贵昌,宜侯王。(阳文)(《考古与文物》1991.5;2730:IA4.2)

富贵昌宜侯王䥶(二)

富贵昌,宜侯王。(阳文)(《文博》1986.2;1号)

整理者案:王卉《汉代铜器铭文汇总》未录此篇。

严氏造作䥶

严氏造作。(阳文)(《文博》1986.2;2号)

徐按:原报告释文"都氏造□",称"都氏䥶"。张占民改释为"严氏造作",可从。详见《文博》1992.5张氏文。

无蒌氏䥶

无蒌氏,容三斗,重十斤八两。(《文物》1991.8)

徐按:原报告首字缺释,"斤"释"千"。今据拓本补释、改释。

宦眷银䥶(补)

宦眷尚浴沐,䥶容一石一斗八升,重廿一斤十两十朱。第一御。(《文物》1998.8P19,W2:34)

整理者案:"朱"假借为"铢"字。

盆

中山内府铜盆(一)

中山内府铜盆,容二斗,重六斤六两。第六。卅四年,中郎柳买雒阳。(《满城汉墓发掘报告》P57;1:4328)

整理者案:此器出土于满城汉墓,为西汉物。

中山内府铜盆(二)

中山内府铜盆,容三斗,重七斤四两。第二。卅四年,中郎柳买雒阳。甲。(一铺首下)(《满城汉墓发掘报告》P57;1:4098)

徐按:以上二盆原报告命名为铜。当依其自名。整理者案:此器为西汉物。

脩官铁盆(补)

廿五石。廿年脩官作。(一盆)廿五石。(又一盆)

整理者案:据《隶续》卷十四(页420)补。洪适以此器为东汉建武间物。《金石综例》卷四曰:"铭云'廿五石廿年脩官作',其一云'廿五石'。《隶续》云:古人作器必铭志其轻重大小,亦谨权量之。一事乃两盆皆有'廿五石',乃龠合升斗石之石,非铢两斤钧石之石。"

巴官铁盆(补)

巴官三百五十斤,永平七年,第二十七西。

整理者案:据《隶续》卷三(页306)补。《金石综例》卷二录本篇末"西"字作"酉"。《金石综例》曰:"《宝刻丛编》云:明帝永平七年正月二日乙酉至十二月十九日丁酉,凡二十七酉,此量成于丁酉。亦绛老人四百四十五甲子之义也。"又东汉明帝永平七年为64年,此为东汉物。

魏其侯盆

兼氏。魏其侯铜盆,容一石,重十八斤八两。(《汉金》卷四)

整理者案:本篇亦见《金文续编》。

北木盆

上左,容十斗,重十九斤十二两。(口沿)北木,北木。(另有二处)(《考古学报》1985.2;1:50)

齐大官盆

齐大官右般者,容十斗。西。(《考古学报》1985.2;1:51)

容一石九斗八升盆

容一石九斗八升,重廿九斤八两。(《文物》1973.4;TG1)

常浴盆(一)

常浴,容廿一斗,重廿九斤。(腹)平。(一铺首下)(《满城汉墓发掘报告》P58;1:4013)

常浴盆(二)

常浴,受卢奴,容十五斗五升,重十九斤十二两。(《满城汉墓发掘报告》P58;1:4020)

医工盆

医工。(三处)(《满城漢墓发掘报告》P58;1:5176)

曹君盆

左中马,容八斗……曹君。(《考古学报》1983.3;1:51)

千金盆

千金。(《文博》1991.4;M6:I)

蕳川西宫中官盆

蕳川西宫中官。(《文物》1987.9;M1:17)

吉羊盆

吉羊。(阳文)(《考古与文物》1991.5;2738.IA4.10)

整理者案:羊,即"祥"字。

董氏盆

董氏。(阳文)(同前;2734.IA4.6)

沃君孺盆

沃君孺,容三斗,重七斤二两。君孺。(《文物》2005.6;M1:5)

大张盆(补)

大张。(盆底)(《考古与文物》2012.1,P10;M6:2)

容六斗十升银盆(补)

容六斗十升,重十二斤十四两十九朱。(《文物》1998.8P19,W2:29)

洗

永平二年洗(补)
永平二年王作洗。

整理者案:据陈直《两汉经济史料论丛》P131 补。永平为东汉明帝年号(永平二年为59年),此为东汉物。

永平三年洗
永平三年四月造作。牢。(阳文)(《汉金》卷五)

整理者案:《从古堂款识学》卷四篇题无"三年"二字。又东汉明帝永平三年为60年。

建初元年洗(补)
富贵,宜子孙。建初元年五月十五造。(《小校》卷13P17)

整理者案:据王卉《汉代铜器铭文汇总》补。建初为东汉章帝年号(建初元年为76年),此为东汉物。

建初元年堂狼洗(补)
建初元年堂狼。(《四川文物》2009.1P86)

整理者案:东汉章帝建初元年为76年。

建初四年朱提造作洗
建初四年,朱提造作。(阳文)(《四川文物》1988.4)

整理者案:建初为东汉章帝年号(建初四年为79年),此为东汉物。

建初六年洗
建初六年造,姚大□贵。(阳文)(《汉金》卷五)

整理者案:本篇亦见《金文续编》。据《秦汉金文汇编》上编所收图版,"□"似是"工"之装饰字,而《贞松堂集古遗文补遗》卷下则作"平"字。《历代著录吉金目》页516下栏无"大"字。东汉章帝建初六年为81年,此为东汉物。

建初八年洗
建初八年,堂狼造。(阳文)(《汉金》卷五)

整理者案:本篇亦见《金文续编》。东汉章帝建初八年为83年,此为东汉物。

元和三年洗(一)
元和三年,堂狼造。(阳文)(《汉金》卷五)

整理者案：本篇亦见《金文续编》。元和为东汉章帝年号（元和三年为86年），此为东汉物。

元和三年洗（二）

堂狼作，元和三年造。（阳文）（《续编》）

整理者案：东汉章帝元和三年为86年。

元和四年洗

元和四年，堂狼造。（阳文）（《汉金》卷五）

整理者案：本篇亦见《金文续编》。东汉章帝元和四年为87年。

章和元年洗

章和元年，堂狼造。（阳文）（《古文字研究》第十九辑）

整理者案：篇题，《积古斋钟鼎彝器款识》卷九无"元年"二字，《金索》卷三作"章和堂狼洗"。《古文字研究》第十九辑周世荣《湖南战国秦汉魏晋铜器铭文补记》文"元年"下有"双鱼铜"三字。《积古斋》曰："章和元年，东汉章帝即位之十四年。《汉志》：犍为郡有堂琅县。常璩《南中志》云：'常琅山多毒草，盛夏之月，飞鸟过之不能得去'，即其地。琅，《宋书·州郡志》作狼。"《金索》曰："章和元年，汉章帝之十二年。《积古款识》作十四年，误。章帝在位祇十三年耳。堂琅县属犍为郡，见《汉书·地里志》。琅亦作狼，见《宋书·州郡志》。"东汉章帝章和元年为87年。

章和二年洗

章和二年，堂狼造。（阳文）（《汉金》卷五）

整理者案：本篇亦见《金文续编》。东汉章帝章和二年为88年。

章和二年堂狼造作洗

章和二年，堂狼造作。（阳文）（《汉金》卷五）

整理者案：本篇亦见《陶斋吉金录》卷六、《金文续编》。《陶斋吉金录》题作"汉章和洗"。又东汉章帝章和二年为88年。

永元元年堂狼造洗（补）

永元元年，朱提堂狼铜官造作。（阳文，内底）（《四川文物》2009.1P86）

整理者案：篇题据铭文拟。永元为东汉和帝年号（永元元年为89年），此为东汉物。

永元二年堂狼造洗

永元二年，堂狼造。（阳文）（《文物》1983.10）

整理者案:东汉和帝永元二年为90年。

永元三年洗
永元三年,堂狼造。(阳文)(《汉金》卷五)

整理者案:本篇亦见《金文续编》。《陶斋吉金录》卷六题作"汉永元洗",《湖北金石志》卷二题作"永元洗"。又东汉和帝永元三年为91年。

永元四年洗(一、二)
永元四年造。(阳文)(《汉金》卷五)

整理者案:《金文续编》收同题洗铭一篇,文同。东汉和帝永元四年为92年。

永元四年洗(三)
文同。(阳文)(《文物研究》总第五辑)

整理者案:王卉《汉代铜器铭文汇总》未录上二篇。又东汉和帝永元四年为92年。

永元四年洗(补)
永元四年堂□。

整理者案:据《历代著录吉金目》页509下栏补。又东汉和帝永元四年为92年。

永元四年堂狼洗(补)
永元三(四)年堂琅造。

整理者案:据《贞松堂集古遗文》卷十四补。又东汉和帝永元四年为92年。

永元六年洗
永元六年堂。工。(阳文)(《汉金》卷五)

徐按:"堂"当是"堂狼"之省。"工"为吉语。整理者案:本篇亦见《金文续编》。王卉《汉代铜器铭文汇总》所录无"工"字。又东汉和帝永元六年为94年。

永元九年堂狼洗(补)
永元九年堂狼造作。(《四川文物》2009.1P87)

整理者案:东汉和帝永元九年为97年。

永元十二年洗(一)
永元十二年造。税□。(阳文)(《汉金》卷五)

整理者案:本篇亦见《金文续编》。东汉和帝永元十二年为100年。

永元十二年洗(二)
永元十二年,堂狼造。(阳文)(《文物》1995.7;66号)

整理者案:王卉《汉代铜器铭文汇总》"堂狼"二字作二阙文号。又东汉和帝永元十二年为100年。

永元十三年堂狼洗

永元十三年,堂琅□。(阳文)(《汉金》卷五)

整理者案:本篇亦见《金文续编》。据《秦汉金文汇编》上编所收图版,"□"似是"造"字。又东汉和帝永元十三年为101年。

永元十三年洗(一)

永元十三年三月廿四日造。(阳文)(《汉金》卷五)

整理者案:本篇亦见《金文续编》。篇题,《山左金石志》卷二作"鹭鱼洗",《金索》卷三、《历代著录吉金目》页519下栏题本篇作"永元鹭鱼洗"。王卉《汉代铜器铭文汇总》自《小校》卷13P10录文,"三月"作"二月"。《山左金石志》曰:"右洗口径七寸,右作鹭形,左作鱼形,篆文十一。"又曰:"永元为后汉和帝年号,是岁,帝幸东观,览书林,选艺术之士,不久即临雍举飨射之典。礼制纷纷,尚方宜多造作,虽天子,固不必定用金洗也。"又东汉和帝永元十三年为101年。

永元十三年洗(二)

永元十三年四月造作。牢。(阳文)(《续编》)

整理者案:东汉和帝永元十三年为101年。

元兴元年朱提洗

元兴元年,朱提造作。(《续编》)

整理者案:元兴为东汉和帝年号(元兴元年为105年),此为东汉物。

元兴元年堂狼作洗

元兴元年,堂狼作。(阳文)(《考古与文物》1983.4)

整理者案:东汉和帝元兴元年为105年。

延平元年洗

延平元年,朱提造。工。(阳文)(《续编》)

整理者案:《贞松堂集古遗文》卷十四、《历代著录吉金目》页514上栏漏释铭文"工"字。延平为东汉安帝年号(延平元年为106年),此为东汉物。

延平元年堂狼造作洗

延平元年,堂狼造作。(阳文)(《四川文物》1988.4)

整理者案:东汉安帝延平元年为106年。

永初元年堂狼洗

永初元年,堂狼造。(阳文)(《汉金》卷五)

整理者案:本篇亦见《金文续编》。王卉《汉代铜器铭文汇总》"造"下有"作牢"二字。永初为东汉安帝年号(永初元年为107年),此为东汉物。

永初元年洗

永初元年造。王。(阳文)(《汉金》卷五)

整理者案:本篇亦见《金文续编》。《金石萃编》卷六曰:"按永初为汉安帝年号,帝……即位之初即颁明诏:'诸所造作,非供宗庙园林之用者,皆宜停止。'是器造于其年,其为宗庙园林之用无疑。"《山左金石志》卷二题作"永初铜洗",铭文阙释"王"字。《山左金石志》曰:"(此器)亦黄司马见于济宁者。"又东汉安帝永初元年为107年。

永初元年堂狼朱提洗

永初元年,堂狼朱提造。(阳文)(《汉金》卷五)

整理者案:本篇亦见《金文续编》。东汉安帝永初元年为107年。

永初元年堂狼造作洗(一)

永初元年,堂狼造作。牢。(阳文)(《汉金》卷五)

整理者案:本篇亦见《金文续编》。《从古堂款识学》卷九、《历代著录吉金目》页518上栏"牢"作"宋"。《从古堂款识学》曰:"永初元年,东汉安帝即位之元年也。《汉书·地理志》:犍为郡堂有琅县。……末一字,盖造器者氏。凡有年号及某地、某工,并尚方所用器。"又东汉安帝永初元年为107年。

永初元年堂狼造作洗(二)

永初元年,堂狼造作。(阳文)(《续编》)

整理者案:又东汉安帝永初元年为107年。

永初三年洗

永初三年造作。一。(阳文)(《汉金》卷五)

整理者案:本篇亦见《金文续编》。王卉《汉代铜器铭文汇总》"造作"上有"四月"二字,"一"作"牢",疑是。又东汉安帝永初三年为109年。

永初五年堂狼洗

元初五年,堂狼造作。□。(阳文)(《续编》)

整理者案:铭文作"元初五年",篇题乃作"永初五年",徐氏误。今查《金文续编》,篇题"永初"正作"元初"。又案:王卉《汉代铜器铭文汇总》未录此篇。又永初、元初皆为东汉安帝年号,永初五年为111年,元初五年为118年。

永初七年洗

永初七年造作。巴。(阳文)(《汉金》卷五)

整理者案:本篇亦见《金文续编》。《贞松堂集古遗文》卷十四、《历代著录吉金目》页513上栏"巴"作"㠯"。东汉安帝永初七年为113年。

元初五年洗

元初五年七月中,西于造。谢著有。(《考古》1981.4)

整理者案:东汉安帝元初五年为118年。

元初七年洗

元初七年。(阳文)(《汉金》卷五)

整理者案:本篇亦见《金文续编》,铭文"七"字作"朿",乃"柒"之省文。又东汉安帝元初七年为120年。

延光三年洗(一)

延光三年,堂狼造作。(阳文)(《汉金》卷五)

整理者案:本篇亦见《金文续编》。《历代著录吉金目》页514下栏无"作"字。延光为东汉安帝年号(延光三年为124年),此为东汉物。

延光三年洗(二)

延光三年造□工。(阳文)(《古文字研究》第十九辑)

徐按:原报告"工"缺释。整理者案:东汉安帝延光三年为124年。

永建元年洗

永建元年,朱棍造。(阳文)(《汉金》卷五)

整理者案:本篇亦见《金文续编》。篇题,《积古斋钟鼎彝器款识》卷九无"元年"二字,《金索》卷三作"永建朱提洗"。《积古斋》曰:"永建元年,东汉顺帝之元年也。《汉志》:'犍为郡有朱提县。'提字本从手旁,此从木作棍者,考苏林读'朱提'为'朱匙',云:'北方人名匕为匙。'《玉篇·木部》云:'棍即匙字。'是棍乃匙字之别文。隶书手旁与木旁往往多乱也。"《金索》曰:"永建元年,东汉顺帝即位之丙寅岁也。"东汉顺帝永建元年为126年。

双鱼永建洗(补)

永建元年,朱棍造。

整理者案:据《积古斋钟鼎彝器款识》卷九补。《金索》卷三作"永建朱棍洗",《金索》曰:"铭同上。两旁有双鱼,为慈溪郑征君勋所藏。"又东汉顺帝永建元年为126年。

永建四年洗

永建四年造作。(阳文)(《汉金》卷五)

整理者案:本篇亦见《金文续编》。《筠清馆金石》卷五题作"汉永建洗"。又东汉顺帝永建四年为129年。

永建四年朱提洗

永建四年,朱提造。(阳文)(《汉金》卷五)

整理者案:本篇亦见《金文续编》。《八琼室金石补正》卷三曰:"两《汉书》,朱提属犍为,今叙州府宜宾县西南是其地也。"又东汉顺帝永建四年为129年。

永建五年洗(一)

永建五年造作。大吉。(阳文)(《汉金》卷五)

整理者案:本篇亦见《金文续编》。东汉顺帝永建五年为130年。

永建五年洗(二)

永建五年造作。大吉。(阳文)(《文物天地》1990.4)

整理者案:东汉顺帝永建五年为130年。

永建五年朱提洗

永建五年,朱提造作。牢。(阳文)(《汉金》卷五)

整理者案:本篇亦见《金文续编》。《历代著录吉金目》页518下栏"牢"作"宝"。又东汉顺帝永建五年为130年。

永建六年洗

永建六年,朱提造作。工。(阳文)(《汉金》卷五)

整理者案:本篇亦见《金文续编》。《贞松堂集古遗文》卷十四、《历代著录吉金目》页516上栏无铭文"工"字。又东汉顺帝永建六年为131年。

永建七年洗(补)

永建七年,朱提造。一。(阳文)

整理者案:据《金文续编》补。又见《历代著录吉金目》页514上栏、《秦汉金文汇编》上编。《历代著录吉金目》无"一"字。又东汉顺帝永建七年为132年。

永建九年洗(补)

永建九年,堂狼造。(阳文)

整理者案:据《金文续编》补。又见《秦汉金文汇编》上编。东汉顺帝永建年号只有七年(永建七年为132年),此云"九年"者,造器者未知改元,故仍用之。铭文所谓"永建九年",实东汉顺帝阳嘉三年(为134年)。

阳嘉洗(补)

阳嘉元年□。

整理者案:据《金索》卷三补。《金索》曰:"末一字有缺误,疑是'作'字之讹。"又阳嘉为东汉顺帝年号(阳嘉元年为132年),此为东汉物。

阳嘉二年朱提洗

阳嘉二年,朱提造作。上牢工。(阳文)(《续编》)

整理者案:东汉顺帝阳嘉二年为133年。

阳嘉四年洗

阳嘉四年,朱提作。(《文物天地》1990.4)

整理者案:王卉《汉代铜器铭文汇总》未录此篇。又东汉顺帝阳嘉四年为135年。

阳嘉洗(补)

阳嘉四年朔令。

整理者案:据《历代钟鼎彝器款识》卷十九补。《宣和博古图》卷二十一原注:"按孝顺帝即位之十年,改年纪曰阳嘉,凡四年。兹器曰阳嘉四年,盖谨其所造之岁也。"《金索》卷三本篇题作"阳嘉鹭鱼洗"。《金索》曰:"《博古录》云:'汉顺帝即位之七年,改元阳嘉。曰朔者,朔,月也。令者,时令也。洗盥手之器,于此以奉祭祀,交神人,非苟然者。'鹏按,'朔令'二字强解,且洗中无此铭识之式,当是'阳嘉四年三月造'七字耳。各本延悞已久,其字必有错乱处。"《八琼室金石札记》卷三曰:"以余审之,(朔令)是'青蛉'二字也。《汉书·地理志》:'越嶲郡有青蛉。'《后书·郡国志》:'青蛉有禺同山,俗谓有金马碧鸡。'此题青蛉,盖记所造之地。犹章和洗之堂狼,永建洗之朱提,永和洗之一称朱提、一称堂狼也。"《八琼室金石札记》说是,《啸堂集古录》卷下所摹文字亦作"青蛉"。又东汉顺帝阳嘉四年为135年。

永和元年堂狼洗

永和元年,堂狼造。(阳文)(《汉金》卷七)

整理者案:本篇亦见《金文续编》。永和为东汉顺帝年号(永和元年为136年),此为东汉物。

永和元年洗(一)

永和元年,朱提造作。一。(阳文)(《汉金》卷五)

整理者案:《历代著录吉金目》页515下栏无"一"字。东汉顺帝永和元年为136年。

永和元年洗(二)

永和元年造作。工。(阳文)(《四川文物》1993.4)

徐按:"年"字原报告误释为"年、李"二字。整理者案:东汉顺帝永和元年为136年。

永和二年洗

永和二年,朱提造作。一。(阳文)(《汉金》卷七)

整理者案:本篇亦见《金文续编》。《金索》卷三题作"永和朱提洗"。《金索》曰:"此叶东卿拓本。"又东汉顺帝永和二年为137年。

永和三年洗

永和三年造作。(阳文)(《汉金》卷五)

整理者案:本篇亦见《金文续编》。篇题,《从古堂款识学》卷九作"永和洗",《金索》卷三、《历代著录吉金目》页513下栏作"永和鹭鱼洗"。铭文"作"下,《金索》《历代著录吉金目》尚有"一"字。又东汉顺帝永和三年为138年。

永和堂狼洗(补)

永和四年,堂狼造。

整理者案:据《金索》卷三补。《历代著录吉金目》页513上栏本篇题作"堂狼洗"。《金索》曰:"堂狼,《汉志》作琅。此不从玉傍,从犬傍,不但汉洗俱同,即瓦当文'琅玗万延'亦作'狼',可见汉文之相通也。"又东汉顺帝永和四年为139年。

永和四年洗

永和四年,朱提造作。一。(阳文)(《汉金》卷五)

整理者案:本篇亦见《金文续编》。《历代著录吉金目》页516上栏无"一"字。又东汉顺帝永和四年为139年。

永和六年洗

永和六年,朱提堂狼。工。(阳文)(《汉金》卷五)

整理者案:本篇亦见《金文续编》。东汉顺帝永和六年为141年。

汉安元年洗

汉案(安)元年,堂狼造作。王。(阳文)(《汉金》卷五)

整理者案:本篇亦见《金文续编》。《从古堂款识学》卷九录本篇,篇题无"元年"二字。《从古堂款识学》曰:"末一字亦是造器者氏。"汉安为东汉顺帝年号(汉安元年为142年),此为东汉物。

汉安二年洗

汉安二年,朱提造。工。(阳文)(《汉金》卷五)

整理者案:本篇亦见《金文续编》。东汉顺帝汉安二年为143年。

汉鱼鹭洗(补)

汉安二年,朱椆堂琅造。

整理者案:据《十六长乐堂古器款识考》卷三补。篇题,《积古斋钟鼎彝器款识》卷九、《金索》卷三作"汉安朱椆堂狼洗",《四川文物》2009.1P87作"汉安二年朱椆堂狼洗"。铭文"椆"字、"狼"字,《积古斋》《四川文物》作"椆"字、"琅"字。《古器款识考》曰:"汉安,后汉顺帝之号也。《汉书·地里志》犍为郡有朱提县,又有堂琅县。'提'字本从手旁,此从木作'椆'者,考苏林读'朱提'为'朱匙',云'北方人名匕为匙'。《玉篇·木部》云:'椆即匙字。'是'椆'乃'匙'字之别文,隶书手旁与木旁往往多乱。此虽篆文,实因隶文而改也。前汉朱提、堂琅为两县,后汉以堂琅并入朱提,故《郡国志》无堂琅县。刘昭注即将堂琅山附于朱提之下。常璩《南中志》云:'堂琅山多毒艸,盛夏之月,飞鸟过之不能得去。'即其地也。《宋书·州郡志》作'堂狼'。此器亦书'琅'为'狼',是原应作'狼'而作'琅'者,为通字矣。……朱提、堂琅,今贵州省威宁、云南省东川二府地。"《积古斋》曰:"《续汉书·郡国志》有朱提无堂琅。后汉堂琅既省入朱提,故此器云'朱提堂琅'也。犍为,故夜郎国。《禹贡》:'梁州之境,厥贡璆铁银镂。'韦昭、郭璞以为璆当作镠,紫磨金,与铁银镂以类相从。则朱提山之出银铜由来旧矣。《汉书·食货志》:'朱提银,八两为一流,直一千五百八十。他银一流,但直一千。其产银铜特佳,故造器多出其地。'至今铜器每以云贵为最。朱提、堂狼,即今贵州威宁、云南东川,二府地博。"又东汉顺帝汉安二年为143年。

汉安三年洗

汉安三年,朱椆造。(阳文)(《汉金》卷五)

整理者案:本篇亦见《金文续编》。东汉顺帝汉安三年为144年。

兽耳洗(补)

建康二年□□□。

整理者案:据《西清古鉴》卷三十三补。三阙文号,《西清古鉴》如此。然细审是书所摩铭文拓片,似是"堂狼造作牢工"六字。又建康为东汉顺帝年号(建康二年为145年),此为东汉物。

和平二年堂狼造洗

和平二年,堂狼造。(阳文)(《文物》1992.9)

整理者案:和平为东汉桓帝年号(和平二年为151年),此为东汉物。

元嘉洗(补)

元嘉元年□。

整理者案:据《历代著录吉金目》页 508 上栏补。元嘉为东汉桓帝年号(元嘉元年为 151 年),此为东汉物。

鱼鸟纹洗(补)

永兴元年堂狼造。

整理者案:据《全集·秦汉》说明页 28 补,为东汉晚期物。又永兴为东汉桓帝年号(永兴元年为 153 年)。

永兴洗(补)

永兴元年堂狼造作工。

整理者案:据《从古堂款识学》卷五补。东汉桓帝永兴元年为 153 年。

永兴二年洗

永兴二年,堂狼造作。工。(阳文)(《汉金》卷五)

整理者案:本篇亦见《金文续编》。东汉桓帝永兴二年为 154 年。

延熹元年造作工洗

延熹元年造作。工。(阳文)(《考古》1983.1)

整理者案:此器又见《中国书法全集》第九册页 59 图 54。据《中国书法全集》第九册页 195 图版说明 54,此器 1981 年出土于山东苍山西町村。器底内部铸鹤鱼纹及五铢钱纹,铭文为篆书。又王卉《汉代铜器铭文汇总》未录此篇。延熹为东汉桓帝年号(延熹元年为 158 年),此为东汉物。

延熹二年洗

延熹二年,堂狼造。(阳文)(《安徽通志金石古物考稿》第十六册)

整理者案:东汉桓帝延熹二年为 159 年。

建宁堂狼洗(补)

建宁年堂狼造。(《四川文物》2009.1P87)

整理者案:建宁为东汉灵帝年号,此为东汉物。

双鱼洗(补)

建宁二年朱提□□。

整理者案:据《西清古鉴》卷三十三补。二阙文号,《西清古鉴》如此。然细审是书所摩铭文拓片,殆是"堂狼工"三字。又建宁为东汉灵帝年号(建宁二年为 169 年),此为东汉物。

建宁四年洗(补)

建宁四年,堂狼。(阳文)

整理者案:据《金文续编》补。又见《秦汉金文汇编》上编。东汉灵帝建宁四年为171年。

光和四年洗

光和四年,天□。(阳文)(《汉金》卷七)

整理者案:本篇亦见《金文续编》。《贞松堂集古遗文续编》卷下"天□"作"□□"。光和为东汉灵帝年号(光和四年为公元181年),此为东汉物。

光和七年洗

光和七年,岁在甲子造,十月卅日作。□是。宜用牢。(阳文)(《汉金》卷五)

整理者案:本篇亦见《金文续编》。此器出土地未详。据《金文续编》《秦汉金文汇编》上编所收图版及《中国书法全集》第九册页60图55,"□是"乃"畜是"。又东汉灵帝光和七年为公元184年。

汉中平二年洗字(补)

中平二年富世造。

整理者案:据《两汉金石记》卷四补。篇题,《积古斋钟鼎彝器款识》卷九、《金索》卷三、《历代著录吉金目》页512上栏俱作"中平洗"。《历代著录吉金目》录本篇无"造"字。《两汉金石记》曰:"'富世'二字,盖造器者之名。汉洗多以吉语为文,若此著其年与人名者,盖罕见云。"《金索》卷三曰:"中平二年,汉灵帝之十八年。富世,盖造器者姓名。"又东汉灵帝中平二年为185年。

中平三年洗

中平三年造。(阳文)(《汉金》卷五)

整理者案:本篇亦见《金文续编》。东汉灵帝中平三年为186年,此为东汉物。

中平兽洗(补)

中平三年八月造作。用富。

整理者案:本篇据《隶续》卷十四(页420)补。又东汉灵帝中平三年为186年。

初平元年洗(补)

初平元年。东郡太守。

整理者案:据《历代著录吉金目》页516上栏补。又初平为东汉献帝年号(初平元年为190年),此为东汉物。

初平五年洗

太岁在甲戌,初平五年,吴师作。宜子孙。(阳文)(《汉金》卷五)

整理者案:本篇亦见《金文续编》。篇题,《积古斋钟鼎彝器款识》卷九无"五年"二字,《金索》卷三作"初平双鱼洗"。《积古斋》曰:"东汉献帝以己巳年即位,庚午改元初平。初平止四年,甲戌改元兴平。此称初平五年者,远方于春秋初作器,不知改元,仍旧号。犹西汉五凤止四年,而元所藏五凤砖云'五凤五年'也。"据此,则铭文所谓"初平五年",实即东汉献帝兴平元年(为194年)。

建安二年洗

周氏,建安二年八月造作。(阳文)(《汉金》卷五)

整理者案:本篇亦见《金文续编》。王卉《汉代铜器铭文汇总》"周氏"在"造作"下。又建安为东汉献帝年号(建安二年为197年),此为东汉物。

建安四年洗

建安四年六月造作。牢。大吉羊(祥),富贵,谢张宜用。(阳文)(《汉金》卷五)

整理者案:本篇亦见《金文续编》。王卉《汉代铜器铭文汇总》自《小校》卷13P20录本篇,"六月"作"七月"。《贞松堂集古遗文补遗》卷下、《历代著录吉金目》页521上栏亦作"七月",则"六月"应改作"七月"二字。又"谢"字,《贞松堂集古遗文补遗》《历代著录吉金目》页521上栏俱作一阙文号。又东汉献帝建安四年为199年。

平阳侯洗(补)

汉安平阳侯永用。

整理者案:据《积古斋钟鼎彝器款识》卷九补。《积古斋》曰:"汉安,后汉顺帝之号。平阳侯,后汉有二,一为曹宏。据《汉书》列传及表,故平阳侯,本始于宏举兵佐军。建武二年复故,封旷,旷后无闻。《后汉书·后纪》:'永平三年封平阳公主,公主,明帝女,适大鸿胪冯顺。'又《冯勤传》:'建初八年,顺子奋袭主爵为平阳侯。奋无子,兄劲为侯。劲子卯嗣劲爵,延光中为侍中。子留嗣。'延光,安帝之号,则汉安之平阳侯,乃留也。"《金索》卷三曰:"此洗盖冯留器也。"据此,则此器为东汉安帝时物。

汉安平阳侯洗

汉安平阳侯。(内底,阳文)大吉羊。(外底,阳文)(《江汉考古》1994.2)

徐按:"侯"原报告误释为"虞"。整理者案:据上篇,汉安平阳侯为冯留,此器为东汉安帝时物。

双鱼四钱大洗(补)

大富贵昌宜长乐。

整理者案:据《考古图》卷九补。又见《历代著录吉金目》页515上栏。

双鱼洗(补)

宜子孙。吕蒙。

整理者案:据《考古图》卷九补。

双鱼洗(补)

长宜子孙。

整理者案:据《续考古图》卷三补。又见《十六长乐堂古器款识考》卷三,同。

双鱼洗(补)

大吉利。长宜子孙。

整理者案:据《西清古鉴》卷三十三补。《西清古鉴》曰:"三代物多铭为'注水永宝',曰'宜子孙'云者,实始于汉尚方制。"

双鱼洗(补)

吉。

整理者案:据《西清古鉴》卷三十三补。《西清古鉴》曰:"铭曰吉,亦'大吉利'类也,皆汉物。"

双鱼洗(补)

吕荣。

整理者案:据《历代著录吉金目》页500下栏补。

双鱼洗(补)

宜子孙。

整理者案:据《历代著录吉金目》页503上栏补。

弦纹洗(补)

宜□侯王。

整理者案:据《西清古鉴》卷三十三补。

堂狼造作洗(补)

堂狼造作。吉羊(祥)。(《四川文物》2009.1P87)

蜀郡杨是洗(补)

蜀郡成都杨是造,传子孙。

整理者案:据《历代著录吉金目》页519下栏补。"是"通"氏","杨是"即"杨氏"。

乐仲洗

乐仲。(《汉金》卷四)

整理者案:本篇亦见《金文续编》。

邓中孺洗

邓中孺,五斤五两。紫。(《汉金》卷五)

整理者案:本篇亦见《贞松堂集古遗文》卷十五、《金文续编》。《贞松堂集古遗文》篇题作"邓中孺迈"。

尹氏洗

尹氏。(《文物》1962.4—5 合刊;24 号)

谢著有洗

谢 著 有。(《考古》1981.4)

沃君孺洗

沃 君 孺,容二石,重廿七斤。(《文物》2005.6;M3)

徐按:"沃君"乃笔者据 M1 所出盆、壶铭文补。整理者案:王卉《汉代铜器铭文汇总》未录此篇。

孙氏洗

孙氏□。(《文物》1985.5)

重五斤四两洗

重五斤四两,容四斗。第二百廿八。(《文物》1985.5)

丰洗

丰。(阳文)(《汉金》卷五)

整理者案:本篇亦见《金文续编》。《从古堂款识学》卷九曰:"丰,通作豐。"

吉洗

吉。(阳文)(《汉金》卷五)

整理者案:本篇亦见《陶斋吉金录》卷六、《金文续编》。

大吉洗(一、二)

大吉。(阳文)(《汉金》卷五)

整理者案:《金文续编》收同题铭文一篇,文同。

大吉洗(三、四)

大吉。(阳文)(《汉金》卷七)

万寿洗(补)

万寿洒。

整理者案:据《金索》卷三补。

伏地小洗(补)

伏地。

整理者案:据《金索》卷三补。《积古斋钟鼎彝器款识》卷九、《历代著录吉金目》页499上栏篇题无"小"字。

长乐洗

长乐。(阳文)(《汉金》卷五)

整理者案:本篇亦见《金文续编》。

朱氏洗(补)

朱氏作。

整理者案:据《贞松堂集古遗文》卷十四补。《遗文》两收此洗,文全同。

吉羊洗(一至五)

吉羊。(阳文)(《汉金》卷五)

整理者案:《金文续编》收同题铭文一篇,文同。《两汉金石记》卷四曰:"按《说文》:'羊,祥也。'汉元嘉刀铭'宜侯王大吉羊',洪氏《隶释》云:'汉代器物多以羊为祥。'"

吉羊洗(六、七)

吉羊。(阳文)(《汉金》卷七)

大吉羊洗(一至四)

大吉羊。(阳文)(《汉金》卷五)

整理者案:《金文续编》收同题铭文一篇,文同。《金索》卷三录有此类洗四枚,铭文"羊"皆作"祥",然所收拓片皆作"羊"。《积古斋钟鼎彝器款识》卷九曰:"案羊字,祥之省。"

大吉羊洗(五)

大吉羊。(内底,阳文)德家釪。(洗口右,阳文)(《安徽通志金石古物考稿》第十六册)

大吉羊洗(补)

大吉羊。宜用。

整理者案:据《积古斋钟鼎彝器款识》卷九补。亦见《陶斋吉金录》卷六。《金索》卷三录本篇,铭文"羊"作"祥",未妥,其所附拓片亦作"羊"字可证。

大吉昌洗

大吉昌。(阳文)(《汉金》卷五)

整理者案:本篇亦见《金文续编》。

吉羊昌洗

吉羊昌。(阳文)(《汉金》卷五)

整理者案:本篇亦见《金文续编》。

宜十干甲洗(补)

宜十干甲。

整理者案:据《历代著录吉金目》页504下栏补。

宜侯王洗(一至十)

宜侯王。(阳文)(《汉金》卷五)

整理者案:《金文续编》收同题铭文一篇,文同。《筠清馆金石》卷五录同铭之器,但曰"汉洗"。《筠清馆金石》曰:"汉人铭器多用吉祥语,此云'宜侯王',犹之镜铭中'位至三公'、'君宜高官'等意,颂辞也。"

宜侯王洗(十一、十二)

宜侯王。(阳文)(《汉金》卷七)

宜侯王洗(十三)

宜侯王。(阳文)(《四川文物》1993.6;194号)

宜侯王洗(十四)

宜侯王。(阳文)(《考古》1986.4)

宜侯王洗(十五)

宜侯王。(阳文)(《文物》1990.3;3号)

宜侯王洗(十六、十七)

宜侯王。(《古文字研究》第十九辑)

整理者案:《古文字研究》第十九辑周世荣《湖南战国秦汉魏晋铜器铭文补记》题作"宜侯王柿蒂纹铜洗"。

宜侯王□□洗(补)

宜侯王□□。

整理者案:据《历代著录吉金目》页508上栏补。

汉洗(补)

宜侯王。宜王侯。

整理者案:据《筠清馆金石》卷五补。

重七斤洗(补)

……重七斤二两……。

整理者案:据《陶斋吉金录》卷六补。亦见《历代著录吉金目》页508上栏。

宜侯王利洗

宜侯王利。(阳文)(《双剑誃吉金图录》卷下)

吉羊富昌残洗

吉羊,富昌。(阳文)(《汉金》卷五)

整理者案:本篇亦见《金文续编》。

宜子孙洗(一、二)

宜子孙。(阳文)(《汉金》卷五)

整理者案:《从古堂款识学》卷五录有同题铭文一篇,注曰:"宜子孙,即'长宜子孙'之省,铭此者,当是士夫家所用。"《金文续编》亦录同题铭文一篇。

宜子孙洗(三、四)

宜子孙。(阳文)(《汉金》卷七)

宜子孙洗(五)

宜子孙。(阳文)(《文博》1986.2)

宜子孙洗(六)

宜子孙。(阳文)(《考古与文物》1992.2)

长宜子孙洗(一至九)

长宜子孙。(阳文)(《汉金》卷五)

整理者案:《山左金石志》卷二、《从古堂款识学》卷五、《金文续编》皆录同题铭文一篇。《从古堂款识学》注曰:"作器传子孙,取诸久也,故曰'永宝用'。'长宜子孙',亦此意。"《山左金石志》曰:"按《仪礼·士冠礼》:'设洗直于东荣。'郑康成注曰:"洗,承盥洗者,弃水器也。士用铁。"贾氏疏曰:'谓盥手洗爵之时,恐水秽地,以洗承盥洗水而弃之,故云弃水器。汉礼器制度,洗之所用,士用铁,大夫用铜,诸侯用白银,天子用黄金。'据此,则是洗为大夫所用之器。"

长宜子孙洗(十)

长宜子孙。(阳文)(《文物》1997.4;ZD:03)

长宜子孙洗(十一)

长宜子孙。(阳文)(《古文字研究》第十九辑)

整理者案:《古文字研究》第十九辑周世荣《湖南战国秦汉魏晋铜器铭文补记》题作"长宜子孙双鱼纹铜洗"。

君宜子孙洗(一至四)

君宜子孙。(阳文)(《汉金》卷五)

整理者案:《金索》卷三、《金文续编》皆录同题铭文一篇,文同。

君宜子孙洗(五)

君宜子孙。(阳文)(《考古》1974.2)

富贵昌洗(一、二)

富贵昌。(阳文)(《汉金》卷七)

整理者案:《金文续编》录同题铭文一篇,文同。《历代著录吉金目》页502下栏于此洗下注曰:"《小校》十二·五十一、又十三·九《汉器二》,一器有五铢钱文四名,作'五铢富贵昌洗'。"

汉双鱼洗字(补)

富贵昌□。

整理者案:据《两汉金石记》卷四补。《历代著录吉金目》页505下栏题作"富贵昌洗"。《两汉金石记》曰:"张艺堂《金石契》载此洗字,云:按《隶续》,'富贵昌'乃蜀昭烈帝铸器之铭。"

君宜子孙也洗

君宜子孙也。(阳文)(《汉金》卷五)

整理者案:本篇亦见《金文续编》。

保子宜孙洗

保子宜孙。(阳文)(《汉金》卷五)

汉泉洗(补)

□泉。

整理者案:据《西清古鉴》卷三十三补。

汉八卦洗(补)

乾、坤、巽、震、坎、离、艮、兑。

整理者案:据《西清古鉴》卷三十三补。

货泉洗(补)

货泉。货泉。

整理者案:据《历代著录吉金目》页505下栏补。

大□□羊洗

大□□羊。(阳文)(《汉金》卷五)

富贵昌宜洗

富贵昌宜。(阳文)(《汉金》卷五)

整理者案：本篇亦见《从古堂款识学》卷九、《金文续编》。《从古堂款识学》曰："铭中无'侯王'字，知为士大夫家所用器。"王卉《汉代铜器铭文汇总》未录上二篇。

富贵昌双鱼纹铜洗（补）

富贵昌宜□。

整理者案：据《古文字研究》第十九辑周世荣《湖南战国秦汉魏晋铜器铭文补记》补。

大吉宜侯王洗

大吉，宜侯王。（阳文）（《汉金》卷五）

整理者案：本篇亦见《金文续编》。王卉《汉代铜器铭文汇总》铭文脱"大"字。

富贵宜子孙洗

富贵，宜子孙。（阳文）（《汉金》卷七）

整理者案：本篇亦见《金文续编》。

宜公王子孙洗

宜公王子孙。（阳文）（《续编》）

侯王洗

侯王。（阳文）（《古文字研究》第十九辑）

富贵昌宜侯洗（一、二）

富贵昌，宜侯。（阳文）（《汉金》卷五）

整理者案：亦见《金文续编》。篇题，《积古斋钟鼎彝器款识》卷九作"宜侯洗"，《金索》卷三作"汉宜侯洗"。

富贵昌宜侯洗（三、四）

富贵昌，宜侯。（《古文字研究》第十九辑）

徐按：洗（二）容氏称《富贵昌宜人洗》。细审原拓可见所谓"人"乃"侯"字之上半。整理者案：《古文字研究》第十九辑周世荣《湖南战国秦汉魏晋铜器铭文补记》题作"富贵昌双鱼纹铜洗"。

富贵昌宜王洗（一、二）

富贵昌，宜王。（阳文）（《古文字研究》第十九辑）

整理者案：《古文字研究》第十九辑周世荣《湖南战国秦汉魏晋铜器铭文补记》文篇题作"富贵昌双鱼铜洗"。

富昌宜王双鱼纹铜洗（补）

富贵宜王□。

整理者案:据《古文字研究》第十九辑周世荣《湖南战国秦汉魏晋铜器铭文补记》补。

富昌其宜王洗(补)

富昌,其宜王。

整理者案:据《贞松堂集古遗文续编》卷下补。篇题,《两汉金石记》卷四作"汉双鱼洗字",《积古斋钟鼎彝器款识》卷九作"富昌洗",《金索》卷三作"汉宜王洗"。

大吉宜王洗

大吉,宜王□。(阳文)(《汉金》卷五)

整理者案:本篇亦见《陶斋吉金录》卷六、《金文续编》。铭文末阙文号,据《陶斋吉金录》所附拓片,似是"周"字。《金文续编》则作"吾"。

□王昌宜侯洗

□王昌,宜侯。(阳文)(《汉金》卷五)

整理者案:本篇亦见《金文续编》。《历代著录吉金目》页509上栏"□王昌"作"□□王昌"。

富贵昌宜侯王洗(一至十三)

富贵昌,宜侯王。(阳文)(《汉金》卷五)

整理者案:《积古斋钟鼎彝器款识》卷九、《从古堂款识学》卷四、《金文续编》皆收同题铭文一篇,文同。《金索》卷三收同铭文一篇,篇题无"富贵昌"三字。《从古堂款识学》原注:"铭辞夸大,盖侯国之器。"

富贵昌宜侯王洗(十四、十五)

富贵昌,宜侯王。(阳文)(《汉金》卷七)

富贵昌宜侯王洗(十六)

富贵昌,宜侯王。(阳文)(《文物》1995.7;152号)

富贵昌宜侯王洗(十七)

富贵昌,宜侯王。(阳文)(《考古》1992.8)

富贵昌宜侯王洗(十八)

富贵昌,宜侯王。(阳文)(《文物》1990.3;5号)

富贵昌宜侯王洗(十九)

富贵昌,宜侯王。(内底,阳文)大吉羊。(外底,阳文)(《江汉考古》1994.2)

富贵昌宜侯王洗(二十、二十一)

富贵昌,宜侯王。(阳文)(《古文字研究》第十九辑)

整理者案:《古文字研究》第十九辑周世荣《湖南战国秦汉魏晋铜器铭文补记》文题作"富贵昌双鱼纹铜洗"。

宜侯王洗(补)

富贵昌,宜侯王矣。

整理者案:据《历代著录吉金目》页514下栏补。

富贵昌宜侯王乐未央洗

富贵昌,宜侯王,乐未央。(阳文)(《古文字研究》第十九辑)

整理者案:《古文字研究》第十九辑周世荣《湖南战国秦汉魏晋铜器铭文补记》题作"富贵昌双鱼纹铜洗"。

富贵昌侯王洗(补)

富贵昌,侯王。

整理者案:据《历代著录吉金目》页508下栏补。

日昌宜侯王子孙洗(补)

日昌,宜侯王子孙。

整理者案:据《贞松堂集古遗文》卷十四补。

三公洗

君高迁,至三公。(阳文)(《汉金》卷五)

整理者案:亦见《陶斋吉金录》卷六。

大吉昌宜侯王洗

大吉昌,宜侯王。(阳文)(《汉金》卷五)

整理者案:本篇亦见《金文续编》。篇题,《积古斋钟鼎彝器款识》卷九、《从古堂款识学》卷九无"宜侯王"三字,《金索》卷三无"大吉昌"三字。《从古堂款识学》所录铭文"王"下尚有一字,其形似"不",以为"当是'兮'字"。《积古斋》曰:"汉洗多阳识。"

堂狼洗

堂狼造作。吉羊。(阳文)(《汉金》卷五)

整理者案:本篇亦见《金文续编》。

大吉昌金钱中洗(补)

大吉昌,金钱中。

整理者案:据《历代著录吉金目》页509下栏补。

宜侯王洗(补)

宜侯王,大吉羊。

整理者案:据《金索》卷三补。《历代著录吉金目》页510下栏本篇题作"宜侯王大吉羊洗"。

汉吉羊洗(补)

大吉羊,宜侯王。

整理者案:据《金石一跋》卷二补。《金石一跋》曰:"洗一具,藏吴门陆氏。予在京师从摹本见之,洗腹铸羊,耸立如驼。形制最敦朴,附以铭云'大吉羊宜侯王'。时多咏歌题识者,惟言《说文》'羊与祥通'。又谓元嘉刀铭亦可附徵耳。案《释名》:'羊车,羊,祥也。祥,善也。'《隶释》载《苑镇碑》'茂德翔羊',义亦作'祥'。《博古图·汉十二辰鉴》'辟除不羊',释亦作'祥'。其他经记所传,类是尚多。予所记姑以见古通义存著于金石者,特为可喜。"又曰:"按礼器制度,洗之所用,士用铁,大夫用铜,诸侯用白银,天子用黄金。然则是洗亦汉大夫器也。"

富贵昌宜侯王大吉洗

富贵昌,宜侯王,大吉。(阳文)(《汉金》卷五)

整理者案:本篇亦见《金文续编》。

富贵昌宜侯王□吉洗

富贵昌,宜侯王,□吉。(阳文)(《汉金》卷五)

整理者案:本篇亦见《金文续编》。王卉《汉代铜器铭文汇总》未录此篇。又案:据辞例,"□"殆为"大"字。

富昌宜侯王洗

富昌,宜侯王子孙。(阳文)(《汉金》卷五)

整理者案:本篇亦见《金文续编》。

富贵昌宜侯王洗(补)

五铢。富贵昌,宜侯王。五铢。

整理者案:据《金索》卷三补。《金索》曰:"考《法书要录》引《鼎录》云:蜀章武二年作二著鼎,一赐鲁王,铭曰'富贵昌宜侯王',一赐梁王,铭曰'大吉羊宜公王'。《隶续》云:汉器物多有此文,蜀鼎铭盖采用前代之语是也。"

富贵昌宜侯王传子洗

富贵昌,宜侯王,传子。(阳文)(《汉金》卷五)

整理者案:本篇亦见《金文续编》。

阳遂洗

大吉,宜用,富贵,阳遂。(阳文)(《汉金》卷五)

蜀大吉利洗

蜀。大吉利,长留子孙。(阳文)(《汉金》卷五)

整理者案:本篇亦见《金文续编》。

千岁大富乐洗

故治坚,千岁,大富乐。(阳文)(《汉金》卷五)

整理者案:本篇亦见《金文续编》。

君宜康洗

富贵昌,宜侯王,乐未央,君宜康。(阳文)(《汉金》卷五)

整理者案:《从古堂款识学》卷九曰:"铭此者,盖侯国之器。"

传子孙洗

传子孙。(阳文)(《汉金》卷五)

整理者案:本篇亦见《金文续编》。

富贵长宜子孙洗

富贵,长宜子孙。(阳文)(《江汉考古》1994.2)

吉雁洗

吉雁。(阳文)(《文物》1983.10;六)

富贵金造作吉洗

富贵金,造作吉。(阳文)(《文物》1990.3;11号)

日入百千万洗

日入百千万。(阳文)(《考古与文物》1986.3)

整理者案:此器又见《中国书法全集》第九册页59图53。据《中国书法全集》第九册页195图版说明53,此器作于东汉早期,1982年出土于陕西勉县。铭文为隶书,在器物底部,铭文两侧各有一鱼形。《中国书法全集》曰:"据《云南青铜器论丛》考证,这类铜洗的产地在今云南昭通鲁甸、汉县一带,即铭文中常见的'朱提'、'堂狼'。此洗的造型与勉县红庙出土东汉'元兴元年铜洗'相同。时代应在东汉早期偏晚。"

一洗

一。(阳文)(《考古》1974.2)

唐氏洗

唐氏。(阳文)(《汉金》卷五)

整理者案:本篇亦见《金文续编》。

徐泳洗(补)

徐泳。

整理者案:据《历代著录吉金目》页 500 上栏补。

刘是洗

刘是。(阳文)(《汉金》卷五)

整理者案:本篇亦见《金文续编》。"是"假借为"氏"。

黄氏洗

黄氏。(阳文)(《续编》)

刘氏洗

富富昌,宜侯王,大好王。(阳文)刘氏。(阴刻)(《考古》1983.7)

整理者案:本篇亦见《古文字研究》第十九辑周世荣《湖南战国秦汉魏晋铜器铭文补记》,题作"富贵昌双鱼纹铜洗",铭文"大好"下无"王"字。此器亦见《中国书法全集》第九册页 60 图 56,题"大好王洗",铭文"刘氏"亦为阳文。此洗因铭文两侧有两鱼形纹饰,故亦通称"双鱼洗"。据《中国书法全集》第九册页 195 图版说明 56,此器作于东汉晚期,1975 年出土于湖南桃源大池塘。

胡氏洗

胡氏作。(阳文)(《汉金》卷五)

整理者案:本篇亦见《金文续编》。

范是洗

范是作。(阳文)(《汉金》卷五)

整理者案:本篇亦见《金文续编》。"是"通"氏"。《历代著录吉金目》页 502 上栏录本篇"是"正作"氏"可证。

奚氏洗(补)

奚氏作。

整理者案:据《历代著录吉金目》页 502 上栏补。

马氏洗(补)

马氏造。

整理者案:据《历代著录吉金目》页 502 上栏补。

杨氏洗

杨氏。(阳文)(《汉金》卷五)

□氏作洗

□氏作。(阳文)(《汉金》卷五)

□氏造洗

□氏造。(阳文)(《汉金》卷五)

整理者案:王卉《汉代铜器铭文汇总》未录上二篇。

陈富贵昌洗

陈。富贵昌。(阳文)(《汉金》卷五)

整理者案:本篇亦见《金文续编》。

吉羊富昌洗(补)

吉羊。富昌。(阳文)

整理者案:据《贞松堂集古遗文》卷十四补。

左氏洗

吉羊。左氏作。(阳文)(《汉金》卷五)

整理者案:本篇亦见《金文续编》。

董洗

董。(阳文)(《汉金》卷五)

整理者案:本篇亦见《金文续编》。

董是洗(一)

董是器。(阳文)(《汉金》卷五)

整理者案:本篇亦见《金文续编》。"是"假借为"氏"。下篇"董是"之"是"字同。

董是洗(二)

董是器。(内底,阳文)大吉羊。(外底,阳文)(《江汉考古》1994.4)

徐按:"是"原报告误释为"昌"。

董氏洗

董氏作。(阳文)(《汉金》卷五)

整理者案:本篇亦见《金文续编》。

董氏造洗(一)

董氏造。(阳文)(《汉金》卷五)

整理者案:《金文续编》录同题铭文一篇,文同。《从古堂款识学》卷九曰:"按《隶续》载董氏洗二,其一款曰董氏器,中图一鼎,鼎上有禽,与此洗及董泉洗制作并同。董氏,当即董泉氏。"

董氏造洗(二)

文同。(阳文)(《汉金》卷七)

董氏造作洗

董氏造作。(阳文)(《汉金》卷五)

整理者案:本篇亦见《金文续编》。

董是造作洗

董是造作。(阳文)(《汉金》卷五)

整理者案:本篇亦见《金文续编》。"是"假借为"氏"。

董氏富贵洗

董氏富贵□□。(阳文)(《汉金》卷五)

整理者案:本篇亦见《金文续编》。据《秦汉金文汇编》上编所收图版看,"□□"似是"昌吉"二字,其中"昌"字可定,而"吉"字以仅残存作"十",则未可定。又案:王卉《汉代铜器铭文汇总》未录此篇。

董昌洗(补)

董昌器。

整理者案:据《积古斋钟鼎彝器款识》卷九补。《积古斋》曰:"铭旁有羊形,盖取吉羊之义。"《金索》卷三录此器,篇题、铭文之"昌"字俱作"宭"。《金索》曰:"汉阳叶东卿所藏洗,'董'作'董','崇'作'宭',犹见古法。《汉书》'崇山'俱作'宭山'可证。《积古款识》释作'昌',误。且其文亦不似'昌'字。"

董泉洗(补)

董泉造。

整理者案:据《从古堂款识学》卷九补。

董泉洗(补)

董泉造作。

整理者案:据《从古堂款识学》卷九补。

蜀郡董是洗

蜀郡董是作。羊吉,吉羊。(阳文)(《汉金》卷五)

整理者案:本篇亦见《金文续编》。王卉《汉代铜器铭文汇总》少一"吉羊"。又"是"假借为"氏"。

蜀郡董氏洗

蜀郡董氏造。宜侯。(阳文)(《文物》1983.10;三)

严氏作洗(一至三)

严氏作。(阳文)(《汉金》卷五)

整理者案:《金文续编》录同题铭文一篇,文同。《从古堂款识学》卷五曰:"严氏,当时善作器者。尝见一镜一壶,并有此字。"

严氏作洗(四、五)

严氏作。(阳文)(《汉金》卷七)

严氏作洗(六)

严氏作。(《考古与文物》1984.6)

严氏作洗(七)

严氏作。(《古文字研究》第十九辑)

整理者案:《古文字研究》第十九辑周世荣《湖南战国秦汉魏晋铜器铭文补记》题作"严氏作羊纹铜洗"。

蜀郡严是洗

蜀郡严是造。传子孙。(阳文)(《汉金》卷七)

整理者案:"是"假借为"氏"。下"严是"之"是"字同。

严氏造洗

严氏造。(阳文)(《汉金》卷五)

整理者案:本篇亦见《西清古鉴》卷三十三、《金文续编》。《西清古鉴》篇题无"造"字。

严氏造吉洗

严氏造。吉。(阳文)(《汉金》卷五)

整理者案:本篇亦见《金文续编》。

严氏作洗

严是作。(阳文)(《汉金》卷五)

整理者案:据铭文,则篇题中"严氏"应为"严是"。《金文续编》篇题"严氏"正作"严是"。

严是洗

严是造。吉羊。(阳文)(《汉金》卷五)

整理者案:本篇亦见《金文续编》。

严是洗(补)

严是日□,□昌宜侯。

整理者案:据《贞松堂集古遗文》卷十四补。

严是洗(补)

严是作。

整理者案:据《历代著录吉金目》页504上栏补。

严氏洗(补)

严氏作。

整理者案:据《历代著录吉金目》页503下栏补。

严氏洗(补)

严氏造。

整理者案:据《历代著录吉金目》页504上栏补。

蜀郡严氏洗(一、二)

蜀郡严氏造作。(阳文)(《汉金》卷五)

整理者案:《金文续编》录同题铭文一篇,文同。

严氏造作洗

严氏造作。吉羊,传子孙,宜主。(阳文)(《汉金》卷五)

整理者案:本篇亦见《金文续编》。王卉《汉代铜器铭文汇总》自《小校》卷13P11录文,"传子孙宜主"五字在"严氏造作"之上。

蜀郡严氏洗(补)

蜀郡严氏造□。

整理者案:据《历代著录吉金目》页511下栏补。

汉洗(补)

宜侯王。宜王侯。

整理者案:据《历代著录吉金目》页512上栏补。

严氏宜侯王洗

严是。□□子孙,吉羊昌,宜侯王。(阳文)(《汉金》卷五)

整理者案:本篇亦见《金文续编》。王卉《汉代铜器铭文汇总》未录此篇。又"是"假借为"氏"。

蜀郡严氏富昌洗

蜀郡严氏。富昌,吉利,传子孙,宜主,万年,吉羊。(阳文)(《汉金》卷五)

整理者案:本篇亦见《贞松堂集古遗文补遗》卷下、《金文续编》《秦汉金文汇编》上编。《贞松堂集古遗文补遗》《秦汉金文汇编》所收图版俱无末"吉羊"二字。

禺氏洗

禺氏。富贵昌,宜侯王,乐未央,王。(阳文)(《汉金》卷五)

整理者案:本篇亦见《金文续编》。王卉《汉代铜器铭文汇总》自《小校》卷

13P14 录文,"禺氏"二字在"王"字下。《两汉金石记》卷四曰:"(此器)合十二字,字在篆隶之间。其两旁左羊右鹤。鹤取其寿,则羊亦取其祥也。汉洗著氏者,亦所罕见。"

王□作洗

王□作。(阳文)(《文物》1990.8)

整理者案:王卉《汉代铜器铭文汇总》未录本篇。

十大吉宜镬洗(补)

十大吉宜镬。

整理者案:据《历代著录吉金目》页506下栏补。

蜀郡洗

蜀郡。(阳文)(《考古》1989.8)

酉丞洗

酉丞。(阳文)(《考古》1963.12)

□□作洗

□□作。(阳文)(《文物》1983.10;二)

整理者案:王卉《汉代铜器铭文汇总》未录本篇。

武氏造洗

武氏造作。吉。(阳文)(《文物》1983.10;四)

徐按:原报告释"作"为"张",在"造"后断句,并误。

蜀郡成都何师作洗

蜀郡成都何师作。富。(阳文)(《古文字研究》第十九辑)

整理者案:《古文字研究》第十九辑周世荣《湖南战国秦汉魏晋铜器铭文补记》题作"蜀郡双鱼纹铜洗"。

蜀郡成都作洗

蜀郡成都作。(《文物》1991.8)

大泉五十羊纹铜洗(补)

大泉五十。

整理者案:据《古文字研究》第十九辑周世荣《湖南战国秦汉魏晋铜器铭文补记》补。

御府洗(补)

御府。(《考古》2013.10,P27;M1:3846)

整理者案:篇题据铭文拟。

食官洗一(补)
食官。容五升。重十五两十五朱。(口沿背面)廿。(上腹部)(《考古》2013.10,P43;M1:3847)

整理者案:篇题据铭文拟。"朱"假借为"铢",下篇"朱"字同。

食官洗二(补)
常食。容一斗。重一斤五两十二朱。(口沿背面)(《考古》2013.10,P43;M1:3848)

整理者案:篇题据铭文拟。

食官洗三(补)
常食。(上腹部)(《考古》2013.10,P43;M1:5643)

整理者案:篇题据铭文拟。

鼎纹洗(补)
□永作。

整理者案:据《全集·秦汉》说明页28补。

蜀郡作造洗(补)
蜀郡作造羊。(《文物鉴定与鉴赏》2014.11P68)

整理者案:据铭文所出文献,此器为东汉末期至三国时期物。

宜子孙洗(补)
宜子孙。吕荣。

整理者案:据《历代钟鼎彝器款识》卷十九补。

双鱼四钱大洗(补)
富贵昌宜。丑乐。

整理者案:据《历代钟鼎彝器款识》卷十九补。

张端君洗(补)
张端君铜洗一。(《考古》1966.4P183)

盘

江都宦者沐盘(补)
江都宦者沐鉴,容一石八斗,重廿八斤。十七年受邸。(《考古》2013.10,

P42—43；M1∶1766）

整理者案：篇题据铭文拟。据铭文所出文献，此为西汉物。

南工官盘（补）

廿四年三月，南工官监臣延年、工臣县诸造。（盘外底）（《考古》2013.10，P56；M1∶4723）

整理者案：篇题据铭文拟。据铭文所出文献，此为西汉物。

常食盘（补）

常食。（《考古》2013.10，P56；M1∶4728）

整理者案：篇题据铭文拟。据铭文所出文献，此为西汉物。

新承水盘

律石衡兰承水盘，容六升。始建国元年正月癸酉朔日制。（《汉金》卷四）

整理者案：本篇亦见《金文续编》《秦汉金文汇编》上编。《古文字研究》第十九辑《湖南战国秦汉魏晋铜器铭文补记》录本篇题作"始建国六年铜般"，铭文"元年"作"六年"。王卉《汉代铜器铭文汇总》本篇自《小校》卷13P57录文，"六升"作"四升"。新莽始建国元年为8年。

永元五年铜盘（补）

永元五年堂狼。（《四川文物》2009.1P87）

整理者案：篇题据铭文拟。永元为东汉和帝年号（永元五年为93年），此为东汉物。

陈彤盘（补）

阳嘉二年十一月廿五日癸亥，陈彤作此盘。多留子孙，永千是。（《小校》卷13P57）

整理者案：据王卉《汉代铜器铭文汇总》补。阳嘉为东汉顺帝年号（阳嘉二年为133年），此为东汉物。

尹续有盘

本初二年正月廿九日己卯作。尹续有。（《汉金》卷四）

整理者案：本篇亦见《金文续编》。本初为东汉桓帝年号（本初二年为147年），此为东汉物。

二斗盘

二斗，重六斤八两。（《汉金》卷四）

整理者案：本篇亦见《金文续编》。王卉《汉代铜器铭文汇总》自《小校》卷

13P57 录文,"重"字在"二斗"上。

张端君沐盘

张端君沐盘一。(《考古》1966.4)

上郡小府盘

上郡小府。(《文物》1963.11)

赵姬沐盘

赵姬沐盘。(《文物》1984.11;M2:38)

整理者案:本篇又见《全集·秦汉》说明页29,为西汉中晚期物。

王后家盘

王后家盘。(《文物》1984.11;M2:64)

吉羊宜主盘

吉羊宜主。(《考古与文物》1991.1)

徐按:原报告将"主"释为"一王",误。

大富盘(补)

大富。

整理者案:据《历代著录吉金目》页455上栏补。

裂瓣纹盘一(补)

田□左工名日半十一。五斤十四两十三朱。五斤十五两一斗九升。(外底中心)北私今五斤十四两三朱。(外底边缘)(《考古》2013.10,P42;M1:3980)

整理者案:篇题据原报告相关文字拟。

裂瓣纹盘二(补)

北私今六斤十两。北私今五斤十四两十二朱。(外底边缘)五斤五两□朱。名田□。(口沿)(《考古》2013.10,P42;M1:3981)

整理者案:篇题据原报告相关文字拟。

汉槃(补)

一月仓啬史守。

整理者案:据《钟鼎款识》补。《钟鼎款识》曰:"元谓此拓本不致,宋人亦旧无释文。今隐然可辨者仅'一月仓啬史守'六字。"

汉铜盘文(补)

蓟。容。重三斤十四两。

整理者案:据《辽阳金石录》页105补。原说明:"铜盘,出土于太子河区石嘴山,铭文刻在铜盘柄部,楷体。辽阳市博物馆藏。"

银盘一(补)

卅三年左工[疾]名吉七重六斤十二两廿一朱　奇千三百廿二釿六斤十三两二斗名东(口沿底面)容二斗　二斗重六斤十三两　御羞　工　工(外底部)

整理者案:据黄展岳释文补(见《中国考古学研究——夏鼐先生考古五十周年纪念论文集》P222)。

银盘二(补)

左工一斤六两(腹)容五升　大官　右般　南木　大官　木(外底部)

整理者案:据黄展岳释文补(见《中国考古学研究——夏鼐先生考古五十周年纪念论文集》P222)。

银盘三(补)

左工一斤一两(腹)　南木般　容五升(外底部)

整理者案:据黄展岳释文补(见《中国考古学研究——夏鼐先生考古五十周年纪念论文集》P222)。

银盒(补)

南木。(盖面)

整理者案:据黄展岳释文补(见《中国考古学研究——夏鼐先生考古五十周年纪念论文集》P222)。

银釦一(补)

南上。

整理者案:据黄展岳释文补(见《中国考古学研究——夏鼐先生考古五十周年纪念论文集》P222)。

银釦二(补)

粲人。

整理者案:据黄展岳释文补(见《中国考古学研究——夏鼐先生考古五十周年纪念论文集》P222)。

匜

窦氏银匜（补）
西共窦氏银匜，容一斗十升，重五斤十四两，三年二月造。第五。（《两汉经济史料论丛》P138）

整理者案：篇题据铭文拟。铭文但云"三年"，则此器或为西汉武帝建元前物。

注水匜（补）
律斤衡兰注水匜，容一斗，始建国元年正月癸酉朔日制。

整理者案：据《历代钟鼎彝器款识》卷十九补。又见《啸堂集古录》卷下。《西清古鉴》卷三十二录有此器，但无铭文。篇题，《金索》卷三作"始建国注水匜"，《八琼室金石补正》卷二作"始建国注水匜款"。铭文"一斗"，《宣和博古图》卷二十一、《续考古图》卷四、《金索》《八琼室金石补正》俱作"一升"。铭文"始建国"，《续考古图》无"始"字。《金索》曰："汉新室，当孺子婴初始元年戊辰，十二月改为始建国。此言元年正月，当是明年己巳岁制此器也。"《八琼室金石补正》曰："考《汉书·王莽传》云：'以十二月朔癸酉为始建国元年正月之朔'，莽以十二月为岁首，则此铭正月朔即初始元年之十二月朔也。"又曰："'律石衡'当是官名，'兰'当是人名。'石'与'斤'皆权也。"

陈仓成山匜
□成（中泐数字）斗，重五斤七两。名曰□。第十二。陈仓成山共金匜一，容一斗八升。重五斤七两。（《汉金》卷四）

整理者案：本篇亦见《金文续编》。《贞松堂集古遗文》卷十五、《历代著录吉金目》页490下栏"□成"至"名曰□"作"共成□□□□□一斗八升重五斤七两名曰廿"。又《历代著录吉金目》本篇题作"陈仓成山共金匜"。

食官匜
六斤二两。食官。（《考古学报》1985.2；1：68—1）

六斤十两匜
六斤十两。（《考古学报》1985.2；1：68—2）

蕃匜
蕃，容二斗。（《西汉南越王墓》P302；F56）

常山匜

常山,二斗,二斤十五两。(《考古》1994.4)

酒匜(补)

酒。(《考古》2013.10,P58;M1:5047)

整理者案:篇题据铭文拟。

代匜(补)

代匜,容二斗,重三斤。(外腹部下方)今信成侯。(上腹部)容。(另一侧外腹部)(《文物》2010.8P90)

整理者案:篇题据铭文拟。

缶

乘舆缶

内者未央尚方乘舆金缶一,容一石,重一钧九斤。元年十一月二日输。第初二百六十七。(《汉金》卷四)

整理者案:本篇亦见《金文续编》。《贞松堂集古遗文》卷十五、《历代著录吉金目》页254 上栏"尚方"作"尚□□","二日输"作"□□□输"。又《历代著录吉金目》题作"内者缶"。铭文但云"元年",则此器应为西汉武帝建元前物。

江都宦者缶(补)

江都宦者。容石一斗,重……(肩部)(《考古》2013.10,P27;M1:3715)

整理者案:篇题据铭文拟。据铭文所出文献,此为西汉物。

江都缶(补)

江都……十斤。(肩部)(《考古》2013.10,P27;M1:3716)

整理者案:篇题据铭文拟。据铭文所出文献,此为西汉物。

长相思缶

长相思,毋相忘,常富贵,乐未央。(《考古学报》1983.3;1:9)

杨氏缶(补)

杨氏,容二升,重十四斤。

整理者案:据陈直《两汉经济史料论丛》P130 补。

鉴

上林豫章观铜鉴

上林豫章观铜鉴,容五石,重九十九斤。初元三年受东郡。(双耳中间)第四百九十五。(《考古》1963.2;9号)

整理者案:王卉《汉代铜器铭文汇总》无"双耳中间"字样。又案:此器《全集·秦汉》说明页27定为西汉晚期物。初元为西汉元帝年号(初元三年为前46年),此为西汉物。

重九十斤鉴

……五石,重九十斤。初元三年受东郡。第六百六十。武政。(《考古》1963.2;10号)

整理者案:《秦汉金文汇编》上编"武政"作"武畋",且在"第六百六十"上。王卉《汉代铜器铭文汇总》无"……石"。又西汉元帝初元三年为前46年。

上林铜鉴(一)

上林铜鉴,容六石,重百卅三斤。鸿嘉二年六月,工杨放造。三百枚。第百卅一。(《考古》1963.2;5号)

整理者案:此器又见《中国书法全集》第九册页45图29。据《中国书法全集》第九册页188图版说明29,此器1961年出土于西安三桥镇高窑村。《中国书法全集》曰:"与阳朔四年铜鉴的款式、书体均相似。篆书意味较强,与同时出土的昆阳铜鼎的风格迥然不同。"鸿嘉为西汉成帝年号(鸿嘉二年为前19年),此为西汉物。

上林铜鉴(二)

上林铜鉴,容六石,重百卅二斤。鸿嘉二年六月,工周霸造。三百枚。第百五十八。(《考古》1963.2;6号)

整理者案:西汉成帝鸿嘉二年为前19年,器物年代为西汉。

上林铜鉴(三)

上林铜鉴,容五石,重百卅二斤。鸿嘉三年四月,工黄通造。八十四枚。第卅二。(《考古》1963.2;1号)

整理者案:本篇又见《全集·秦汉》说明页27。西汉成帝鸿嘉三年为前18年,此器为西汉晚期物。

上林铜鉴(四)

上林铜鉴,容五石,重百五斤。鸿嘉三年四月,工周博造。八十四枚。第十四。(《考古》1963.2;2号)

整理者案:西汉成帝鸿嘉三年为前18年,器物年代为西汉。

上林铜鉴(五)

上林铜鉴,容五石,重百卅斤。阳朔元年九月。工杨政造。十枚。第十。(《考古》1963.2;7号)

整理者案:铭文"第十",《秦汉金文汇编》上编、《中国书法全集》第九册页45图27皆作"第七"。据《中国书法全集》第九册页187图版说明27,此器1961年出土于西安三桥镇高窑村上林苑遗址。《中国书法全集》曰:"'上林'即上林苑的省称,是西汉规模最大的皇家宫苑。《汉书·地理志》有:'鄷水出东南,又有滴水,皆北过上林苑入渭'。铭文为二次刻成,通鉴的重量及编号是第二次锲刻的,较第一次的刻文粗重有力。"阳朔为西汉成帝年号,阳朔元年为前24年。

上林铜鉴(六)

上林铜鉴,容五石,重百卅四斤。阳朔四年五月,工李骏造。二百卅枚。第廿四。(《考古》1963.2;3号)

整理者案:西汉成帝阳朔四年为前21年,器物年代为西汉。

上林铜鉴(七)

上林铜鉴,容五石,重百廿五斤。阳朔四年五月,工周博造。二百卅枚。第八十二。(《考古》1963.2;4号)

整理者案:此器又见《中国书法全集》第九册页45图28,"重"下有"五"字。据《中国书法全集》第九册页187—188图版说明28,此器1961年出土于西安三桥镇高窑村上林苑遗址。《中国书法全集》曰:"此批器物的出土地点,很可能是上林苑中较重要的宫殿区。发现的二十二件铜器中,十六件有'上林'的刻款。"又西汉成帝阳朔四年为前21年。

上林铜鉴(八)

上林铜鉴,容五石,重百廿一斤。阳朔四年五月,工左谭造。二百卅枚。第百六。(《考古》1963.2;8号)

徐按:以上八鉴均制作于成帝阳朔、鸿嘉年间,为了照顾原报告的编号,我们没有严格按原纪年另编号。整理者案:西汉成帝阳朔四年为前21年。

延平元年堂狼造作鉴

延平元年,堂狼造作。(内底,阳文)刘。(沿面上线,阴刻)(《文物》1997.4;ZD;01)

整理者案:王卉《汉代铜器铭文汇总》无"内底,阳文"及"沿面上线,阴刻"字样。又延平为东汉殇帝年号(延平元年为106年),此器为东汉物。

周君鉴

中平五年,蜀郡工官造作。周君。宜吉祥,宜王。(《成都日报》1978.10.19)

整理者案:中平为东汉灵帝年号(中平五年为188年),此器为东汉物。

中平五年铜鉴(补)

中平五年,蜀郡工官造作,周君宜吉祥王。(《文物鉴定与鉴赏》2014.11P69)

整理者案:东汉灵帝中平五年为188年,此器为东汉物。

一鉴

一。(阳文)(《考古》1974.2)

瓿

郾公瓿

郾公。(盖唇)郾公,容四斗。(肩部)(《广州汉墓》P129;1170:16)

整理者案:王卉《汉代铜器铭文汇总》未收本篇。

铜瓿(补)

缶容十斗,重卅七斤。(腹部)(《中原文物》2008.1P56,M1:445)

整理者案:器物出高庄汉墓,墓主人为汉景帝之子常山宪王刘舜。故器物时代为西汉时期。

盂

宋盂(补)

宋。

整理者案:据《西清古鉴》卷三十三补。《西清古鉴》曰:"宋或识其姓,如'严氏洗'。"

钱盂(补)

钱。

整理者案:据《历代著录吉金目》页491下栏补。《西清古鉴》卷三十三录有此器,阙释铭文,但曰:"按泉文偏旁似'铢'字,盖'五铢'也。"

宜侯王盂(补)

宜侯王。

整理者案:据《历代著录吉金目》页491下栏补。

琴书侣水盂(补)

琴书侣。

整理者案:据《历代著录吉金目》页491下栏补。

严是盂(补)

严氏作。

整理者案:据《历代著录吉金目》页491下栏补。

桶

布桶

布。(腹上部)十三斤。(中部)(《文物》1978.9;M1:4)

徐按:《广西出土文物》命名为"筲"(见该书图版七十二)。整理者案:王卉《汉代铜器铭文汇总》无"腹上部"、"中部"字样。

乐器铭文

钟

鸿嘉三年钟（补）

鸿嘉三年，长信宫造。

整理者案：据陈直《两汉经济史料论丛》P130补。鸿嘉为西汉成帝年号（鸿嘉三年为前18年），此为西汉物。

绥和摇钟（补）

四时嘉至摇钟未中角。铜钟，绥和二年考工宗造。守佐常、啬夫钦、掾豊主、左丞恽、令谭省。

整理者案：据《金索》卷一补。《历代著录吉金目》页25下栏录本篇，题作"角钟"，原注："《金索·金一》九十二《汉器名》作'绥和摇钟'。"铭文"豊"，《历代著录吉金目》作"豐"；"省"，《历代著录吉金目》误作"直"。又邃古斋藏本《金索》未录本篇。又绥和为西汉成帝年号（绥和二年为前7年），此为西汉物。

建平钟

建平二年，供工=恽造，啬夫合、守令史循、掾式主、左丞辅、守令丰省。

九乙。（此二字在钟内，阳文）（《汉金》卷三。拓本在卷七）

整理者案：本篇亦见《金文续编》。"辅"下"守"字，《金文续编》作"市"。"丰"，《贞松堂集古遗文》卷十五、《秦汉金文汇编》上编作"豊"。"省"字下，《贞松堂集古遗文》尚有"□至福钟田堵中羽"八字。又《贞松堂集古遗文》"=恽"、"弋"俱作阙文号。"九乙"，《金文续编》《秦汉金文汇编》上编作"九己"（其所收图版亦如此)。又建平为西汉哀帝年号(建平二年为前5年),此为西汉物。

嘉至摇钟

建平二年,供工=恽造,啬夫合、守令史循、掾式主,左丞辅、守令丰省。

嘉至摇钟,甲堵,中羽。(《汉金》卷三)

徐按:以上二器铭中"守令丰省"之"守"字,容氏均误释为"市",且与"辅"连读。整理者案:本篇亦见《金文续编》。西汉哀帝建平二年为前5年,此器年代为西汉。

居摄钟

居摄元年,考工□□缮,守啬夫□、守令史获、掾襃,主守左丞□、令□省。(《汉金》卷三)

整理者案:本篇又见《金文续编》、陈直《两汉经济史料论丛》P129。陈直录文"获"作"護(护)"。居摄为西汉孺子婴之年号(居摄元年为6年),故此器为西汉物。

居摄六年钟(补)

居摄六年,考工□□缮,□啬夫歆、守令史获、掾襄主,守左丞□、令音省。(《贞松堂集古遗文》卷十五)

整理者案:居摄六年为11年,此器年代为西汉。

孔文父钟(补)

建安三年,孔文父作。

整理者案:据《积古斋钟鼎彝器款识》卷九补。《积古斋》曰:"江郑堂云:'建安三年,后汉献帝即位之十年。孔文父,无可考。'是器形制与考工冕氏大略相同,当时之小钟也。钟有篆有枚,枚三十六。律数始于六,终于六六三十六,天地自然之数也。黄钟旋宫得备此数。"又东汉献帝建安三年为198年。

角钟(补)

孝武西园安世摇钟己中角。

整理者案:据《西清古鉴》卷三十六补。《金索》卷一本篇题作"汉安世摇钟"。《金索》原注:"按《汉书》,房中祠乐,高祖唐山夫人所作。孝惠二年,使乐府令夏侯宽脩其箫管,更名曰安世乐。此铭曰'安世',是已前称。'孝武西园',则茂陵也。'己'者,编列次第之号。'中角'者,意是钟之律于五音盖中角。前云'摇钟',意与抟击者异,然不可考。"又遽古斋藏本《金索》未录本篇。

黄十钟

黄十。(《汉金》卷三)

整理者案:本篇又见《金文续编》。

角钟(补)

角。

整理者案:据《历代著录吉金目》页 14 下栏补。

钲

平周钲(补)

平周金铜钲,重六斤八两。平定五年授圜阴。

整理者案:据《历代钟鼎彝器款识》卷十九补。薛尚功曰:"按《古器物铭》云:右铜钲云'平周金铜钲,重六斤八两',皆文云'平定五年授圜阴',士大夫颇疑。前代纪年无有'平定'者。余尝考之,盖非年号也。按《汉书·地里志》,平周、平定、圜阴,三县名,皆属西河郡。圜阴,汉惠帝五年置。盖此钲先藏平周,后归圜阴,复以授平定,故再刻铭耳。所谓'五年'者,当是景帝以前,未有年号也。"据此,则此器为西汉景帝以前物。

新候骑钲

候骑钲,重九斤五两。新始建国地皇上戊二年,右工=晦造,啬夫放、掾□、守左丞况、令嘉、掌共工大夫弘省。(《汉金》卷三)

整理者案:本篇亦见《金文续编》。王卉《汉代铜器铭文汇总》无"重九斤五两"五字。又新莽始建国地皇上戊二年为 21 年。

新莽候钲(补)

候钲,重五十来斤。新始建国地皇上戊二年,右工=晦造,啬夫放、守史、凡掾、大守左丞守令嘉、掌共工大夫□□省。

整理者案:据《隶续》卷二(页 301)补。又新莽地皇上戊二年为 21 年。

新莽候骑钲(补)

候骑钲,重六斤五两。新始建国地皇六年一月造。

整理者案:据《贞松堂集古遗文》卷十五补。本篇又见陈直《两汉经济史料论丛》P129,陈直案云:"王莽地皇无六年,疑'元'字误别。"陈说未必是,殆造器者沿用新莽年号所致耳。铭文所谓"始建国地皇六年"为 26 年,乃东汉光武帝建武二年。

铎

官铎
官铎,重二斤。第廿九。渔。(《汉金》卷三)

整理者案:本篇亦见《金文续编》。王卉《汉代铜器铭文汇总》自《小校》卷13P42录文,"二斤"作"三斤"。

牛铎(补)
宜牛羊,大富昌。

整理者案:据《历代著录吉金目》页1168下栏补。

汉铎(补)
宜牛。(面文)

整理者案:据《金索》卷三补。原注:"背无文。"

汉铎(补)
宜田园。(面文)宜子孙。(背文)

整理者案:据《金索》卷三补。

汉铎(补)
宜牛羊,宜子孙。(面文)

整理者案:据《金索》卷三补。原注:"背无文。"

汉铎(补)
大富贵,宜子孙。(一面)大利宜子。(一面)

整理者案:据《金索》卷三补。《历代著录吉金目》页48下栏题作"大富贵铎"。《金索》曰:"富贵二字相连,以富之末为贵之首,借用亦是渻文,汉人每用此法。字在会意而已。"

大吉利宜牛犊铎(补)
大吉利,宜牛犊,造作臣书。

整理者案:据《历代著录吉金目》页1169上栏补。

檐铎(补)
大富贵,宜千,宜吉祥。

整理者案:据《历代著录吉金目》页1169上栏补。

大吉利田字铎(补)

大吉利。田。

整理者案:据《陶斋吉金录》卷七补。亦见《历代著录吉金目》页47下栏。

宜子孙铎(补)

宜子孙。(一面)大吉利。(一面)

整理者案:据《山左金石志》卷二补。《金索》卷三篇题作"汉铎"。《山左金石志》曰:"右铎高三寸,口围六寸,铭六字,隶书,一面曰'宜子孙',一面曰'大吉利'。黄司马(易)得之于济宁,名以为铎。按古人以木铎振文教,以金铎奋武卫。《礼记》'夹振之'注谓:'夹,舞者振铎以为节。'《南史·齐郁林王传》:'入阁奏胡伎,鞞铎之声,响震内外。'是铎又为雅部、夷部通用之乐器。《周书》:长孙绍远命太常造乐器,惟黄钟不调,因退朝,经韩使君佛寺,浮屠三层之上有鸣铎焉。雅合宫调。是铎又为佛寺之饰。而此铎铭曰'宜子孙,大吉利',似非发号令、饬军旅、饰佛寺所宜言。而其器不过三寸,又何足振之以为节,且响彻于内外乎?盖古人殿阁往往设铃,如梁简文帝诗'垂铃鸣书轩',韩昌黎诗'趁跄阁前铃'。愚以为此特殿阁所饰之铃耳。然铃、铎二器可通呼,故《说文》解'铎'字曰'大铃也'。故名之为铎亦可。"

錞于

十六錞于

十六。(阳文)(《汉金》卷三)

整理者案:本篇亦见《金文续编》、王卉《汉代铜器铭文汇总》。王卉所录"錞于"皆作"淳于",下并同。

十八錞于

十八。(阳文)(《汉金》卷三)

廿四錞于

廿四。(阳文)(《汉金》卷三)

整理者案:本篇亦见《金文续编》。

三己錞于

□三己。(阳文)(《汉金》卷三)

整理者案:本篇亦见《金文续编》。

货泉錞于
□□宜年。(阳文)(《文物》1960.3)

整理者案:王卉《汉代铜器铭文汇总》未收本篇。

四錞于(补)
四。

整理者案:据《历代著录吉金目》页44上栏补。

五錞于(补)
五。

整理者案:据《历代著录吉金目》页43下栏补。

十三錞于(补)
十三。

整理者案:据《历代著录吉金目》页44上栏补。

廿三錞于(补)
廿三。

整理者案:据《历代著录吉金目》页44下栏补。

廿六錞于(补)
廿六。

整理者案:据《历代著录吉金目》页45上栏补。

廿七錞于(补)
廿七。

整理者案:据《历代著录吉金目》页45上栏补。

廿九錞于(补)
廿九。

整理者案:据《历代著录吉金目》页45上栏补。

卅錞于(补)
卅。

整理者案:据《历代著录吉金目》页44上栏补。

乂家錞于(补)
乂家。

整理者案:据《历代著录吉金目》页44上栏补。

甲己錞于（补）

甲己。

整理者案：据《历代著录吉金目》页45上栏补。

句鑃

文帝九年句鑃（一）

文帝九年，乐府工造。第一。（《西汉南越王墓》P43；B96—1）

整理者案：王卉《汉代铜器铭文汇总》无"第一"二字。又本篇及下二至八篇又见《全集·秦汉》说明页55—56，俱为西汉中期物。说明曰："文帝当指第二代南越王，'文帝九年'即西汉武帝元光六年（前一二九年）。"

文帝九年句鑃（二至八）

徐按：除器物编号为第二——第八外，其余铭文相同。原报告编号为B96—2—B96—8。整理者案：《中国书法全集》第九册页42图21所收为此类器中之第六件，但题作"文帝九年铙"。而"鑃"（为农具、叉子）与"铙"（乐器，似铃）为二物，未知孰从。据《中国书法全集》第九册页185图版考释21，此器作于西汉元光六年（前129），1983年出土于广州象冈山南越王墓，藏南越王墓博物馆，乃青铜乐器。《中国书法全集》曰："由于墓主人身上发现一枚'文帝行玺'印，证明死者即《史记》《汉书·南越传》所载僭称'文帝'的第二代南越王。于西汉武帝建元四年（前一三七）继位。'文帝九年'即元光六年（前一二九）。"又曰："'乐府'，《汉书·百官公卿表》有载，秦少府属官。掌音乐之官署。'西汉绥和二年（前八）哀帝省乐府'。"

长平鑃（补）

长平。

整理者案：据《从古堂款识学》卷十一补。又见《历代著录吉金目》页967上栏，题作"长平句兵"，原注："按此器《从古堂》作鑃，参'长平鑃'。"

句兵

都尉句兵（补）

都尉师。

整理者案：据《历代著录吉金目》页968上栏补。陈直《两汉经济史料论丛》P145题作"都尉师勾兵"。

骠骑将军古兵（补）

骠骑将军。

整理者案：据《历代著录吉金目》页968上栏补。篇题"古兵"疑是"句兵"之讹。

鼓

建武铜鼓（补）

建武十八年。伏波造。

整理者案：据《陶斋吉金录》卷七补。亦见《历代著录吉金目》页56下栏。又建武为东汉光武帝年号（建武十八年为42年），此为东汉物。

百廿斤鼓

百廿斤。(《文物》1978.9；M1：1O)

整理者案：本篇又见《全集·秦汉》说明页55，为西汉早期物。

五铢钱纹鼓（补）

五铢。

整理者案：据《全集·秦汉》图一七〇补。《全集·秦汉》说明页55为西汉晚期物。

锣

铜锣(补)

布。(《广西贵县罗泊湾汉墓》P29,M1:33)

整理者案:篇题据原文献拟。

通

陶陵通款(补)

垫屋供陶陵通具,重四斤□两。铸工李常。

整理者案:据《八琼室金石补正》卷二补。《八琼室金石补正》曰:"《隋书·音乐志》言梁武帝制定礼乐,又立四器,名之为通。通受声广九寸,宣声长九尺,临岳高一寸二分。每通皆施三弦,一曰元英通,二曰青阳通,三曰朱明通,四曰白藏通。因以通声转推月气,悉无差违,而还相得中。据此知通乃乐器也。"又曰:"陶陵,定陶共王之陵也,与《陶陵鼎铭》同。封定陶共王为共皇帝改置陵寝事,在哀帝二年。此器当造于是时。"

兵器铭文

鐖

刘金弩鐖

十五年八月卅日,督刘钧将刘金。(前体下面)队(燧)王善佐向小所作。(后体下面)(《考古与文物》1980.1)

整理者案:王卉《汉代铜器铭文汇总》无"前体下面"、"后体下面"字样。铭文但云"十五年",则此或为西汉武帝建元前物。

刘钧弩机(补)

十五年六月卅日,督刘钧。

整理者案:据《历代著录吉金目》页1041上栏补。铭文但云"十五年",则此或为西汉武帝建元前物。

书言府弩机(补)

建元二年八月六日,书言府石鐖郎,工陈尚、令穆、丞牧、□诗、史广主。

整理者案:据《历代著录吉金目》页1044上栏补。建元为西汉武帝年号(建元二年为前139年),故此器为西汉物。

元康弩鐖(补)

元康元年考工工贤作六石鐖,主令、长平、丞义、右尚方乘。廿三。(郭左)阴。(耳)

整理者案:据《金索》卷二补。建元为西汉宣帝年号(建元二年为前65年),故此器为西汉物。

建始弩机（补）

建始三年六月，尚方所作。

整理者案：据《历代著录吉金目》页1041上栏补。原题注："铭文可辨者十字。"又建始为西汉成帝年号（建始三年为前30年），故此器为西汉物。

建平弩机（补）

建平元年四月，□□□□□百师张柔。

整理者案：据《历代著录吉金目》页1041下栏补。又建平为西汉哀帝年号（建始元年为前6年），故此器为西汉物。

建武卅二年弩䦆

建武卅二年二月，虎贲官治十涷铜濡鐎䦆，百一十枚。工李严造。部郎内、肜朱、掾主，右史侍郎刘伯录。（《考古学报》1964.2）

整理者案：《中国书法全集》第九册页50图37"濡"、"鐎"、"内"三字皆可辨认。《秦汉金文汇编》上编"二月"误作"一月"，"掾主"之"掾"作阙文号。王卉《汉代铜器铭文汇总》"治十涷铜濡鐎䦆"误作"制十兰涷铜鐎机"。据《中国书法全集》第九册页190图版说明37，此器1959年出土于河北定县北庄汉墓。《中国书法全集》曰："'虎贲'，官名。《汉书·百官公卿表》：'期门掌执兵送从，武帝建元三年初置，比郎，无员，多至千人，有仆射，秩比千石。平帝元始元年官名虎贲郎。'"又建武为东汉光武帝年号，铭文所谓"建武卅二年"，实乃建武中元元年（56年）。

永平元年䦆（补）

永平元年二月二日，中尚方造。第二十四。

整理者案：据《历代著录吉金目》页1042上栏补。又永平为东汉明帝年号（永平元年为58年），此为东汉物。

永平十八年䦆

汝南郡，八石弩䦆郭。永平十八年，工李仲造，护工史彪，平兴守令召坚，左尉□，丞召羽主。（《汉金》卷六）

整理者案：王卉《汉代铜器铭文汇总》"平兴"误作"平舆"，《中国书法全集》第九册页50图38可辨为"平兴"二字。又见《小校》卷14P16，"坚"作"监"，"尉"作"慰"，"主"作"呈"。此器出土地未详。《中国书法全集》第九册页190—191图版说明38曰："'汝南郡'属豫州。故称在今河南平兴北二十公里处。'护工史彪'，中脱一'卒'字，东汉称'护工卒史'，一般不称'护工'。'护工'之称多为西汉中期前段。'平兴',县名,隶属汝南郡。"又东汉明帝永平十八年为75年。

建初元年镢

建初元年,工杨吴造。四涑,八石。丁廿六。(《汉金》卷六)

整理者案:本篇亦见《金文续编》《秦汉金文汇编》上编。《秦汉金文汇编》无"丁廿六"三字。又建初为东汉章帝年号(建初元年为76年),此为东汉物。

建初五年镢

建初五年,考工所造八石镢郭,工张□初作,祭酒史、大仆监掾福、令延、丞京、掾□、史□主。(《汉金》卷六)

整理者案:东汉章帝建初五年为80年,器物年代为东汉。

弩机(补)

章和元年八月朔日,中尚□造所□,紫閒□一臂,师衡。

整理者案:据《历代著录吉金目》页1043上栏补。又章和为东汉章帝年号(章和元年为87年),故此器为东汉物。

永元元年考工弩镢(补)

永元元年,考工所造四石镢郭。工袁□作,造□□,大仆护工掾□、□共、匠霸、掾珍、□□主。

整理者案:据《贞松堂集古遗文》卷十六补。又永元为东汉和帝年号(永元元年为89年),此为东汉物。

永元五年弩镢

永元五年,考工所造六石镢郭。工镂伯作,造工苏,大仆护工掾岷、令恭、丞霸、掾闰、史成主。(郭右侧)乙五十四。(郭左侧)(《考古与文物》1986.4)

整理者案:王卉《汉代铜器铭文汇总》"伯作"误作"伯造"。秦凤鹤《甘肃出土先秦两汉青铜器铭文整理与研究》P159所录,"掾岷"作"掾掸"。又据秦凤鹤所录补"郭右侧乙五十四郭左侧"数字。又东汉和帝永元五年为93年,器物时代为东汉。

永元六年镢(一)

永元六年,考工所造四石镢郭,工袁□作,造工王小,大仆护工掾□、令共、丞霸、掾珍、史咸主。(《汉金》卷六)

整理者案:东汉和帝永元六年为94年,器物年代为东汉。

永元六年镢(二)

永元六年,考工所造六石镢郭,工张吴作,造工王小,大仆护工掾□、令恭、丞

霸、掾珍、史咸主。(《汉金》卷六)

整理者案:东汉和帝永元六年为94年,器物年代为东汉。

永元六年弩鐖(一)

永元六年,考工所造八石鐖郭,工吴孟作,造工王山,大仆监右工掾阊、令伦、丞诗、掾宕、史旦主。(《文物》1975.11)

徐按:此鐖与《永元五年弩鐖》的原报告均在"鐖"后断句,将"郭工"连续,误。详见本书第二章。整理者案:徐按所谓"本书",即《汉代铜器铭文综合研究》。下同。又东汉和帝永元六年为94年,器物时代为东汉。

永元六年弩鐖(二)

永元六年,考工所造六石六钱,郭工田孙作,造工王山,大仆监工掾□、令恭、丞霸、掾珍、史咸主。(《考古与文物》1989.6)

徐按:拓本不清。疑"六钱"为"鐖"之误释。"郭"当属前读;原报告在"大仆监工"后断句,误;原报告将"掾□令恭丞霸掾珍史咸主"连续,亦误。整理者案:王卉《汉代铜器铭文汇总》未录此篇。又东汉和帝永元六年为94年,器物时代为东汉。

永元七年鐖

永元七年,考工所造六石鐖郭,工宁仲作,大仆监工掾崇、令恭、丞商、掾闰、史珍主。(《汉金》卷六)

整理者案:"宁"字上,《中国书法全集》第九册页51图39似有一字,模糊不可辨认。"监工"二字,《中国书法全集》作"右工",当据改。又东汉和帝永元七年为95年,器物年代为东汉。

永元八年弩鐖

永元八年,考工所造四石鐖郭,工鲁少作,造工王小,大仆监右工掾湛、令恭、丞商、掾闰、史珍主。(《双剑誃吉金图录》卷下)

整理者案:东汉和帝永元八年为96年,器物年代为东汉。

永元八年弩鐖(补)

永元八年,考工所造四石鐖郭,工齐一王作,造工王川,大仆监右工□□湛、令恭、丞商、掾闰、史珍□。(《陇右文博》2003.2)

整理者案:据秦凤鹤《甘肃出土先秦两汉青铜器铭文整理与研究》P172所录补。又东汉和帝永元八年为96年,器物时代为东汉。

永元八年考工弩鐖(补)

永元八年,考工□造四石鐖郭,工朱平作,造工苏威,大仆监右工掾湛、令恭、丞商、掾闿、史珍主。

整理者案：据《贞松堂集古遗文》卷十六补。又东汉和帝永元八年为96年，器物时代为东汉。

永元八年铜官弩䡄

永元八年，河东铜官所造四石䡄郭，工解伯作，造工尹少监，掾李浮、守丞王国、掾将□、史□主。（《安徽通志金石古物考稿》第十六册）

徐按：原书"作"误释为"佐"。整理者案：王卉《汉代铜器铭文汇总》本篇自《小校》卷14P16录文，"将□"作"程渡"、"史□主"作"史樑"。《贞松堂集古遗文》卷十六《历代著录吉金目》页1048上栏"少监"作"□□"，"史□"作"史徐阊"。又东汉和帝永元八年为96年，器物时代为东汉。

永元弩机（补）

（释阙）。

整理者案：据《历代著录吉金目》页1041上栏补。原题注："铭文约十字。"永元为东汉和帝年号，故此器属于东汉物。

元兴元年䡄

元兴元年癸卯造七石䡄郭，工史从作，大仆监右工掾让、令修、丞诗、掾浮。置二十。（《汉金》卷六）

整理者案：亦见《陶斋吉金录》卷七，题作"汉元兴机"。又元兴为东汉和帝年号（元兴元年为105年），此为东汉物。

元兴元年中尚方十石弩机（补）

元兴元年六月二日诏书造□石䡄郭，工□□□彭丞监□□□□□□□□十石。中尚方监作。

整理者案：据《历代著录吉金目》页1048下栏补。又东汉和帝元兴元年为105年，器物时代为东汉。

延平元年中尚方弩䡄（补）

四石中尚方监作。（郭面上端）延平元年甲申诏书造四石机，郭工锻钜、令磐、丞选、掾轶由□尚方令印、虎贲猛别监作。（郭匣左侧）（《文物春秋》2009.4P63）

整理者案：延平为东汉殇帝年号（延平元年为106年），此为东汉物。

永初二年中尚方弩䡄（补）

六石中尚方监作。（郭面上端）永初二年戊申诏书造六石机，工锻、工山、令磐、丞选、掾轶由□虎贲猛别监作。（郭匣左侧）（《文物春秋》2009.4P63）

整理者案：永初为东汉安帝年号（永初二年为108年），此为东汉物。

永初三年钑

永初三年□月，右将谭君造□石钑郭，工茅仲作，令循、丞斿、掾□、史广主。（《汉金》卷六）

整理者案：亦见《陶斋吉金录》卷七，题作"汉永初机"。《历代著录吉金目》页1044上栏无"茅仲作"之"作"字。王卉《汉代铜器铭文汇总》未释"丞斿"之"斿"字。又永初为东汉安帝年号（永初三年为109年），此为东汉物。

元初二年钑

元初二年四月造作偿边发八石钑郭，千八百廿四具辈，工史伯，令福、丞游、掾俊、史种虎晋猛别监。

县虎。八石中尚方监作。张元延。（《汉金》卷六）

徐按：第一段末尾不知所云，拓本不清，无法确释。整理者案：此器出土地未详。本篇亦见《金文续编》。《贞松堂集古遗文》卷十六、《金文续编》所录"史伯令福"作"史□□□"，"掾俊"作"掾□"，"晋猛别监"作"□□□监"。《金文续编》《历代著录吉金目》页1050上、下栏所录，下条"县虎"至"张元延"十二字在上条"元初二年"上，"别监"下有"仲二"二字。《秦汉金文汇编》上编下条铭文"县虎"至"张元延"十二字亦在"元初二年"上。王卉《汉代铜器铭文汇总》"晋猛"作"竟猛"，"县虎"下未断开，且有"仲二"二字。又案：第一条铭文"偿边"二字，《中国书法全集》第九册页51图40作"赏边"，"千八百"作"千四百"，"史种虎晋猛别监"作"史神虎晋猛利监"，诸家皆误。又元初为东汉安帝年号（元初二年为115年）。

元初二年中尚方八石弩机（补）

元初二年四月造作偿边发六石钑郭，千八百廿四具辈，工□山，令福、丞斿、掾俊、史神虎竟猛别监。

六石中尚方监作。

整理者案：据《历代著录吉金目》页1049下栏、页1050上栏补。铭文但有"六石"，篇题却言"八石"，题误。又东汉安帝元初二年为115年，器物时代为东汉。

元初弩机（补）

（释阙）。

整理者案：据《历代著录吉金目》页1045上栏补。原题注："铭文约三十字。"又器物时代为东汉。

建光元年鐖

建光元年八月六日,书言府作六石鐖郭,工陈尚,令穆、丞牧、□□诗、史广主。(《汉金》卷六)

徐按:"光"容氏误释为"元"。详见本书第二章。整理者案:《贞松堂集古遗文续编》卷下"尚"作"常","牧"作"放","□□诗"作"掾诗","广主"下还有"第廿二"三字。又建光为东汉安帝年号(建光元年为121年),此为东汉物。

建光元年弩鐖

建光元年八月六日,书言府作六石鐖郭,工陈常、令穆、丞放、掾诗、史广主。第廿二。(《贞松堂集古遗文续编》卷下)

徐按:以上二鐖铭文极似,"陈尚"、"陈常"、"丞牧"、"丞放",可能分别为一人。整理者案:东汉安帝建光元年为121年,器物年代为东汉。

建光元年书言府四石弩机(补)

建光元年八月六日,书言府作四石弩鐖郭,工李都□□丞□□□□。

整理者案:据《历代著录吉金目》页1044下栏补。又东汉安帝建光元年为121年,器物年代为东汉。

延光弩机款(补)

延光元年四月,中承太仆监掾训至。(郭左)戌。(郭底)内工。

整理者案:据《八琼室金石补正》卷三补。又延光为东汉安帝年号(延光元年为122年),此为东汉物。

延光三年鐖(补)

延光三年闰月,书言府作六石鐖郭,工锻贤、令历、守丞躬、乘钜、史训主,第廿六。(《小校》卷14P15)

整理者案:据王卉《汉代铜器铭文汇总》补。《金石综例》卷二曰:"曰延光三年闰月,按是年闰十月而言闰月者,举闰则月可知,此《春秋》书闰月之例。"又延光为东汉安帝年号(延光三年为124年),此为东汉物。

延光三年书言府弩机(补)

延光三年闰月,书言府作六石鐖郭,工锻贤、令历、守丞躬、乘钜、史训主。第廿九。

整理者案:据《历代著录吉金目》页1045下栏补。又东汉安帝延光三年为124年,器物时代为东汉。

延光三年鐖(补)

延光三年闰月,书言府作六石鐖,郭工锻贤、令磨、守丞射、乘钜,史训主。

整理者案：据《历代钟鼎彝器款识》卷二十补。篇题，《宣和博古图》卷二十七、《积古斋钟鼎彝器款识》卷十、《历代著录吉金目》页1044上下栏作"书言府弩机"，《金索》卷二作"延光弩镦"。铭文"磨"，《宣和博古图》作"厉"。铭文"射"，《宣和博古图》《积古斋》作"躬"，《金索》作"殷"。又东汉安帝延光三年为124年，器物时代为东汉。

延光四年镞

延光四年。大仆。(《汉金》卷六)

整理者案：本篇亦见《金文续编》。东汉安帝延光四年为125年，器物时代为东汉。

永建二年弩机（补）

永建二年考工所。

整理者案：据《历代著录吉金目》页1040下栏补。又永建为东汉顺帝年号（永建二年为127年），故此器为东汉物。

永和二年镞

永和二年五月，书言府作四石镞郭，工史斋，令肃、史开主。(《汉金》卷六)

整理者案：本篇亦见《金文续编》，铭文末注曰："牙内有字不可辨。"《贞松堂集古遗文》卷十六本篇题作"书言府弩镞"，铭文"斋"作"齐"。《历代著录吉金目》页1043上栏本篇题作"永和弩机"，铭文"斋"亦作"齐"。又永和为东汉顺帝年号（永和二年为137年），此为东汉物。

书言府四石弩机（补）

永和二年五月，书言府作四石镞郭，工史齐，令肃、史开主。刑苛。

整理者案：据《历代著录吉金目》页1043下栏补。王卉《汉代铜器铭文汇总》录本篇"齐"作"斋"。又东汉顺帝永和二年为137年，器物时代为东汉。

永和弩机（补）

永和□年七月，书言府作□石镞□□□□□□□□□史开主。

整理者案：据《历代著录吉金目》页1043下栏补。又永和为东汉顺帝年号，器物时代为东汉。

汉安元年弩镞

汉安元年三月，书言府作偿乙酉四石镞郭，工锻文、令掾、丞巡卅□苏史放主临掾□。(《贞松堂集古遗文续编》卷下)

整理者案：汉安为东汉顺帝年号（汉安元年为142年），此为东汉物。又"临"

疑"监"之误。

汉安□年弩机（补）

汉安□年弅。

整理者案：据《历代著录吉金目》页1039下栏补。又汉安为东汉顺帝年号，故此器为东汉物。

永寿二年钀

永寿二年正月己卯，诏书作四石钀郭，工童广、史忠、掾汜、丞音、令業监作。

考工，四石，掾汜、史宫。王甲。卌八。（《汉金》卷六）

整理者案：王卉《汉代铜器铭文汇总》无下条"考工"至"卌八"计十二字。又《贞松堂集古遗文》卷十六"正月"作"七月"，"丞音"作"丞言"，"掾汜"作二阙文号，无"卌八"二字。又永寿为东汉桓帝年号（永寿二年为156年），此为东汉物。

延熹弩钀（补）

延熹四年十一月戊午，五年九月丁丑，诏书遣作六石钀郭。工鲁甫、史路肆、掾乐、锻丞亮、令熹、监掾州明。（在郭左）王廿二。（在郭右）王甲。（在郭底）

整理者案：据《金索》卷二补。原注："按延熹四年、五年，汉桓帝之十五、十六年也。盖两奉诏书而作钀。"又延熹为东汉桓帝年号（四年为161年，五年为162年），此为东汉物。

延熹五年钀

延熹五年八月，书言府作，丁未诏书，六石钀郭，工李宾、史韩忠、掾张汜、丞赵和、令五尝、大仆监掾郭登监作。（《汉金》卷六）

徐按："郭登监作"容氏误释为"郭监登作"。整理者案：据文意，"丁未诏书"原似应刻于"书言府作"之上。亦见《陶斋吉金录》卷七，题作"汉延熹机"。《历代著录吉金目》页1049上栏录本篇，题作"延熹弩机"，铭文"郭登监"作"郭监登"。又东汉桓帝延熹五年为162年，此为东汉物。

汉延熹弩机（补）

延熹五年八月□二日作，丁未诏书，六石钀，郭工攵、掾史韩忠、掾张汜、丞赵和、令五尝、大仆监掾郭登监作。史。百五十四。

整理者案：据《筠清馆金石》卷五补。《历代著录吉金目》页1050下栏录本篇，"工攵"作"工文"。《筠清馆金石》曰："延熹，后汉桓帝年号。'八月'下一字不可识，疑是'朔'字之别体。纪日而上加'朔'，汉唐碑文中往往见之。朔，始也，初也。'朔二日'犹今云'初二日'也。"又东汉桓帝延熹五年为162年。

建安元年钀

建安元年八月六日,书言府作六石钀郭,工□□,令穆、守丞木、掾寿、史广主。(《汉金》卷六)

整理者案:《历代著录吉金目》页 1044 下栏录本篇,但题"弩"字。王卉《汉代铜器铭文汇总》未录此篇。又建安为东汉献帝年号(建安元年为 196 年),此为东汉物。

建安廿二年钀

建安廿二年四月十三日所市,八千五百,师□福。(《汉金》卷六)

整理者案:篇题,《积古斋钟鼎彝器款识》卷十、《山左金石志》卷二、《从古堂款识学》卷四、《金索》卷二、《历代著录吉金目》页 1042 下栏俱作"建安弩机"。铭文"廿二",《金索》误作"廿三",其所附拓片作"廿二"不误。铭文"市",《山左金石志》误作"吏"。铭文"八",《山左金石志》所无。铭文"师□福",五书皆作"师稽福"。《两汉金石记》卷四曰:"建安廿二年,为汉献帝丁酉岁。八千五百者,其次第之数也。稽福,盖工师姓名。"《积古斋》曰:"建安廿二年,东汉献帝即位之二十九。吴侃叔云:'师者,工师也。'《梦溪笔谈》云:郓州发地得铜弩机,其侧有刻文'臂师虞士耳师张柔',莫晓其何谓。案《逸雅》:'弩,怒也。有势怒也。其柄曰臂,似人臂也。钩弦者曰牙,似齿牙也。外曰郭,为牙之规。郭下曰悬刀。合名之曰机。'又《汉书言府弩机铭》云'郭工锻贤',是则造臂者曰臂师,造牙者曰牙师,犹之造郭者曰郭工也。'牙'隶作'耳',故误读为'耳师'。然则此曰'师稽福',与'臂师虞上'、'牙师张柔'、'郭工锻贤'同也。"又曰:"钱晦之云:'稽姓,未审所出。《汉书·货殖传》有稽发,《广韵》云:《吕氏春秋》有秦贤者稽黄。此铭可加证矣。'市字,或以为'第'字,或以为'制'之半文。"又东汉献帝建安廿二年为 217 年。

师稽福弩机(补)

建安廿二年四月十三日市造,第五百八十,师稽福,郭工常。

整理者案:据《历代著录吉金目》页 1043 上栏补。器物时代同上。王卉《汉代铜器铭文汇总》录本篇,"郭"属上读,未妥。又东汉献帝建安廿二年为 217 年,此器为东汉物。

师楢福弩机(补)

建安廿二年四月十三日所市,八千一百,师楢福。

整理者案:据《历代著录吉金目》页 1042 下栏补。又东汉献帝建安廿二年为

217 年,器物时代为东汉。

督隗润弩机(补)

建兴七年二月二十日,督隗润造。十三。左。

整理者案:据《历代著录吉金目》页 1042 上栏补。建兴为蜀汉后主刘禅年号(建兴七年为 229 年),姑附于此。

中尚方弩机(补)

□□中尚方监作。(又郭旁字细不辨)

整理者案:据《历代著录吉金目》页 1050 下栏补。

薛镞

薛。(《汉金》卷六)

整理者案:本篇亦见《金文续编》。《历代著录吉金目》页 1037 上栏题作"薛弩机"。

薛弩机(补)

薛。(在右侧)王卅九。(在左侧)薛。(在郭底)

整理者案:据《金索》卷二补。

□兴弩镞(补)

□兴。

整理者案:据《历代著录吉金目》页 1037 上栏补。

宛仁镞

宛仁。(《汉金》卷六)

整理者案:本篇亦见《金文续编》。篇题,《积古斋钟鼎彝器款识》卷十、《金索》卷二、《历代著录吉金目》页 1037 下栏"仁"下皆有"弩"字。《积古斋》曰:"案《古史考》:'黄帝作弩。'《礼·缁衣》引《书·大甲》云:'若虞机张。'郑注:'机,弩牙也。'《周礼》:'司弓矢,掌四弩。凡弩夹庾利攻守,唐大利车战、野战。'《说文》云:'弩,弓有臂者,主发谓之机。'则弩机之由来旧矣。谓于越与吴雠敌而为之,非也。《春秋传》有宛射犬、宛春,此宛仁殆造弩者名氏与?"

宛仁弩镞(补)

宛仁。第一。

整理者案:据《历代著录吉金目》页 1038 下栏补。王卉《汉代铜器铭文汇总》本篇自《小校》卷 14P9 录文,铭文同。

王吉弩镞(补)

王吉。

整理者案:据《从古堂款识学》卷四补。原注:"《汉书·王吉传》:'补若卢右丞。'……是机有'王吉'字,盖补若卢右丞时所造。"

何氏钀

何氏。(《汉金》卷六)

整理者案:《历代著录吉金目》页1037下栏篇题"氏"下有"弩"字。

屯官钀(一、二)

屯官。(《汉金》卷六)

整理者案:《金文续编》录同题铭文一篇,文同。《历代著录吉金目》页1037下栏篇题作"屯官弩机"。又王卉《汉代铜器铭文汇总》未录此篇。

屯官弩钀(补)

屯官。四百五十四。

整理者案:据《贞松堂集古遗文》卷十六补。

左澂钀

左澂。(《汉金》卷六)

整理者案:本篇亦见《金文续编》。《历代著录吉金目》页1038上栏篇题但作一"弩"字。

韩钀

韩。一十九。(《汉金》卷六)

整理者案:王卉《汉代铜器铭文汇总》本篇自《小校》卷14P9录文,"韩"在"九"下。

读□□□弩机(补)

读□□□。

整理者案:据《历代著录吉金目》页1039下栏补。

馆陶郭小钀

馆陶郭小。(《汉金》卷六)

整理者案:本篇亦见《金文续编》。王卉《汉代铜器铭文汇总》未录此篇。

李游钀

河东李游。(《汉金》卷六)

整理者案:王卉《汉代铜器铭文汇总》未录此篇。

河东李从弩钀(补)

河东李从。

整理者案:据《历代著录吉金目》页 1039 上栏补。

冯久镦

河东冯久。(《汉金》卷六)

整理者案:本篇亦见《金文续编》。《历代著录吉金目》页 1039 上栏题作"河东冯久弩机"。又王卉《汉代铜器铭文汇总》未录本篇。

大仆镦

大仆。京兆官弩。(《汉金》卷六)

整理者案:篇题,《秦汉金文汇编》上编作"京兆官弩镦",《贞松堂集古遗文》卷十六作"京兆弩镦"。又王卉《汉代铜器铭文汇总》本篇自《小校》卷 14P10 录文,"大仆"在"弩"下;《贞松堂集古遗文》无"大仆"二字。

京兆官弩镦(补)

京兆官弩。

整理者案:据《金文续编》补。又见《历代著录吉金目》页 1038 下栏。

曹悦镦(补)

中郎将曹悦,赤黑间,卷鞲臂。(《小校》卷 14P11)

整理者案:据王卉《汉代铜器铭文汇总》补。原无篇题,此据铭文拟题。

右中郎将弩机(补)

右中郎将曹悦,赤黑间,卷鞲臂。

整理者案:据《积古斋钟鼎彝器款识》卷十补。《积古斋》曰:"《续汉书·百官志》:'右中郎将,比二千石。'曹悦,史无考。鞲读为郭。牙外曰郭。臂,弩之柄。卷者,束也。赤黑间,当是弩名。古弩有名黄间者,见《汉书·李广传》注。又有名紫间者,见陆机《七导》云'操紫间之神机'是也。"

孙旅都尉镦

孙旅都尉解赞。(《汉金》卷六)

整理者案:《从古堂款识学》卷四题作"孙旅都尉弩机",《历代著录吉金目》页 1040 上栏篇题作"孙旅弩机"。《从古堂款识学》曰:"此孙旅都尉当是属国都尉以地名者。"

围工孙小镦

围工孙小。(《续编》)

整理者案:据《历代著录吉金目》页 1039 上栏篇题"小"下有"弩"字。

乙卌四镦

乙卌四。乙五十三。(《汉金》卷六)

整理者案:《历代著录吉金目》页 1040 下栏题作"册四弩机"。

左尚方弩机(补)
兒,十四。左尚方,十一。

整理者案:据《积古斋钟鼎彝器款识》卷十补。《积古斋》曰:"兒,造器者名。据永元镫铭云'中尚方造',则汉时已有中左右三尚方矣。十一者,左尚方造器之次第。十四者,工人所造器之次第也。"《金索》卷二原注:"兒,即倪,亦工师之姓。"

徐扬鐖
北海国平寿射工徐扬弩一张。(《汉金》卷六)

整理者案:本篇亦见《金文续编》。王卉《汉代铜器铭文汇总》"工"作"宫","弩"下有"机"字。《贞松堂集古遗文补遗》卷下"平寿射工"作"千□□□工"。

大王弩鐖
大王。(《贞松堂集古遗文续编》卷下)

白马十石弩鐖
白马,十石。东郡白马郭任弩,十石。直八千。(《汉金》卷六)

整理者案:本篇又见陈直《两汉经济史料论丛》P144,"任弩"下"十石"作"一石"。

甲八十一弩鐖
甲八十一。(《考古》1979.2;64 号)

□尚方弩鐖
□尚方。(郭面右刻)□六十一。(郭左侧、悬刀后背、牛背上分别刻)(《考古与文物》1997.1;7081)

整理者案:王卉《汉代铜器铭文汇总》无"郭面右刻"、"郭左侧、悬刀后背、牛背上分别刻"字样。

十四弩鐖
十四。(《考古学报》1983.4;162 号)

史丁弩鐖
史丁。(《考古学报》1983.4;160 号)

史辛弩鐖
史辛。(《考古学报》1983.4;156 号)

史癸弩鐖
史癸。(《考古学报》1983.4;154 号)

甲五弩镜

甲五。(《考古学报》1983.4;159号)

甲三弩镜

甲三。(《考古学报》1983.4;157号)

六石弩镜

六石,中尚方监作。(《文物参考资料》1957.8)

整理者案:《贞松堂集古遗文》卷十六、《历代著录吉金目》页1040上栏篇题作"中尚方弩镜"。

仲作弩镜

□初□年四月……仲作……(《文物参考资料》1957.8)

整理者案:王卉《汉代铜器铭文汇总》未收本篇。

河内工官弩镜(一)

河内工官。五十七丙。下二。(牙)河内工官。五十七丙。(郭、悬刀、两键)(《汉金》卷六)

整理者案:王卉《汉代铜器铭文汇总》仅录一篇,注云:"此镜共有十七件。均有'河内工官'字样,只是编号不同,因释文重复,在此不一一列出全部十七件的铭文。"

河内工官弩镜(二)

河内工官。第六十七丙。(郭、牙)(《汉金》卷六)

整理者案:《历代著录吉金目》页1044上栏录本篇题注:"铭文二十七。"又于铭文末注:"三段文同。"则本篇录铭文应是"河内工官第六十七丙河内工官第六十七丙河内工官第六十七丙"。

河内工官弩镜(三)

河内工官。千二百三。(牙、悬刀、两键)(《汉金》卷六)

河内工官弩镜(四)

河内工官。七千四百十甲。(悬刀)(《汉金》卷六)

河内工官弩镜(五)

河内工官。七百六十八乙。(郭、臂、牙、悬刀、两键)(《汉金》卷六)

整理者案:《历代著录吉金目》页1050下栏录本篇,篇题无"弩"字,题注:"铭文六十。"铭文末注:"六段文同。"

河内工官弩镜(六)

河内工官。六千七百卅六乙。(牙)(《汉金》卷六)

河内工官弩機(七)

河内工官。二千二百八十二甲。(《汉金》卷六)

徐按:容氏将以上七弩铁断为魏器,误。整理者案:《历代著录吉金目》页1043上、下栏录本篇,铭文"宫"作"官",疑是。

河内工官弩機(八)

河内工官。第四百九十九乙。(《贞松堂集古遗文补遗》卷下)

河内工官弩機(九)

河内工官。二千六百五十六甲。(《文物》1978.10)

徐按:此機铭或释为"河内工官……三十斤□五十□□"(《考古》1960.10),或释为"河内工官三十斤百五十口"(《厦门大学学报》(哲社)1978.2—3合刊),均有误。整理者案:据《中国书法全集》第九册页188—189图版说明32,此器作于西汉晚期,1959年出土于福建崇安城村汉城遗址。《中国书法全集》曰:"崇安城村汉城遗址的年代问题目前尚有争议,有的学者认为此件弩机应属西汉中期之遗物。下限不晚于武帝元封元年。但与弩机同出的还有'常乐'瓦当。由于'常乐'一词出现较晚,因此有些学者则认为应属西汉晚期之遗物。"

河内工官弩機(十)

河内工官。二百八十丙。(《文物》1978.10)

徐按:此機铭还见于《考古学报》1975.2;《考古与文物》1988.4;《文物》1994.5。

河内工官弩機(十一)

河内工官。二千二百卌二丙。(《文物》1985.11)

河内工官弩機(十二)

河内工官。三百十丁。(《考古学报》1990.3)

河内工官弩機(十三)

河内工官。四千五百卌四甲。(《考古与文物》1988.4)

河内工官弩機(十四)

河内工官。千四百五十八丁。(《东南文化》1993.1)

河内工官弩機(十五)

河内工官。二千二百卌甲。(《东南文化》1993.1)

河内工官弩機(十六)

河内工官。□千……。(《东南文化》1993.1)

河内工官弩镳(十七)

河内工官。第廿四。(《广西出土文物》)

河内工官弩镳(补)

河内工官,千六百廿六丙。

整理者案:据《贞松堂集古遗文》卷十六补。《历代著录吉金目》页1051下栏录本篇,题注:"铭文六十。"又于铭文末注:"六段文同。"

河内工官弩镳(补)

河内工官,千九百九甲。

整理者案:据《贞松堂集古遗文》卷十六补。《历代著录吉金目》页1050上栏录本篇,题注:"铭文四十五。"又于铭文末注:"五段文同。"

河内工官弩镳(补)

河内工官□,三千九百廿三号。(后端铜枢上竖刻)三十八。(郭身竖刻)(《华夏考古》2010.1P115)

整理者案:篇题据铭文拟。

河内工官弩镳(补)

河内工官□,四千一百八十四号。(铜枢上竖刻)八。(铜枢盖帽)三十八。(郭身竖刻)(《华夏考古》2010.1P117)

整理者案:篇题据铭文拟。

河内工官弩机(补)

河内工官百卌九丙。河内工官百卌九丙。

整理者案:据《历代著录吉金目》页1042上栏补。

河内工官弩机(补)

河内工官二千二百五十二。河内工官二千三百二十五。卌八。

整理者案:据《历代著录吉金目》页1043下栏补。

河内弩机(补)

河内工官千八百一十五两。(七段文同)

整理者案:据《历代著录吉金目》页1051下栏补。原题注:"铭文七十七。"

河内工官弩机残件(补)

河内工官(下不辨)。

整理者案:据《历代著录吉金目》页1041上栏补。原题注:"铭文约九字。"

南阳工官弩机残件(补)

(释阙)。

整理者案：据《历代著录吉金目》页1042上栏补。原题注："铭文约十八字。"

董氏弩鐖

董氏，二寸八分。第一。(《满城汉墓发掘报告》P85；1：4394)

馆陶部小弩鐖(补)

馆陶部小。

整理者案：据《历代著录吉金目》页1039上栏补。

十八弩鐖

十八；五。(郭、悬刀、钩心)十八。(牙)十八；一。(后键)十八；二。(前键)(《满城汉墓发掘报告》P85；1：1042)

整理者案：王卉《汉代铜器铭文汇总》录本篇甚略，但作"十八；五。一，二"。

申弩鐖

申。(郭、悬刀)一。(后键)二。(前键)(《满城汉墓发掘报告》P85；1：1084)

整理者案：王卉《汉代铜器铭文汇总》无"郭、悬刀"、"后键"、"前键"字样，致使铭文混淆难辨，未妥。

六弩鐖

六。(郭、悬刀、钩心、牙、后键、前键)(《满城汉墓发掘报告》P85；1：4338)

栎里弩鐖(一)

三。栎里。(郭)三。悬刀、钩心、牙)一。(后键)二。(前键)(《满城汉墓发掘报告》P85；1：4342)

整理者案：王卉《汉代铜器铭文汇总》未录此篇。

栎里弩鐖(二)

□。栎里。(郭)□。(悬刀)□；一。(后键)三。(前键)(《满城汉墓发掘报告》P85；1：4339)

徐按：另有1：1042；1：2107；1：2108；1：4340；1：4341；1：4343；1：5002等七弩鐖亦刻有铭文，均为数字，此从略。整理者案：王卉《汉代铜器铭文汇总》录本篇但作"栎里。一，三"。

廿九弩鐖(补)

廿九。

整理者案：据《贞松堂集古遗文》卷十六补。

万字铜弩鐖(补)

万。(悬刀)戍(？)虎土。(郭面前端)奋(？)士张起。张脩(？)士俞光。(郭

面后端)

整理者案:据《古文字研究》第十九辑周世荣《湖南战国秦汉魏晋铜器铭文补记》补。

姑臧库弩鐖(补)

姑臧库。

整理者案:据秦凤鹤《甘肃出土先秦两汉青铜器铭文整理与研究》P171 所录补。

刀

胶东食官刀

胶东食官金刀,重二斤二两。(《满城汉墓发掘报告》P85)

整理者案:本篇亦见《金文续编》。《窸斋集古录》卷十三篇题作"胶东令官金刀",铭文"食官"亦作"令官"。此器出土于满城汉墓,为西汉物。

军相刀(补)

天凤二年军相狙小刀。王可。

整理者案:据《历代著录吉金目》页 1024 下栏补。《两汉经济史料论丛》P145 录本篇,无"狙小"及"王可"四字。又天凤为新莽年号(天凤二年为 15 年),故此器为新莽物。

建初二年刀(补)

建初二年蜀郡西工官王愔造,五十湅□□□孙剑□。(剑把正面)直千五百。(剑镡内侧)(《文物》1979.7P51)

整理者案:篇题据铭文拟。《汉代物质文化资料图说》页 44 未录剑镡铭文"直千五百"四字。又建初为东汉章帝年号(建初二年为 77 年),此为东汉物。

永初六年刀(补)

永初六年五月丙午造,卅湅大刀。吉羊。(《南方文物》2013.4P76)

整理者案:篇题据铭文拟。《汉代物质文化资料图说》页 44 录本篇,"吉羊"下有"宜子孙"三字。又永初为东汉安帝年号(永初六年为 112 年),此为东汉物。

永寿二年濯龙造(补)

永寿二年二月濯龙造,廿[蘁](灌)百辟,长三尺四寸把刀,堂工刘满、钺工虞

广,削厉待诏王甫,金错待诏灌宝,领濯龙别监唐衡监作,骁妙北主。(《南方文物》2013.4P77)

整理者案:篇题据铭文补。又永寿为东汉桓帝年号(永寿二年为156年),此为东汉物。

延熹刀

延熹五年九月丁丑造作兵器,丞亮熹。(《痴庵藏金》图七十)

整理者案:延熹为东汉桓帝年号(延熹五年为162年),此为东汉物。

光和七年广汉刀(补)

光和七年广汉工官□□□服者尊,长保子孙宜侯王□宜□。(《南方文物》2013.4P75)

整理者案:篇题据铭文补。又光和为东汉灵帝年号(光和七年为184年),此为东汉物。

伍刀(补)

伍。

整理者案:据《历代著录吉金目》页1022上栏补。

元嘉刀铭(补)

元嘉三年五月丙午日,造此□官刀。长四尺二□□□,宜侯王,大吉羊(祥)。

整理者案:据《积古斋钟鼎彝器款识》卷十补。篇题,《金索》卷二"刀"下有"铭"字。《积古斋》曰:"案元嘉三年,东汉桓帝即位之七年,是年四月改元永兴。是刀必作于四月以前,而日五月丙午者,铸阳燧必于五月丙午日中之时,见王充《论衡》。每见铜镜、带钩款识有此年五月并无丙午而日丙午者,可知此刀实非五月丙午所造。铭文特取其月日火德之盛耳。"《金索》原注:"旧释如此。鹏审'官'上泐文似'共'字。供官刀,犹鼎铭之有共厨鼎也。'二'下似'寸'字,'宜'上似'者'字。下半盖'服者宜侯王大吉羊'耳,而未敢补也。"《金石录补》卷一曰:"虞喜《志林》云:'古人铸刀以五月丙午,取纯火精以协其数。'其本诸此欤?《春秋繁露》云:'羊之为言祥也。'此羊字作祥解。"东汉桓帝元嘉三年为153年。

戈

建元戈(补)

高阳。右军。建元二年造。

整理者案:据《筠清馆金石》卷五补。《筠清馆金石》曰:"此西汉武帝时物,历代年号自此始。"又西汉武帝建元二年为前 139 年。

杜坚戈

汉阳将军都虞侯王达造。杜坚,建平二年。(《汉金》卷六)

整理者案:建平为西汉哀帝年号(建平二年为前 5 年),此为西汉物。

河阴戈

河阴。(《汉金》卷六)

整理者案:本篇亦见《金文续编》。

成固戈(一、二)

成固。(《汉金》)卷六)

整理者案:《金文续编》录同题铭文一篇,文同。

尚方戈(补)

尚方。

整理者案:据《历代著录吉金目》页 975 上栏补。

上党武库戈

上党武库。(《汉金》卷六)

整理者案:本篇亦见《金文续编》。

中阳残戈

中阳,饶。(《续编》)

蜀西工戈

蜀西工。(阳文)(《古文字研究》第十二辑,原见于周世荣《湖南楚墓出土古文字丛考》,刊于《湖南考古辑刊》第一集)

卢江戈

卢江。(《广西文物》1986.1,转引自《中国考古学年鉴》[1987]P464)

孱陵戈

孱陵。(《中国考古学年鉴》[1987]P464)

整理者案:王卉《汉代铜器铭文汇总》未录上四篇。

部曲前左戈(补)

部曲前左。

整理者案:据《历代著录吉金目》页 984 下栏补。

左里右军戈(补)

左里右军。第五。

整理者案:据《历代著录吉金目》页989下栏补。王卉《汉代铜器铭文汇总》据《小校》卷14P5录文,"第五"作二阙文号。

武子戈(补)

武子□□□戈。

整理者案:据《历代著录吉金目》页990上栏补。

虎贲中郎戈(补)

虎贲中郎从□其艁戈。

整理者案:据《历代著录吉金目》页995下栏。

骠骑将军戈(补)

骠骑将军。(《小校》卷14页8)

整理者案:据王卉《汉代铜器铭文汇总》补。原无篇题,此据铭文拟题。

公戈(补)

公作。

整理者案:据《金索》卷二补。

正师戈(补)

正师。

整理者案:据《金索》卷二补。原注:"正师,造戈者名也。此戈形制与周秦诸戈不同,盖汉时物。"

淮南故宫戈(补)

整理者案:《安徽金石志略》卷七曰:"新平张氏得戈于寿阳紫金山汉淮南王之故宫,以古弩机之度度之,刃广寸半,内长四寸,胡长六寸,援七寸半。胡有铭,各六字,虫鸟书,黄金文。"兹据以存目。

汉车戈(补)

良山彊氏车戈,卅。

整理者案:据《筠清馆金石》卷五补。《筠清馆金石》曰:"叶东卿藏器。"

长沙太守铜戈(补)

长沙太守永用。

整理者案:据《古文字研究》第十九辑周世荣《湖南战国秦汉魏晋铜器铭文补记》补。周世荣曰:"'太守'本为战国时郡守尊称,汉景帝时改'郡守'为'太守'。"据此,则此为汉景帝及其后物。

阿武戈(补)

阿武。

整理者案：据《积古斋钟鼎彝器款识》卷十补。《积古斋》曰："《汉书·王子侯表》：'阿武，戴侯豫，河间献王之子。'戈，其所造也。"《山左金石志》卷二曰："右戈锋胡已折，胡之当弯处篆文铭二字，曰'阿武'。"又曰："戈藏颜运生（崇樊）家。"

陯字戈（补）

□陯□。

整理者案：据《积古斋钟鼎彝器款识》卷十补。《积古斋》曰："吴侃叔云：此华纹中盖火象，《左传》：'兵犹火也。不戢将自焚也。'外作钩距形，盖戢之象。"

晋左军戈（补）

□晋左军□□。

整理者案：据《积古斋钟鼎彝器款识》卷十补。《积古斋》曰："案左军，旧释作左库。"

矛

下军矛

下军。（《汉金》卷六）

整理者案：本篇亦见《金文续编》。

河南矛

河南。（《汉金》卷六）

戟

卜字戟（补）

卜。（《考古》2013.10,P39;M1:1541）

河阴戟（补）

河阴。

整理者案：据《贞松堂集古遗文》卷十六补。

中阳残戟（补）

中阳。饶。

167

整理者案:据《贞松堂集古遗文》卷十六补。

成固戟(补)

成固。

整理者案:据《贞松堂集古遗文续编》卷下补。

剑

黄龙剑(补)

黄龙元年□午□□□艁□剑。

整理者案:据《历代著录吉金目》页1032上栏补。陈直《两汉经济史料论丛》P145仅录"黄龙元年"四字。黄龙为西汉宣帝年号(黄龙元年为前49年),故此器为西汉物。

剑(补)

建安五年秋八月造,赐上方。

整理者案:据《历代著录吉金目》页1032上栏补。建安为东汉献帝年号(建安五年为200年),故此器为东汉物。

天水剑(补)

工□王天调自作其天水。

整理者案:据《山左金石志》卷二补。《山左金石志》曰:"右剑长一尺四寸三分,博一寸四分,与《考工记》所言中制差小,较匕首甚大。铭十字曰'工□王天调自作其天水',义不可尽解。意者王某乃工之姓名,天水,其剑名也。王、自、水字,小篆,文工。调、作、其等字俱古文。天字近正书。钱塘黄司马(易)购于济宁,定为西汉器。"

丙午剑格(补)

丙午。

整理者案:据《贞松堂集古遗文》卷十六补。

五月丙午剑格(补)

五月丙午。

整理者案:据《贞松堂集古遗文》卷十六补。

宜富剑格(补)

宜富。

整理者案:据《历代著录吉金目》页1027上栏补。

阳武剑(补)

剑,阳武用。

整理者案:据《积古斋钟鼎彝器款识》卷十补。

宝用剑(补)

工□王天□,自作其宝用。

整理者案:据《积古斋钟鼎彝器款识》卷十补。《积古斋》曰:"案'宝用',旧释作'天水',误也。"

汉秀霸剑文(补)

秀霸。

整理者案:据《中州金石考》卷八补。《中州金石考》曰:"《刀剑录》:后汉王武秀在位三十三年,未贵时,在南阳鄂山得一剑,文曰'秀霸',小篆书,帝尝服之。"

矢镞

下军矢镞(补)

下军。

整理者案:据《历代著录吉金目》页1052下栏补。

镦

吉镦(补)

吉。

整理者案:据《历代著录吉金目》页1057上、下栏补。

斧

汉兵(补)

十二年。邦。司□伐鄌弟。

上军。兵。司□□□□。

整理者案:据《筠清馆金石》卷五补。铭文但云"十二年",则此应为西汉建元前物。

莒阳铜斧

廿四年,莒伤(阳)丞寺,库齐,佐平。戜。(《文物》1998.12)

徐按:原报告认为是秦斧。裘锡圭先生认为是西汉遗物(《文物》1999.5),可从。整理者案:王卉《汉代铜器铭文汇总》未录此篇。

巾斧

巾。(《文物》1998.12)

整理者案:本篇亦见《金文续编》。

淮二斧

淮二。(《考古学报》1987.4;1:34)

徐按:李京华认为铁农器"淮一"乃淮平郡省称,数字可能是郡管冶铸作坊的编号。详见李氏《汉代铁农器铭文试释》,《考古》1974.1。

渔字铁斧(补)

渔。

整理者案:据《北京考古集成》11P330所录补。

河三铁斧(补)

河三。

整理者案:据《冶金考古》P46所录补。

度量衡器铭文

丈

新铜丈

黄帝初祖,德帀于虞;虞帝始祖,德帀于新。岁在大梁,龙集戊辰,戊辰直定,天命有民;据土德,受正号即真。改正建丑,长寿隆崇,同律度量衡,稽当前人,龙在己巳,岁次实沈。初班天下,万国永遵。子子孙孙,享传亿年。(《秦汉金文汇编》上编)

徐按:"大梁"、"实沈"皆十二次之名。"定"乃建除家所言建除十二神之一,汉人以定日为吉。详见饶宗颐、曾宪通《楚地出土文献三种研究》之《云梦秦简日书研究》。整理者案:王卉《汉代铜器铭文汇总》"子子孙孙"有重文号作"子子(=)孙孙(=)"。据《中国历代度量衡考》(页18),此铜丈1927年出土于甘肃定西县秤钩驿,据此器拓本实测,通长229.2厘米,宽4.7厘米,厚2.4厘米,乃是当时之标准器。《中国历代度量衡考》曰:"《汉书·律历志》中有标准器形制的记述:'其法用铜,高一寸,广二寸,长一丈而分寸尺丈存焉。此铜丈的形制与《汉书》所记相符,又刻有新莽时统一度量衡的铭文,当是标准度器无疑。'"此器亦见《中国书法全集》第九册图34。《中国书法全集》第九册页189图版说明34曰:"铭文的前四句为王莽自述世系,以黄帝为初祖,虞帝大舜为始祖。'正号'即指定国号为'新'。'即真',莽居摄为假皇帝,居摄三年由摄位而即真天子之位。'改正建丑'即以初始元年十二月癸酉朔为始建国元年正月朔。'初班天下,万国永遵',说明当时铸造了大量标准器。此器出土于甘肃定西,亦是一个例证。"

尺

元光二年尺(补)

元光二年五月,青羊作。

整理者案:据《历代著录吉金目》页 1060 上栏补。元光为西汉武帝年号(元光二年为前 133 年),此器为西汉物。

长安尺(补)

长安铜尺卅枚。第廿。元延二年八月十八日造。

整理者案:据《八琼室金石补正》卷二补。元延为西汉成帝年号(元延二年为前 11 年),此为西汉物。

新始建国尺(一、二)

始建国元年正月癸酉朔日制。(《汉金》卷三)

整理者案:始建国元年为 8 年。

新莽尺(补)

始建国元年正月癸酉朔日制公尺。(《文物鉴定与鉴赏》2014.11P46)

汉铁尺(补)

始建国元年造廿枚,第六。

整理者案:据《筠清馆金石》卷五补。《历代著录吉金目》页 1061 上栏题作"莽尺"。

虑俿尺

虑俿铜尺,建初六年八月十五日造。(《汉金》卷三)

整理者案:本篇亦见《金文续编》。篇题,《两汉金石记》卷四作"汉建初尺款",《积古斋钟鼎彝器款识》卷十、《金索》卷二、《历代著录吉金目》页 1061 下栏作"建初铜尺"。铭文"俿"字,《两汉金石记》作"虒"。《两汉金石记》曰:"建初六年为章帝即位之六年辛巳,上距建武五十余年矣。然予尝准此尺以度王莽时货布及汉时诸器,无不吻合者,以此知建初尺与刘歆尺、建武尺皆不相远。"《积古斋》曰:"案新城王尚书《居易录》云:'汉章帝时,泠道舜祠下得玉律,以为尺,与周尺同,因铸为铜尺,颁郡国,谓之汉尺。此或其遗欤?'"又曰:"虑俿,《郡国志》属并州太原郡。颜师古音为'庐夷'。"又据《中国历代度量衡考》(页 40),此尺为陕西博物馆藏器,长23.5厘米,宽2.3厘米,厚0.5厘米,然其是否为汉尺则尚有怀疑。《中国历代度量衡考》曰:"罗福颐《传世历代古尺图录》通18云:'由这支尺上铭文看来,绝不类汉人的铭刻,疑此尺还是晋、宋以来仿汉尺的长短而制的。'此言可供参考。"东汉章帝建初六年为81年,此为东汉物。

汉尺(补)

建初六年。

整理者案:据《历代著录吉金目》页1060下栏补。东汉章帝建初六年为81年,此器为东汉物。

X型尺(补)

九十。(《考古》2013.10,P30;M1K1⑥:560)

新莽始建国元年度(补)

始建国元年正月癸酉朔日制。

整理者案:据《历代著录吉金目》页1062上栏补。

衡

雒阳市平衡(补)

雒阳市平。

整理者案:据《历代著录吉金目》页1087下栏补。

新衡杆

黄帝初祖,德帀于虞;虞帝始祖,德帀于新。岁在大梁,龙集戊辰,戊辰直定,天命有民;据土德,受正号即真。改正建丑,长寿隆崇,同律度量衡,稽当前人,龙在己巳,岁次实沈。初班天下,万国永遵。子子孙孙,享传亿年。(《秦汉金文汇编》上编)

整理者案:本篇又见《陇右金石录》卷一,题作"新莽权衡铭"。铭文"有民"作"有人"。《陇右金石录》曰:"出于定西兰州教育馆藏。今存。按民国十八年,定西县北称钩驿农人掘地得新莽权衡,凡十事,有衡一,直一,钩二,权大小六。直之下段折为二,有贾客购衡与直之下段及一权、一钩以去。余为建设厅长杨慕时购,赠兰州教育馆。其直广三寸二分,长一丈一尺三寸,压精铁为之,有小篆铭文八十一字,自'万国'下俱折去,仅存七十一字。四权皆铁为之,形类巨环。一重今秤一百三十四斤二两,铭文同前,俱完好,后有'钧'字。一重七十二斤,存铭词四行,惟'律遵定册'四字可辨。一重七斤,字泐不可识。一重三斤五两,有'铢'字甚晰。钧五字。至民国二十一年夏,夜雨中为盗所窃,祇賸最大一权。于是教育馆陈请分电各省各海关调察,逾年,得之天津。拘其人询之,尽得盗窃经过。以权、衡等送贮北平古物保存会。是时,厂肆亦发见前为贾客购去诸物。'平会'即以重价购之,并为续其断折,珠还剑合,洵称奇事。'平会'所购为衡一(长约三四尺,铭与直同,而其文横行,每行四字,惟'同律度量衡'句为五字),权一(有'律九斤'等字),钩一(无字)。考其用法,必为以直当衡,而钩在衡之两端,一端悬权,一端为待权之物。其状与今之天平相近,但伟巨耳。"又曰:"莽自称舜后,而托始黄帝,革汉建新,皆与铭文合。其云'德币于虞'、'德币于新'者,《魏书·广平王匡传》'币'讹为'布'。或云应为'市'字。市者,盛也,芾、沛之字从之。亦有疑为'匝'字者。今考铭文实为'帀'字。'帀'字见于《周礼》,俗通作'匝'。惟《淮南子·原道训》云:'鬼出电入,龙兴鸾集,钩旋毂转,周而复帀。'《天文训》云:'帝张四维,运之以斗,一岁而匝,终而复始。'是帀、匝似为二字。而'帀'与'集'叶韵,今世俗'雜'字作'襍',从'集'而读同'雜'。或'帀'字亦本有'集'音。所谓'德帀于虞'、'德帀于新',犹言'德集于虞'、'德集于新'也。"又曰:"其最大一权有'钧'字者,考《金石录补》亦载有莽权,其铭辞为'律权石,重四钧,同律度量衡,有新氏造'。叶奕苞据《汉志》考之,以'三十斤为钧,四钧为石,为斤一百二十,故谓之权石'。今此权祇有'钧'字,其重又逾百二十斤,盖亦权石之属。次则重量递减,其云'律九斤'者,与《金石索》所载律石莽权款例相同。凡'律'字下皆为重量,各权皆然。有'铢'字者,则较小之权也。《隋书·律历志》载有此铭,惟'新'字讹'辛',又夺'戊辰'二字,当时已不见权衡全物。《金石索》所载莽权铭文,亦非目见。吾人生于今日,乃得于边陲见之,庸非眼福?"

区

光和区(补)

光和六年二月考工贤忠善,作府啬夫连长、左丞司马去疾福、掾胜阳曲省。重二斤八两,第三。

整理者案:据《历代著录吉金目》页1063上栏补。光和为东汉灵帝年号(光和六年为183年),故此器为东汉物。

三寿区

三寿□□。(阳文)(《汉金》卷四)

整理者案:"□□",《秦汉金文汇编》上编所收图版、《贞松堂集古遗文补遗》卷下、《历代著录吉金目》页1062下栏、王卉《汉代铜器铭文汇总》俱作"是□",当据改。

杨氏区

杨氏,容二斗。(阳文)重十四斤。(阴刻)(《汉金》卷四)

徐按:《贞松堂集古遗文补遗》卷下收此器,名曰"杨氏壶"。整理者案:本篇亦见《金文续编》。《历代著录吉金目》页254上栏录本篇,题作"杨氏缶",而页1062下栏收本篇仍题"杨氏区"。

长区(补)

长区,容一斗。

整理者案:据《西清古鉴》卷三十四补。《金索》卷二曰:"《左氏传》:'齐旧四量,豆、区、釜、锺。'杜预注:'四豆为区,容十六升。'而此铭曰'长区,容一斗',盖自春秋至汉,制之广狭已不侔矣。"

斛

平都犁斛

元年十月甲午,平都戍、丞纠、仓亥、佐葵。犁斛。(一侧以大字刻)容三升少半升,重二斤十五两。(以小字刻)平都。(另一侧)(《文物》1997.3)

整理者案:铭文"戍",王卉《汉代铜器铭文汇总》作"戍"。《中国书法全集》第九册页42图20无末"平都"二字。据《中国书法全集》第九册页185图版考释20,此器作于西汉中期,藏天津市文物管理处。《中国书法全集》曰:"'犁斛'是一个未见史载的量器名称。据云希正考,犁斛铭文内容与'昆阳乘舆鼎'近似,单位容量亦相一致,因此两器的制造年代应很接近。均为汉武帝时物。此器外壁另侧刻'平都'二字。平都西汉时属上郡,故城在今陕西子长县境内。铭文中的官吏名称及人名有:平都县令名'戍',县丞名'纠',仓吏名'亥',仓佐名'葵'。"

湿仓平斛

湿仓铜十斗斛,重五十八斤。始建国天凤元年三月戊前,□□调、工齐长造。

（腹壁，阴刻）

湿仓平斛。（底，阳文）（《文物》1963.11）

整理者案：王卉《汉代铜器铭文汇总》未录此篇。《中国书法全集》第九册页58图51仅收有此器底部拓片。据《中国书法全集》第九册页194图版说明51，此器传清末出土于山西，藏山西省博物馆。《中国书法全集》曰："'湿仓'，《汉书·地理志》有载，属河东郡。一九五六年山西平陆龙岩村出土有'湿仓备成'瓦当，明确了湿仓的具体位置。此斛亦为王莽时期河东郡湿仓中使用的量具。"又曰："'湿仓平斛'四字为隶书，惟'平'字有篆书遗意。证实了隶书在西汉已经成熟，并得到广泛使用。"又新莽始建国天凤元年为14年。

大司农平斛

大司农平斛，建武十一年正月造。（《全国基本建设工程中出土文物展览图录》图版一〇〇）

整理者案：此器又见《中国书法全集》第九册页50图35。据《中国书法全集》第九册页190图版说明35，此器1953年出土于甘肃古浪陈家河。《中国书法全集》曰："'大司农'，秦代称治粟内史，掌谷货，景帝后元年更名大农令，武帝太初元年更名大司农。"建武为东汉光武帝年号（建武十一年为35年），此为东汉物。

光和斛（一）

大司农以戊寅诏书，秋分之日，同度量、均衡石、椭斗桶、正权概，特更为诸州作铜斗、斛、称、尺，依黄钟律历、九章算术以均长短、轻重、大小，用齐七政，令海内都同。光和二年闰月廿三日，大司农曹祑、丞淳于宫、右仓曹掾朱音、史韩鸿造。（口、底同，底文多一行二字"阳安"。）（《汉金》卷三）

整理者案：本篇亦见《金文续编》。《历代著录吉金目》页1064下栏录本篇，题注："铭文口、底各八十九字，斛侧二字（阳安），共一百八十字。"铭文"曹祑"，《筠清馆金石》卷五作"曹役"，王卉《汉代铜器铭文汇总》作"曹袯"。铭文"淳于宫"，《筠清馆金石》卷五误作"游于宫"，王卉录文误作"淳于官"。《筠清馆金石》曰："大司农为官，卿一人，中二千石。丞一人，比二千石。太仓令一人，六百石。此云右仓曹，是汉有左、右仓曹而史略之。"又曰："阳安，当是置量之所。范《志》'汝南郡阳安道亭故国'注引《魏氏春秋》曰：'初平三年置阳安郡尉'，盖其地也。"又光和为东汉灵帝年号（光和二年为179年），此为东汉物。

光和斛（二）

（文同《光和斛》一）（底文无"阳安"）（《汉汉金》卷三）

整理者案:本篇铭文又见《历代著录吉金目》页902上栏,题作"光和鼎",原注曰:"按是器《汉金文录》著录作斛,参看'光和斛'。"而《历代著录吉金目》页1064上、下栏录本篇,仍题"光和斛",铭文"淳于宫"作"游于宫"。又器物年代为东汉。

光和斛(补)

(缺)作铜斗、斛、称、尺,依黄钟律历、九章算术以均长短、轻重,用齐七政,令海内都同。光和二年(缺)丞淳于宫、右仓曹掾朱音、史韩鸿造□官铜斛八。

整理者案:据《历代著录吉金目》页1063下栏补。又器物年代为东汉。

夷道官斛

夷道官。(阳文)(《汉金》卷三)

整理者案:本篇亦见《金文续编》《历代著录吉金目》页1063下栏。铭文"官"下,《历代著录吉金目》所录有一阙文号。

斗

万年县官斗

万年县[官]铜斗。河平二年,考工冯教省造。(《汉金》卷三)

整理者案:本篇亦见《金文续编》《历代著录吉金目》页1064下栏、《秦汉金文汇编》上编、王卉《汉代铜器铭文汇总》。四种著述所录铭文"县"下皆有"官"字,《秦汉金文汇编》所收图版亦如此。故据增。又河平为西汉成帝年号(河平二年为前27年),此为西汉物。

新量斗

律量斗,方六寸,深四寸五分,积百六十二寸,容十升。始建国元年正月癸酉朔日制。嘉黍、嘉麦、嘉豆、嘉禾、嘉麻。(《汉金》卷三)

整理者案:本篇亦见《金文续编》、陈直《两汉经济史料论丛》P151。陈直所录铭文"律量"作"律嘉"。又此为新莽时物。

新莽铜斗(补)

新始建国,天凤上戊六年。

整理者案:《容斋随笔》卷六"建武中元"条曰:"韩庄敏家一铜斗,铭云:'新始建国,天凤上戊六年。'"故据以拟题并录文。又新莽天凤上戊六年为19年。

南武阳大司农平斗

南武阳大司农平斗。永平五年闰月造。(《考古与文物》1996.1)

整理者案:永平为东汉明帝年号(永平五年为63年),此为东汉物。

和平二年铜斗(补)

和平二年堂狼造。(《四川文物》2009.1P87)

整理者案:篇题据铭文拟。又和平为东汉桓帝年号(和平二年为151年),此为东汉物。

汉春信家铜斗

春信家铜斗,重一两。(《双剑誃古器物图录》卷下)

整理者案:王卉《汉代铜器铭文汇总》未录此篇。

市平斗

市平斗。(阳文)(《考古》1982.3)

□平湡家斗

□平湡家斗,重二斤。(《文物》1982.9;K1;011)

整理者案:王卉《汉代铜器铭文汇总》未录此篇。

汝阴侯斗

女(汝)阴侯斗,重一斤八两。(《文物》1978.8)

整理者案:王卉《汉代铜器铭文汇总》未录此篇。

升

万年县官铜升(补)

万年县官铜升,河平二年考工冯教省造。

整理者案:据《历代著录吉金目》页1065下栏补。又河平为西汉成帝年号(河平二年为前27年),此为西汉物。

上林共府升

上林共府,初元三年受弘农郡。黾池宫铜升,重一斤三两。五凤元年,工常务造,守□顺临。第六。(《考古与文物》1994.4)

徐按:原报告称"量",当依其自名。整理者案:初元为西汉元帝年号(初元三年为前46年),五凤为西汉宣帝年号(五凤元年为前57年),此为西汉物。

新量升(补)

律量升,方二寸二分而圆其外,庣旁四氂八豪,冥八寸一分,深二寸,积万六千二百分,容十合。始建国元年正月癸酉朔日制。

整理者案:据《历代著录吉金目》页1065下栏补。

永建升

永建六年八月,□氏铜升。六□□。十。(《汉金》卷三)

整理者案:本篇亦见《金文续编》。《古文字研究》第十九辑《湖南战国秦汉魏晋铜器铭文补记》录本篇题作"永建六年升",铭文"八月"作"十月","六"下第一个阙文号作"什",第二个阙文号与铭末"十"字为一字,"十"为该字之右旁。王卉《汉代铜器铭文汇总》所录无"六□□十"四字。又永建为东汉顺帝年号(永建六年为131年),此为东汉物。

晋寿升

晋寿。次百七。容一升。(《汉金》卷三)

整理者案:本篇亦见《金文续编》。

铜升(补)

历府有五容升。

整理者案:据《历代著录吉金目》页1065上栏补。

合

建武平合

大司农平合。建武十一年正月造。(《汉金》卷三)

整理者案:本篇亦见《金文续编》。建武为东汉光武帝年号(建武十一年为35年),此为东汉物。

永平平合

大司农平合。永平三年三月造。(《汉金》卷三)

整理者案:本篇亦见《金文续编》。永平为东汉明帝年号(永平三年为60年),此为东汉物。

籥

律量籥

律量籥,方寸而圜其外,庣旁九豪,冥百六十二分,深五分,积八百一十分,容如黄钟。(柄正面)始建国元年正月癸酉朔日制。(背面)(《考古》1973.3)

整理者案:《秦汉金文汇编》上编篇题作"新莽量",铭文"庣旁"作"广旁"。又案:王卉《汉代铜器铭文汇总》无"柄正面"、"背面"字样。

大半籥小量(补)

大半籥。

整理者案:据《金文续编》补。又见陈直《两汉经济史料论丛》P151—152,篇题无"小量"二字。

青羊毕少郎葆调

青羊毕少郎作葆调。(《汉金》卷四)

整理者案:本篇又见《贞松堂集古遗文》卷十五、《金文续编》《历代著录吉金目》页1151上栏。但《贞松堂集古遗文》《历代著录吉金目》"青羊"二字作"王罩",《贞松堂集古遗文》所摩图版亦如此。颇疑"青羊"正是"王罩"之误。又见陈直《两汉经济史料论丛》P137,陈直曰:"案葆调与铜籥相类。"

撮

始建国元年铜撮

始建国元年正月癸酉朔日制。(柄)律撮,方五分而圜其外,庣旁四毫,冥卅分五氂,深四分,积百六十二分,容四圭。(斗部)(《考古》1957.4)

整理者案:《秦汉金文汇编》上编"五氂"作"五釐",图版同;"四圭"作"四百"。王卉《汉代铜器铭文汇总》"深四分"作"深八寸"。又此为新莽时物。

圭

一分圭
一分,容黍粟六十四枚。(《秦汉金文汇编》上编)
整理者案:王卉《汉代铜器铭文汇总》"黍"误作"黎"。

大郭刀圭(补)
大郭。
整理者案:据《历代著录吉金目》页1165下栏补。

量

正车骑尉府量
六年三月癸巳,佐信、工福。正车骑尉府。第甲。廿一斤。(《文博》1991.5)
整理者案:铭文但云"六年",或为西汉武帝建元前物。

上林量
上林共府,初元三年受琅邪,容一升,重斤二两。工师骏造。(《汉金》卷三)
整理者案:本篇亦见《金文续编》。王卉《汉代铜器铭文汇总》所录脱"容一升重斤二两"七字。本篇又见《历代著录吉金目》页868下栏,篇题则作"上林共府鼎";而同书页1068下栏篇题仍作"上林量"。此器又见《中国书法全集》第九册页45图26,题作"上林共府升"。初元,为西汉元帝年号(初元三年为前46年)。此器出土地点未详,藏天津市艺术博物馆。《中国书法全集》第九册页187图版说明26曰:"'琅邪郡',《汉书·地理志》注曰:'秦置,莽曰填夷,属徐州。'在今山东诸城。'工师'为监制者。'骏'为工师之名。此件铭文与一九六一西安三桥镇高窑村出土上林苑铜器铭文相近,都有'初元三年受某郡'语,说明初元三年(前四六)曾由各地征调了大批铜器供上林苑使用。"

新莽铜权(补)
律石。始建国元年正月癸酉朔日制。
整理者案:据《金索》卷二补。《历代著录吉金目》页1067下栏录本篇,题作

"王莽量"。《积古斋钟鼎彝器款识》卷十铭文无"国"字。《金索》原注:"('律石'下)未知缺几字。"

新莽铜权(补)

律石衡兰奉□□,容六升,始建国元年正月癸酉朔日制。

整理者案:据《积古斋钟鼎彝器款识》卷十补。《历代著录吉金目》页1067下栏录本篇,题作"王莽量"。铭文"兰"下脱"奉"字。《积古斋》曰:"薛氏《款识》汉注水匜铭云:'律斤衡兰注水匜,容一斗,始建国元年正月癸酉朔日制。'与此权盖一时所制。薛氏云:'汉新室当孺子婴初始元年戊辰,十二月改为建国。此言元年正月,则是明年己巳岁制此器也。'考《汉书·王莽传》云'以十二月朔癸酉为始建国元年正月之朔',莽以十二月为岁首,则此铭'正月朔'即初始元年之十二月朔也。律石衡兰注水匜作'律斤衡兰',石与斤皆权也。律石衡当是官名,兰当是人名。《莽传》载莽策群司之辞有曰'白煇象平,考量以铨',此即命铸权量之辞也。新莽尚有量铭,见翁氏《两汉金石记》。"

新嘉量(补)

黄帝初祖,德帀于虞,虞帝始祖,德帀于新。岁在大梁,龙集戊辰,戊辰直定,天命有民;据土德,受正号即真。改正建丑,长寿隆崇。同律度量衡,稽当前人,龙集己巳,岁次实沈。初班天下,万国永遵。子子孙孙,享传亿年。

整理者案:据《历代著录吉金目》页1069下栏补。原题注:"铭文八十一。"铭后又注:"《陶斋》四·五十二至五十三名作'新莽残量'。"《金索》卷二录本篇,题作"新莽嘉量铭",铭文两"帀"字,皆作"市"字,注曰:"市字,《隋志》作'市'。按《说文》,'帀,周也。从反之。'而'周'义亦可通。但其直画上出,乃'市'字,与'市'字不同。此'市'字,音镈,《说文》:'草木市市然。象形。'《集韵》:'草木盛貌。'又《诗》'蔽芾',本作'市',音沸,亦训盛貌。此作德盛解,义长。"然据《中国书法全集》第九册页48图33,实作"帀",不作"市"。《金索》殆曲为之说。铭文"享传",《金索》作"亨传",注曰:"亨,即享。《隋志》作'享'。"据《中国书法全集》第九册页189图版说明33,此器作于新莽建国元年,传清末河南孟津出土,藏中国历史博物馆。《中国书法全集》曰:"据前段铭文中有'岁在大梁,龙集戊辰',按'大梁'为星次名。《国语·晋语》四'岁在大梁'注:'自毕七度至毕十一度为大梁。''戊辰'指初始元年,即公元八年。后段铭文中有'龙在己巳,岁次实沈'。己巳为始建国元年,即公元九年,实沈亦为星次名。《国语·晋语》四'岁在大梁,将集天行,天年始受,实沈之星也。'接下句为'初班(颁)天下'可知此器造于新莽始建国元年或稍晚。"

新嘉量

黄帝初祖,德帀于虞,虞帝始祖,德帀于新。岁在大梁,龙集戊辰,戊辰直定,天命有民;据土德,受正号即真。改正建丑,长寿隆崇。同律度量衡,稽当前人,龙集己巳,岁次实沈。初班天下,万国永遵。子子孙孙,享传亿年。(阳面)

律嘉量斛,方尺而圜其外,庣旁九氂五豪,冥百六十二寸,深尺,积千六百廿寸,容十斗。(阴面)

律嘉量斗,方尺而圜其外,庣旁九氂五豪,冥百六十二寸,深寸,积百六十二寸,容十升。(阴面)

律嘉量升,方二寸而圜其外,庣旁一氂九豪,冥六百卌八分,深二寸五分,积万六千二百分,容十合。

律嘉量合,方寸而圜其外,庣旁九豪,冥百六十二分,深寸,积千六百廿分,容二龠。

律嘉量龠,方寸而圜其外,庣旁九豪,冥百六十二分,深五分,积八百一十分,容如黄钟。(《汉金》卷三)

整理者案:本篇亦见《金文续编》。《金索》卷二录本篇,题作"汉嘉量"。铭文"龙集",《金索》作"龙在"。铭文四"冥"字,《西清古鉴》卷三十四、《历代著录吉金目》页1070上下栏所录皆作"宽",《金索》作"幂"。铭文"冥六百卌八分"之"卌八"二字,《两汉金石记》卷四、《西清古鉴》《金索》作"卅八"。王卉《汉代铜器铭文汇总》录本篇,"子子孙孙"有重文号作"子子(＝)孙孙(＝)","律嘉量斗"之"斗"作"斛","冥六百"作"冥百六百",又脱"深五分"三字。《两汉金石记》引《汉书·律历志》:"量者,龠、合、升、斗、斛也。本起于黄钟之龠,合龠为合,十合为升,十升为斗,十斗为斛,而五量嘉矣。其法用铜,方尺而圜其外,旁有庣焉。其上为斛,其下为斗。左耳为升,右耳为合龠。"又曰:"按王莽初始元年,即居摄三年戊辰也,其年十一月戊辰,莽至高庙拜受金匮,还坐未央宫前殿,下书曰:'以戊辰直定,御王冠,即真天子位,定有天下之号曰新。其改正朔,易服色,变牺牲,殊徽帜,异器制。以十二月朔癸酉为建国元年正月之朔,以鸡鸣为时。服色配德上黄,牺牲应正用白,使节之旄幡皆纯黄。'注:'以戊辰直定者,以建除之次,其日当定也。以鸡鸣为时者,以十二月为正,以丑时为十二时之始也。以土继火,故尚黄。万物纽牙于丑,其色白,故应正用白也。'此铭云'龙集戊辰',此句谓戊辰年也;又曰'戊辰直定',此句谓戊辰日也;又曰'龙在己巳',则谓以此铜量班行郡国在始建国元年己巳也。"

大半籥小量
大半籥。(《汉金》卷三)

曹氏量
曹氏,容二斗,重三斤。(《汉金》卷三)

整理者案:本篇亦见《金文续编》。

万斛量
长乐未央,万斛。(《续编》)

整理者案:《续编》即《金文续编》。

楚私官量
楚私官,重一斤一两十八朱。第二。元园,重一斤一两十二朱。今北平园。(《文物》1973.4;TG35)

徐按:释文参照朱德熙、裘锡圭:《战国铜器铭文中的食官》"追记",见《朱德熙古文字论集》P87。整理者案:《秦汉金文汇编》上编"今北平园"在上条"第二"下;后条"元园"作"□园",且在"十二朱"下。又案:王卉《汉代铜器铭文汇总》"元"、"今"二字皆作阙文号。

都市平量
都市平。(阳文)(《四川文物》1984.4)

宜子孙量(一、二)
宜子孙。(阳文)(《文博》1986.2)

蒲反田官量
蒲反田官。(阳文)(《文物》1987.4)

汉量(补)
量。

整理者案:据《历代著录吉金目》页1066下栏补。

第五量(补)
第五。

整理者案:据《历代著录吉金目》页1066下栏补。

余道官量(补)
余道官。

整理者案:据《历代著录吉金目》页1066下栏补。原注:"按此器《汉金文录》

作斛,参看'夷道官斛'。"

洛阳市平量器(补)

洛阳市平。

整理者案:据《历代著录吉金目》页1066下栏补。

容斗六升量(补)

容斗六升,重五斤十四两。

整理者案:据《历代著录吉金目》页1067下栏补。

权

新一斤十二两权

律一斤十二两。始建国元年正月癸酉朔日制。(《汉金》卷三)

整理者案:本篇亦见《金文续编》。此为新莽时物,始建国元年为8年。

新八两权

律八两。始建国元年正月癸酉朔日制。(《汉金》卷三)

整理者案:此为新莽时物。

新二斤权

律二斤。始建国元年正月癸酉朔日制。(《汉金》卷三)

整理者案:《筠清馆金石》卷五本篇题作"汉始建国权"。铭文"二斤",秦凤鹤《甘肃出土先秦两汉青铜器铭文整理与研究》P150所录作"二钧"。《筠清馆金石》曰:"《汉书·律历志》:权者,铢、两、斤、钧、石也。五权之制,以义立之,以物均之。此是五权之一,而权斤者。《积古斋款识》载莽权二,按其文皆云'律石',则是权石者。律,即《光和斛》所云'称尺依黄钟律历'是也。或石或斤,皆依此律,故通云律也。自一斤至九斤,各自有权。此依律用权二斤者,故云'律二斤'也。"

新三斤权(补)

□(律)三斤。

整理者案:据秦凤鹤《甘肃出土先秦两汉青铜器铭文整理与研究》P153所录补。又此为新莽时物。

新五斤权

律五斤。始建国元年正月癸酉朔日制。(《汉金》卷三)

整理者案:本篇亦见《金文续编》。此为新莽时物。

新六斤权(补)

律六斤。

整理者案:据秦凤鹤《甘肃出土先秦两汉青铜器铭文整理与研究》P153所录补。又此为新莽时物。

新莽铜权(补)

律石。始建□元年正月癸酉朔日制。

整理者案:据《历代著录吉金目》页1078下栏补。此为新莽时物。

新莽铜权(补)

律石衡兰奉□□容六升。始建国元年正月癸酉朔日制。

整理者案:据《历代著录吉金目》页1079下栏补。此为新莽时物。

新九斤权

律九斤。始建国元年正月癸酉朔日制。(《汉金》卷三)

整理者案:此为新莽时物。

新钧权

律权钧,重卅斤。始建国元年正月癸酉朔日制。(《汉金》卷三)

整理者案:本篇亦见《贞松堂集古遗文补遗》卷下、《金文续编》。《贞松堂集古遗文补遗》无铭首"律"字。又此为新莽时物。

新始建国权

始建国元年正月癸酉朔日制。(《汉金》卷三)

整理者案:《历代著录吉金目》页1077下栏题作"新莽始建国元年权"。此为新莽时物。

新铜环权

律权石,重八钧。律九斤。始建国元年正月癸酉朔日制。(《秦汉金文汇编》上编)

徐按:疑乃二权。整理者案:"八钧",《秦汉金文汇编》上编作"四钧",所收图版作"四钧"甚分明。当据改。又案:王卉《汉代铜器铭文汇总》"钧"误作"斤"。又此为新莽时物。

新莽权铭(补)

律权石,重四钧。同律度量衡,有新氏造。

整理者案:据《金石录补》卷一补。《金石录补》曰:"按《汉志》:三十斤为钧,四钧为石,为斤一百二十,故谓之权石。莽号新室。权铭,晋末校尉王和掘得圜石,其铭如是。盖同时所造也。"

大司农权

大司农以戊寅诏书,秋分之日,同度量、均衡石、㮃斗桶、正权概,特更为诸州作铜称,依黄钟律历、九章算术,以均长短、轻重、大小,用齐七政,令海内都同。光和二年闰月廿三日,大司农曹袯、丞淳于宫、右库曹掾朱音、史韩鸿造,青州乐安郡寿光金曹掾胡吉作。(《秦汉金文汇编》上编)

整理者案:此器出土地未详。"㮃斗桶"之"㮃",《中国书法全集》第九册页52图41作"挏"。"㮃"义为方形橼子,"挏"义为较量,再据此铭上、下文,也应作"挏"。王卉《汉代铜器铭文汇总》"淳于宫"之"宫"字误作"官"。《中国书法全集》第九册页191图版说明41曰:"铭文大意是,大司农以戊寅这一天发布的诏书为根据,规定依照黄钟律历、九章算术来制造度量衡器具,发至各州。并在秋分日进行检定,以保证全国量值的统一。此铭在出土的其他东汉量器上亦有发现。"又光和为东汉灵帝年号(光和二年为179年),此为东汉物。

汉五空权

五空。(《衡斋金石识小录》图六)

整理者案:《历代著录吉金目》页1071下栏篇题无"汉"字。

第五权(补)

第五。

整理者案:据《陶斋吉金续录》卷二补。亦见《历代著录吉金目》页1071下栏。

武库铜权

武库,一斤。(《秦汉金文汇编》上编)

汶江市平铁权(补)

汶江市平。

整理者案:据《秦汉金文汇编》上编补。

上右禾石铁权(补)

上右禾石。(《文物》1998.6P23)

整理者案:据铭文所出文献,此为西汉文帝景帝时物。

正里禾石铁权(补)

正里禾石。(《文物》1998.6P23)

整理者案:据铭文所出文献,此为西汉高祖至文帝时物。

三钧铁权（补）

三钧。（《中国国家博物馆馆刊》2015.8P111）

十五斤铁权（补）

□州，十五斤。

整理者案：据《贞松堂集古遗文》卷十三补。

铜甬

谷口铜甬（补）

谷口铜甬，容十升，重卅斤。甘露元年十月，计掾章平，左冯翊府，东方北方槩南西方。

整理者案：据《啸堂集古录》卷下补。"十斗"，《历代著录吉金目》页1087下栏作"十升"。又朱心剑《金石学》第二编《说金》页132仅录首二句。甘露为西汉宣帝年号（甘露元年为前53年），此器为西汉物。

谷口铜甬（补）

谷口铜甬，容十升，始元四年南方左冯翊造。谷口铜甬，容十升，重卅斤，甘露元年十月，计掾章平，左冯翊府，北方槩南。

整理者案：据《历代钟鼎彝器款识》卷十八补。铭文"卅"字，《历代著录吉金目》页1087下栏、陈直《两汉经济史料论丛》P153所录皆作"廿"。铭文"甬"字，陈直曰："甬即桶字省文。"铭文"槩"字，《历代著录吉金目》页1087下栏作"暨"。又《金索》卷二录本篇，篇题"甬"下有"铭"字，铭文两"十升"俱作"十斗"，曰："斗字，薛误释'升'。"始元为西汉昭帝年号（始元四年为前83年），甘露为西汉宣帝年号（甘露元年为前53年），此为西汉物。

累

七两官累（补）

官累，重七两。

整理者案：据陈直《两汉经济史料论丛》P153补。陈直曰："累即絫字假借，盖汉代权类别称。"

十两官累（补）

官累,重十两。

整理者案:据陈直《两汉经济史料论丛》P153 补。

十二两官累（补）

官累,重十二两。

整理者案:据陈直《两汉经济史料论丛》P153 补。

斤二两官累（补）

官累,重斤二两。

整理者案:据《贞松堂集古遗文》卷十三补。

斤七两官累

官累,重斤七两。(《汉金》卷三)

斤十两官累（一、二）

官累,重斤十两。(《秦汉金文汇编》上编)

整理者案:本篇亦见《金文续编》。《秦汉金文汇编》所收图版"累"作繁体之"纍"。又案:王卉《汉代铜器铭文汇总》未录此篇。

二斤四两官累（补）

官累,重二斤四两。

整理者案:据陈直《两汉经济史料论丛》P153 补。

二斤十两官累

官累,重二斤十两。(《秦汉金文汇编》上编)

整理者案:本篇亦见《金文续编》。

铜称

王莽铜称（补）

始建国元年正月癸酉朔日制。

整理者案:据陈直《两汉经济史料论丛》152 补。

莽称（补）

黄帝初祖,德帀于虞,虞帝始祖,德帀于新。岁在大梁,龙集戊辰,戊辰直定,天命有民;据土德,受正号即真。改正建丑,长寿隆崇。同律度量衡,稽当前人,龙集己巳,岁次实沈。初班天下,万国律(缺)律二□始建国元年正月癸酉朔日制。

整理者案:据《历代著录吉金目》页 1086 下栏补。

莽称(补)

黄帝初祖,德帀于虞,虞帝始祖,德帀于新。岁在大梁,龙集戊辰,戊辰直定,天命有民;据土德,受正号即真。改正建丑,长寿隆崇。同律度量衡,稽当前人,龙集己巳,岁次实沈。初班天下,万国永遵。子子孙孙,亨传亿年。律九斤,始建国元年正月癸酉朔日制。

整理者案:据《历代著录吉金目》页 1086 下栏补。

平器

市官所平器

市官所平。(《续编》)

整理者案:《贞松堂集古遗文》卷十五两收本篇。《历代著录吉金目》页 1087 上栏篇题"平"下有"小"字。

阳翟官平器

阳翟官平。(《贞松堂集古遗文补遗》卷下)

整理者案:《历代著录吉金目》页 1087 上栏篇题无"器"字。

雒阳市平器

雒阳市平。(阳文)(《汉金》卷四)

整理者案:本篇亦见《金文续编》。

官律所平器

官律所平,鼓□为职。(阳文)(《汉金》卷四)

整理者案:本篇亦见《金文续编》。篇题,《历代著录吉金目》页 1065 上栏、《秦汉金文汇编》上编作"斗检封",而《历代著录吉金目》页 1087 上栏篇题仍作"官律所平器"。铭文"□"字,《历代著录吉金目》页 1065 上栏、《秦汉金文汇编》上编、王卉《汉代铜器铭文汇总》作"铸"。铭文"职"字,《历代著录吉金目》页 1065 上栏作一阙文号。

斗检封(补)

官律所平。(内)鼓铸为□。(底)

整理者案:据《积古斋钟鼎彝器款识》卷十补。篇题,《历代著录吉金目》页1087上栏作"官律所平小器"。铭文"鼓铸为□",《从古堂款识学》卷四作"□□□□",原注:"四字镕铸不到,审其笔画,疑是'觊钱为狱'。"《历代著录吉金目》页1064下栏但录"官律所平"四字。《积古斋》曰:"皆阳识,张叔未所藏器。案《周礼》:'司市以玺节出入之。'郑注:'玺节,印章,如今斗检封矣。使人执之以通商。'贾疏云:'汉法斗检封,其形方,上有封检,其内有书。'此器形方如斗,内铭云'官律所平',著平肆之义。底铭末一字疑是'变'字,'鼓铸为变',著化居之义。其为通商之封玺无疑。叔未以为斗检封,是也。"

律管

新无射律管

无射。始建国元年正月癸酉朔日制。(《秦汉金文汇编》上编)

整理者案:本篇亦见《金文续编》《历代著录吉金目》页1087下栏。《历代著录吉金目》篇题"新"下有"莽"字。

大吕律管(补)

大吕。始建国元年正月癸酉朔日制。

整理者案:据《历代钟鼎彝器款识》卷十九补。《历代著录吉金目》页1088上栏篇题无"大吕"二字。

砝码

新莽铜砝码(一)

律十斤。始建国元年正月癸酉朔日制。(《文物》1982.1;1号)

整理者案:此为新莽时物。

新莽铜砝码(二)

律八斤。始建国元年正月癸酉朔日制。(《文物》1982.1;2号)

徐按:原报告将"律"误释为"衡"。整理者案:器物年代同上。

车马器具

铜轸(补)
司乐府。(《考古》2006.4,P28;M8:37)
整理者案:篇题据原报告文字拟。

铜轸(补)
一两。(《考古》2006.4,P28;M8:38)
整理者案:篇题据原报告文字拟。

铜轸(补)
重一两三朱。(《考古》2006.4,P28—29;M8:39)
整理者案:篇题据原报告文字拟。

重廿二朱轸
重廿二朱。(《考古》1996.4;M3:27)

重廿一朱轸
重廿一朱。(《考古》1996.4;M3:47)

一两一朱轸(一)
一两一朱。(《考古》1996.4;M3:48)

一两一朱轸(二)
文同。(《考古》1996.4;M3:49)

廿三朱珍
廿三朱。(《考古》1996.4;M3:50)
整理者案:篇题"珍"疑为"轸"字之误。

上广车饰
前右上广。二。在厚下。(《汉金》卷四)

整理者案:本篇亦见《金文续编》。《历代著录吉金目》页 1095 上栏、王卉《汉代铜器铭文汇总》无铭文"二"字。《历代著录吉金目》有注曰:"按此器《贞松堂》著录分为二器,名作'帐构铜'。"

安昌车饰

安昌。(《汉金》卷四)

整理者案:本篇亦见《金文续编》。篇题"饰"字,《十六长乐堂古器款识考》卷四、《积古斋钟鼎彝器款识》卷十、《历代著录吉金目》页 1092 上栏俱作"釭",《历代著录吉金目》页 1093 上栏作"輨"。《积古斋》曰:"钱献之所藏器。献之云:'此安昌侯张禹物也。'"

胜里车釭(补)

胜里。

整理者案:《十六长乐堂古器款识考》卷四曰:"汉人车釭头传世者甚多,或素或饰,互有不同,而形制则一。余所得者六七种,其一则底有'胜里'二字,后为他人取去,不复存。"故据以拟题并录文。

大吉羊錞环(补)

大吉羊。

整理者案:据《历代著录吉金目》页 1095 上栏补。

一车轴

一,一;二,二。(在长方体一面和与方体相对应圆柱体面上)(《文物》1991.4)

八齿轮

八。(第一组各一面孔边)(《文物》1991.10;M104:15)

九齿轮

九。(第二组各一面孔边)(同前)

十齿轮

十。(第三组一件的一面孔边)(同前)

徐按:三组六件。

王氏包角

王氏。(《文物》1991.10;M104:18)

王包角

王。(《文物》1991.10;M104:18)

粲人包角(一至四)

粲人。(《考古学报》1985.2;1:76—1)

一觔耳

一。(《文物》1982.9)

十四觔耳

十四。(《文物》1982.9)

十觔耳

十。(《文物》1982.9)

三觔耳铜座

三。(《文物》1982.9)

廿七觔铜座

廿七。(《文物》1982.9)

徐按:"七"原报告误释为"十"。

左骖虎形器座

左骖。(《满城汉墓发掘报告》P97;1:4167)

左服虎形器座

左服。(《满城汉墓发掘报告》P97;1:4165)

左骖右虎形器座

左骖,右。(《满城汉墓发掘报告》P97;1:4163)

左服右虎形器座

左服,右。(《满城汉墓发掘报告》P97;1:4166)

右服左虎形器座

右服,左。(《满城汉墓发掘报告》P97;4164)

张君马(一)

守左骑千人张掖长张君骑马一匹,牵马奴一人。(《文物》1972.2)

张君马(二)

守左骑千人张掖长张君小车马,御奴一人。(《文物》1972.2)

张君马(三)

冀张君骑一匹,牵马奴一人。(《文物》1972.2)

整理者案:又见秦凤鹤《甘肃出土先秦两汉青铜器铭文整理与研究》P164 所录,"骑"下有"马"字。

张君马(四)
冀张君小车马,御奴一人。(《文物》1972.2)

张君郎君马
守张掖长张君郎君阿那骑马一匹,牵马奴一人。(《文物》1972.2)

整理者案:秦凤鹤《甘肃出土先秦两汉青铜器铭文整理与研究》P165所录,无"郎"下之"君"字。

张君前夫人马
守张掖长张君前夫人辇车马,将车奴一人,从婢一人。(《文物》1972.2)

整理者案:《全集·秦汉》说明页49、秦凤鹤《甘肃出土先秦两汉青铜器铭文整理与研究》P165所录"辇"皆作"輂"。又此器时代,《全集·秦汉》定为东汉晚期物。据此,则本篇之上五篇及本篇之下二篇铭皆应归入东汉时期。

张君后夫人马
守张掖长张君后夫人辇车马,将车奴一人,从婢二人。(《文物》1972.2)

整理者案:秦凤鹤《甘肃出土先秦两汉青铜器铭文整理与研究》P165所录,"辇"作"輂"。

张君夫人马
冀张君夫人辇车马,将车奴一人,从婢一人。(《文物》1972.2)

整理者案:又见秦凤鹤《甘肃出土先秦两汉青铜器铭文整理与研究》P164所录,"辇"作"輂"。

鎏金马(补)
阳信家。

整理者案:据《全集·秦汉》说明页50补。此器年代,《全集·秦汉》定为西汉中期物。

杂器铭文

勺

长沙元年勺（补）
铜钭一,重一斤九两。长沙元年造。（勺背,阴文篆书）（《文物》2007.12P35,M1:101—6）

整理者案:据铭文拟题。又长沙国于西汉景帝时复置,故此为西汉物。

富贵勺（补）
大富贵。

整理者案:据《历代著录吉金目》页1096上栏补。

雒阳勺
雒阳,十两。（《秦汉金文汇编》上编）

整理者案:本篇亦见《金文续编》。

平阳勺
平阳,容一半升,重十两。（《秦汉金文汇编》上编）

整理者案:本篇亦见《金文续编》《历代著录吉金目》页1097上栏。《历代著录吉金目》篇题"阳"下有"铜"字。

明光宫勺（补）
明光宫。

整理者案:据《秦汉金文汇编》上编补。

布勺（补）
布。（《广西贵县罗泊湾汉墓》P43,M1:41）

镫

宦者铜镫(补)
宦者铜金大立烛豆一,容四升,重九斤。(底部内侧)(《中原文物》2008.1P56 图三之1)

□者铜镫(补)
宦者铜金大立烛豆一,容大半升,重二斤八两。(灯盘内侧)(《中原文物》2008.1P56 图三之2)

永巷烛豆一(补)
永巷行烛豆般(盘),重四斤十两,容四升。(托盘底部)(《中原文物》2008.1P56 图三之3)

永巷烛豆二(补)
永巷行烛豆般(盘),重二斤十二两,容四升。(托盘底部)(《中原文物》2008.1P56 图三之4)

常山宦者烛豆(补)
常山宦者铜金行烛豆一,容一斗,重二斤十三两。(盘底内侧)(《中原文物》2008.1P56 图三之5)

整理者案:上五器皆出高庄汉墓,墓主人为汉景帝之子常山宪王刘舜。故器物时代为西汉时期。

长沙元年铜镫(补)
铜登一,高二尺,重廿二斤七两,长沙元年造。(《文物》2007.12P35,M1:90)

整理者案:篇题据铭文拟。又长沙国在西汉景帝时复置,此为西汉物。本篇亦见《古文字研究》第十九辑周世荣《湖南战国秦汉魏晋铜器铭文补记》,题作"高尺铜登",铭文"重"下但作三阙文号。

桂宫行镫
桂宫,前浴[一]。内者,重二斤四两。[二年]少府造。(《汉金》卷三)

整理者案:本篇亦见《金文续编》。《簠斋金石文考释》之《汉桂宫镫考释》《贞松堂集古遗文》卷十三《历代著录吉金目》页1111下栏、《秦汉金文汇编》上编所收图版拓片"浴"下皆有"一"字,"少府"上皆有"二年"二字,故据补"一"及"二年"。据此,则应为西汉武帝建元前物。

鼎湖宫行镫

蓝田鼎湖宫行烛豆□□□,重二斤十一两。第十。三年。官弗买。(《续编》)

整理者案:《续编》即《金文续编》。《贞松堂集古遗文》卷十三"行烛豆"三字作"铜行登"。又据铭文"三年",则此器应为西汉武帝建元前物。

汝阴侯镫

女(汝)阴侯□,重二斤□两。三年,女阴库己、工□造。(《文物》1978.8)

整理者案:铭文但云"三年",则此器应为西汉武帝建元前物。

刘少君高镫

四年,工到造,重一斤三两。刘少君。第九。(《汉金》卷三)

整理者案:本篇亦见《金文续编》。又铭文但云"四年",则此器应为西汉武帝建元前物。

长信宫镫

长信尚浴,容一升少半升,重六斤。百八十九。今内者卧。(上部镫座底部周边)阳信家。(外侧)

阳信家,并重二钧十二斤。七年。第一。(下部镫座外侧面)

阳信家,并重二斤二两。(镫罩屏板外片一侧)

阳信家,并二斤二两。(镫罩屏板内片左侧)

阳信家。(镫盘外侧)阳信家。(宫女右臂外侧)

今内者卧。(宫女右下衣角)。(《满城汉墓发掘报告》P258;2:4035)

整理者案:王卉《汉代铜器铭文汇总》第二条铭文"阳信家"上又重"阳信家"。又此器《全集·秦汉》页30定为西汉中期物,铭文云"七年"可证。

上林镫

铜行烛薄,重□□斤九两。九年,工从造。第二鼻。(《考古与文物》1991.5;4168.IA11.7)

整理者案:王卉《汉代铜器铭文汇总》无"九年"及"鼻"字。铭文但云"九年",则此器应为西汉武帝建元前物。

内者行镫

十六年,工从为内者造铜行锭,重二斤十两。第八。(《汉金》卷三)

整理者案:本篇亦见《金文续编》《历代著录吉金目》页1112下栏。篇题,《金文续编》"镫"作"锭",《历代著录吉金目》作"十六年行锭"。据铭文,篇题"镫"应作"锭"。又铭文但云"十六年",则此器应为西汉武帝建元前物。

骀荡宫高行镫

骀荡宫铜登,太初四年造。

骀荡宫铜登,太初四年造,少府中尚方令相省。(《汉金》卷三)

整理者案:《历代著录吉金目》页1112上栏篇题无"高行"二字。又《历代著录吉金目》、王卉《汉代铜器铭文汇总》所录皆脱上条十字。又太初为西汉武帝年号(太初四年为前101年),此为西汉物。

天梁宫高镫

天梁高铜镫,重五斤十二两,高一尺二寸。太初四年,工毕方造。(《汉金》卷三)

整理者案:本篇亦见《金文续编》《历代著录吉金目》页1114下栏。铭文"高",《金文续编》《历代著录吉金目》作"宫",是。又西汉武帝太初四年为前101年,器物年代为西汉。

元康高镫

元康元年,考工=贤友缮,作府啬夫建、护万年、般长当时主,令长平、右丞义省。重二斤二两。(《汉金》卷三)

整理者案:《历代著录吉金目》页1117下栏篇题无"高"字。王卉《汉代铜器铭文汇总》脱"作府啬夫建"五字。又元康为西汉宣帝年号(元康元年为前65年),此为西汉物。

元康鴈足镫

元康元年,考工=贤友缮,作府啬夫建、护万年、般长当时主,令长平、右丞义省。重二斤十三两。(《汉金》卷三)

整理者案:本篇亦见《金文续编》。《历代著录吉金目》页1117下栏篇题"康"下有"元年"二字。《秦汉金文汇编》上编所收图版"万年"作"萬年"。又西汉宣帝元康元年为前65年,器物时代为西汉。

槖泉宫行镫

槖泉宫铜镫,重一斤十二两。元康二年,考工令史孺监省。(《汉金》卷三)

整理者案:本篇亦见《金文续编》。西汉宣帝元康二年为前64年,器物年代为西汉。

内者高镫

内者。元康二年三月,河东安邑守者宣王轩造。重廿三斤八两。(《汉金》卷三)

整理者案:西汉宣帝元康二年为前64年,器物年代为西汉。

内者高镫(补)

内者。元康二年三月,河东安邑守者宣王轩造。重廿三斤四两。

整理者案:据《历代著录吉金目》页1114下栏补。此器同上器铭文除"八两"、"四两"小异外,其余全同,颇疑二者本为一器。又西汉宣帝元康二年为前64年,器物年代为西汉。

甘泉内者镫(补)

甘泉内者。内者。元康二年三月,河东安邑守者宣王轩造。重廿五斤十一两。

整理者案:据《历代钟鼎彝器款识》卷二十补。又见《考古图》卷九。《金索》卷三曰:"右镫上二铭,《考古》不言铭之所在,薛氏《款识》云:甘泉内者,下鐅又云'内者'云云,则次铭在下鐅。其前铭四字究未知刻于何处也。薛氏又云:甘泉、上林,皆水衡所掌。内者,犹今少府之属,掌中布张诸衣。奄人职也。"又西汉宣帝元康二年为前64年,器物年代为西汉。

长安下领宫高镫(一)

长安下领宫铜高镫,重四斤二两。神爵元年,工锜建造。(《汉金》卷三)

整理者案:《陶斋吉金录》卷六、《历代著录吉金目》页1113下栏篇题无"高"字。又神爵为西汉宣帝年号(神爵元年为前61年),此为西汉物。

长安下领宫高镫(二)

长安下领宫铜高镫,重十二斤。神爵元年,工锜建造。(《汉金》卷三)

整理者案:本篇亦见《金文续编》《历代著录吉金目》页1112下栏。《历代著录吉金目》篇题无"高"字。又西汉宣帝神爵元年为前61年,器物年代为西汉。

长安下领宫行镫

长安下领宫铜行镫,重斤十二两。神爵元年,工锜建造。(《汉金》卷三)

整理者案:西汉宣帝神爵元年为前61年,器物年代为西汉。

长安下领宫鴈足镫

长安下领宫鴈足镫,重十斤五两。神爵元年,工锜建造。(《海外中国铜器图录》第一集)

整理者案:西汉宣帝神爵元年为前61年,器物年代为西汉。

长安下领宫雁足镫(补)

长安下领宫铜高镫,重二斤四两。神爵元年,工锜建造。

整理者案：据《历代著录吉金目》页1113下栏补。又西汉宣帝神爵元年为前61年，器物年代为西汉。

长杨宫铜行镫（补）

长杨宫铜行镫一，重一斤十三两，神爵二年造。（《考古与文物》2007.6P73）

整理者案：据铭文拟题。又神爵为西汉宣帝年号（神爵二年为前60年），此为西汉物。

成山宫行镫

扶。（柄）成山宫行镫，重二斤。五凤二年造。第卅三。（盘外壁）（《文物》1987.6；GM51：29）

整理者案：五凤为西汉宣帝年号（五凤二年为前56年），此为西汉物。

林华观行镫

林华观行镫，重一斤十五两。五凤二年造。第卅。（身）扶。（柄）泰山宫行镫下盘，并重四斤九两。甘露二年，工王意造。第如卅一。（《考古与文物》1980.1）

徐按：林华观镫，转至泰山宫，配新盘。整理者案："五凤"、"甘露"俱为西汉宣帝年号，五凤二年为前56年，甘露二年为前52年，此为西汉物。

林华观行镫（补）

林华观行镫，重一斤十四两。五凤二年造。第一。

整理者案：据《历代钟鼎彝器款识》卷二十补。薛尚功曰："林华观，《汉书》不载。曰'五凤二年'，乃前汉时物也。"《金索》卷三曰："薛氏未言款识所在。以式揣之，上林宫之款在其底，以在其口也。"又西汉宣帝五凤二年为前56年，此器为西汉物。

承安宫行镫

承安宫铜镫，重一斤十三两。甘露二年，安长丞福、掾禄、守令史宣、工世造。第六。（《汉金》卷三）

整理者案：亦见《陶斋吉金录》卷六。西汉宣帝五凤二年为前56年，此器为西汉物。

承安宫行镫（补）

承安宫铜行镫，并重一斤十二两。五凤二年四月，工李常造。

整理者案：据《历代著录吉金目》页1114上栏补。西汉宣帝五凤二年为前56年，此器为西汉物。

甘泉上林宫行镫(补)

河东为甘泉上林宫造行镫,重六斤十两。五凤二年王回夫山工谊作。第二。曾□。

整理者案:据《历代钟鼎彝器款识》卷二十补。又见《考古图》卷九。《金索》卷三录本篇,"王回夫"作"啬夫","曾□"作"曾长"。《金索》曰:"鹏按'上林宫'而冠以'甘泉'者,别于'长乐'言之也。汉瓦亦有称'甘泉'、'上林'者。五凤二年,宣帝之廿二年也。啬夫名山,工名谊。《考古图》误释作'王回夫',欠解。薛氏承其误而不察,近时别刻俱因之。不知啬夫之名见于汉器者不一。如建昭鴈足镫有啬夫福,杜陵壶有啬夫宗,阳泉熏炉有啬夫充,不得以为'王回夫'也。予安得尽见古器为古人一伸其屈哉!"西汉宣帝五凤二年为前56年,此器为西汉物。

池阳宫行镫

池阳宫铜行镫,重二斤六两。甘露四年,工虞德造,守属阳、澂邑丞圣、佐博临。(《汉金》卷三)

整理者案:本篇亦见《金文续编》。铭文"二斤六两",《秦汉金文汇编》上编作"十二两",所收图版亦同;然《篛斋金石文考释》之《东武刘燕庭方伯池阳镫歌》仍作"二斤六两"。又西汉宣帝甘露四年为前50年,此器为西汉物。

池阳宫行镫(补)

池阳宫铜行镫,重十二两。甘露四年,工虞德造。

整理者案:据《历代著录吉金目》页1112上栏补。西汉宣帝甘露四年为前50年,此器为西汉物。

池阳宫行镫(补)

池阳宫铜行镫,重十二两。甘露四年,工虞德造。□林寺工,重三斤十□两。

整理者案:据《历代著录吉金目》页1115下栏补。西汉宣帝甘露四年为前50年,此器为西汉物。

骀荡宫高镫

骀荡宫铜锭,重三斤十二两。黄龙元年,工郭田刻。(《汉金》卷三)

整理者案:本篇亦见《金文续编》。《历代著录吉金目》页1112下栏篇题"镫"作"锭",是,铭文作"锭"可证。又黄龙为西汉宣帝年号(黄龙元年为前49年),此为西汉物。

上林荣宫铜鴈足镫(补)

上林荣宫铜雁足灯,下有槃(盘),并重六斤。黄龙元年民工李常造。苐(第)

四。苐(第)二百卅。

整理者案:据《历代钟鼎彝器款识》卷二十补。又见《中国国家博物馆馆刊》2015.8P118 所录。西汉宣帝黄龙元年为前49年,此为西汉物。

羊镫(补)

大富贵昌宜长乐。黄龙元年李常造。

整理者案:据《积古斋钟鼎彝器款识》卷九补。《陶斋吉金录》卷六题作"汉黄龙镫","乐"字下有一阙文号。《积古斋》曰:"黄龙元年,西汉宣帝之二十五年也。"《山左金石志》卷二曰:"右汉羊镫一,长洲顾文鋗得于济宁。篆文铭十四字。"又曰:"《钟鼎款识》有上林荣宫铜雁足镫,乃黄龙元年李常所造。此镫年岁与所造之人并同。又有'长乐'二字,其为官器无疑。黄龙乃汉宣帝年号,钱塘何梦华(元锡)云'此铭字疑是顾文鋗仿《钟鼎款识》伪凿',但此镫实是西汉铜器。"西汉宣帝黄龙元年为前49年。

西汉永光四年镫

永光四年,寺工弘作,护张建省。重二斤二斤。(《岩窟吉金图录》卷下)

徐按:原书"作"误释为"络","护"误释为"谯","建"误释为"廷"。整理者案:《历代著录吉金目》页1111下栏篇题作"永光镫",铭文之误同徐氏按语。又永光为西汉元帝年号(永光四年为前40年)。

林光宫行镫

林光宫铜行镫,重二斤一两。建昭元年,工庄光造,护工卒史尊临。(《汉金》卷三)

整理者案:本篇亦见《金文续编》。建昭为西汉元帝年号(建昭元年为前38年),此为西汉物。

建昭雁足镫款(补)

建昭元年考工辅为内者造铜雁足镫,重五斤三两。护建、佐博、啬夫福、掾光主,右丞宫,令相省。中宫内者,第三。故家。

整理者案:据《八琼室金石补正》卷二补。西汉元帝建昭元年为前38年,器物年代为西汉。

建昭行镫

建昭三年,考工=宪造铜行镫,重二斤一两。护建、啬夫福、掾光主,右丞宫、令相省。五年十二月输。中宫内者。第十三。故家。(《汉金》卷三)

整理者案:本篇亦见《金文续编》。西汉元帝建昭三年为前36年。

建昭鴈足镫（一）

建昭三年，考工＝辅为内者造铜鴈足镫，重三斤八两。护建、佐博、啬夫福、掾光主，右丞宫、令相省。中宫内者。第五。故家。（槃底）

今阳平家。画一至三。阳朔元年赐。（槃侧）

后大厨。（趾侧）（《汉金》卷三）

整理者案：本篇亦见《金文续编》。据《从古堂款识学》卷二增"槃底""槃侧""趾侧"字样。《积古斋钟鼎彝器款识》卷九"考工"下无重文号。《两汉金石记》卷四、《历代著录吉金目》页1119上栏第三条铭文"后大厨"在"今阳平家"上。王卉《汉代铜器铭文汇总》"右丞宫"之"宫"作"官"。《两汉金石记》曰："薛尚功《钟鼎款识》载汉铜鴈足镫二、行镫二、内者镫一、鹿卢镫一、耿氏卢镫一，其款文皆止年月一条，未有更起年月为二文者。独是镫造于建昭三年，赐于阳朔元年，一器之中有西汉文二焉，尤重可宝也。'后大厨'三字著其庋置之地，'故家'二字著其所赐之家，此二文盖皆阳朔元年所据补也。"《积古斋》曰："建昭三年，西汉元帝即位之十三年。《汉书·百官公卿表》：'少府属官有考工室。武帝太初元年更名考工室为考工。'臣瓒曰：'冬官为考工，主作器械也。'内者，内者令也。右丞宫，令守宫令之丞也。皆属少府。护建、佐，官名，《汉表》无考。辅、博、福、光主、相，皆人名。《外戚恩泽侯表》：'阳平侯，蔡义元始，四年薨，无后。'此阳平家当是大将军王凤，凤于永光二年嗣封阳平侯。铭云'阳朔元年赐'，阳朔元年，成帝即位之九年，凤于阳朔三年薨，此镫本宫禁之物，成帝以赐凤。'今阳平家'以下十三字，乃凤所刻画者刻也。'一至三'者，当时所赐不止一器，故备记之。"《金索》卷三曰："'建昭'至'第五'，为当时原刻。'故家'至'后大厨'乃阳朔年增刻，字画亦异。"又曰："武虚谷《授堂金石跋》云：元帝建昭三年造此器，至成帝阳朔元年始赐阳平家。阳平，王凤也。凤以永光二年嗣父阳平顷侯禁，殁在阳朔三年。此云元年，正凤受赐时。"《金石一跋》卷一曰："考工工辅，古者物勒工名，制器之不苟如是。汉有书佐，今云律佐，亦史阙文。"西汉元帝建昭三年为前36年，西汉成帝阳朔元年为前24年。

建昭鴈足镫（二）

建昭三年，考工＝宪造铜鴈足镫，重三斤九两。护建、啬夫福、掾光主，右丞宫、令相省。五年十二月输。

中宫内者。第一。故家。（《考古与文物》1988.2）

整理者案：王卉《汉代铜器铭文汇总》脱"重三斤九两"五字。又西汉元帝建昭三年为前36年。

中宫䳈足镫

中宫铜䳈足镫,高一尺一寸,重八斤五两。竟宁元年,考工辅为内者造,护建、佐博、啬夫福、掾光主,右丞宫、令相省。(《汉金》卷三)

整理者案:本篇亦见《金文续编》。竟宁为西汉元帝年号(竟宁元年为前33年),此为西汉物。

桂宫䳈足镫

桂宫铜䳈足鉴,高六寸,重三斤十二两。竟宁元年,考工辅为内者造,护建、佐博、啬夫福、掾光主,右丞宫、令相省。第卅一。(《汉金》卷三)

整理者案:王卉《汉代铜器铭文汇总》脱"考工辅为内者造"七字。又案:铭文"鉴"字,《八琼室金石补正》卷二、《贞松堂集古遗文》卷十三、《历代著录吉金目》页1118下栏作"镫"。铭文"十二两",《贞松堂集古遗文》《历代著录吉金目》作"三两"。铭文"第卅一",《八琼室金石补正》作"第册□"。又器物时代同上。《八琼室金石补正》曰:"竟宁元年,汉元帝之十六年也。末一字似是'五'字,姑仍阙之。"西汉元帝竟宁元年为前33年,此器为西汉物。

竟宁䳈足镫

竟宁元年,考工=护为内者造铜䳈足镫,重三斤十二两。护武、啬夫霸、掾广汉主,右丞赏、守令尊、护工卒史不禁省。中宫内者。第廿五。受内者。(《汉金》卷三)

整理者案:本篇亦见《金文续编》。《两汉金石记》卷四无"元年考工工"五字及"令尊"二字,又阙释"中宫"之"中"字。《愙斋集古录》卷十三"考工"作"寺工","右丞"作"司丞"。又"卒史不禁",《愙斋集古录》《历代著录吉金目》页1118下栏俱作"衣史□□"。王卉《汉代铜器铭文汇总》无"重三斤十二两"六字。《两汉金石记》曰:"省乃省察之义,犹汉碑察书察字也。"又曰:"汉世官名有卒史而无衣史,且此字拓本尚极分明,是卒字也。"又西汉元帝竟宁元年为前33年。

建始元年镫

铜镫,重七斤七两。建始元年,考工缮。(《考古与文物》1989.2)

徐按:原报告"考"误释为"寺"。此据张崇宁说校改,详见张氏《"建始铜镫"铭文释文商榷》,《考古与文物》1993.2。整理者案:建始为西汉成帝年号(建始元年为前32年),此为西汉物。

信都食官行镫

信都食官铜行镫,容一升,重二斤。建始二年六月,工赵骏造。廿枚。(《汉

金》卷三)

　　整理者案:本篇亦见《金文续编》。《筠清馆金石》卷五曰:"《汉书·王子侯表》:'中山孝王兴,建昭二年立为信都王,阳朔二年徙中山。'《百官公卿表》:'食官属詹事。鸿嘉三年省詹事,遂为他属。'此鐙造于建始二年,是孝王兴立为信都王之第七年,其食官则尚属詹事也。"西汉成帝建始二年为前31年,此为西汉物。

平阳家高鐙

　　平阳家铜鐙,高一尺二寸,重五斤。阳朔元年,供工谢造。(《汉金》卷三)

　　整理者案:《历代著录吉金目》页1113上栏、吴镇烽录文"供"作"并"字(见吴氏《近年所见所拓两周秦汉青铜器铭文》文,载《文博》2006.3P4—9)。又阳朔为西汉成帝年号(阳朔元年为前24年),此为西汉物。

永始二年鐙

　　朝阳。永始二年四月造铜鐙二枚,重九斤半。(《文物》2000.12)

　　整理者案:王卉《汉代铜器铭文汇总》未录此篇。秦凤鹤《甘肃出土先秦两汉青铜器铭文整理与研究》P170所录,"二枚"作"两枚"。又永始为西汉成帝年号(永始二年为前15年),此为西汉物。

永始高鐙

　　永始三年,考工＝谊为内者造铜高鐙,重十九斤四两。啬夫康、掾孝主,右丞苍、守令放省。(《汉金》卷三)

　　整理者案:本篇亦见《金文续编》。篇题,《贞松堂集古遗文》卷十三、《历代著录吉金目》页1117上栏作"内者鐙";铭文"守令放"之"放"字作"攷"(考),《遗文》其所收图版拓片亦作"攷",当据改。又西汉成帝永始三年为前14年,此器为西汉物。

使者鐙(补)

　　永始三年,考工工福相为使者造。护建威武啬夫令军仓丞省。重三斤十一两。

　　整理者案:据《历代著录吉金目》页1116上栏补。西汉成帝永始三年为前14年,此器为西汉物。

首山宫鐙(补)

　　蒲反首山宫铜鴈足,八寸,盖重六斤。永始四年二月,工贾庆造。

　　整理者案:据《历代钟鼎彝器款识》卷二十补。篇题,《考古图》卷九、《历代著录吉金目》页1114下栏篇题作"首山宫鴈足鐙",《金索》卷三作"永始鴈足鐙"。

铭文"蒲反",《金索》作"蒲阪"。铭文"盖"字,《金索》作"苴"。《金索》曰:"苴即镫。《考古》、薛氏俱释'盖'字,非也。"又曰:"薛氏云:汉宣帝时器。《地里志》:蒲反有首山祠,其宫即祠宫也。鹏按永始系成帝年号,宣帝乃本始也。"成帝永始四年为前13年。

临虞宫高镫(一)

临虞宫铜镫,重五斤二两。元延二年,工冯贤造,掾武、令史甫省。(《汉金》卷三)

整理者案:本篇亦见《金文续编》。元延为西汉成帝年号(元延二年为前11年),此为西汉物。

临虞宫高镫(二)

临虞宫铜锭,高一尺,重五斤八两。元延二年,考工寛造,护昌、守宫、令相省。(《汉金》卷三)

整理者案:本篇亦见《金文续编》。王卉《汉代铜器铭文汇总》"寛"作阙文号。又西汉成帝元延二年为前11年,器物时代为西汉。

临虞宫高鉴(三)

临虞宫铜镫,高二尺,重廿斤。元延四年,工常宣造,掾武、令史赛主、解右尉贤省。(《汉金》卷三)

整理者案:本篇亦见《金文续编》。据铭文,篇题"鉴"字当是"镫"字之误。《愙斋集古录》卷十三、《历代著录吉金目》页1116下栏俱题作"临虞宫镫"可证。又西汉成帝元延四年为前9年,此器为西汉物。

临虞宫高镫(四)

临虞宫铜镫,高二尺,重十六斤四两。元延四年正月,工张博造,掾武、守令史赛主,解右尉贤省。(《汉金》卷三)

整理者案:本篇亦见《金文续编》。《历代著录吉金目》页1118上栏篇题无"高"字。铭文"博"作"傅"。又西汉成帝元延四年为前9年,器物年代为西汉。

万岁宫高镫

万岁宫铜镫,高二尺,重廿斤。元延四年,工马宽造,掾武、守令史赛主,解右尉贤省。(《汉金》卷三)

整理者案:本篇亦见《金文续编》。《愙斋集古录》卷十三、《历代著录吉金目》页1116下栏篇题无"高"字。又西汉成帝元延四年为前9年,器物年代为西汉。

延寿宫高镫

延寿宫铜镫,高尺六寸,重十八斤。元延四年正月,工张谭造,掾武、守令史赛

主,解右尉贤省。(《汉金》卷三)

整理者案:本篇亦见《金文续编》。《历代著录吉金目》页1117下栏篇题无"高"字。《贞松堂集古遗文》卷十三"武"作"左","令"作"廿"。据该书所附图版拓片,"武"作"左"误,"令"作"廿"是。《金文续编》銘文"高"下有"一"字。又西汉成帝元延四年为前9年,器物时代为西汉。

绥和雁足镫

绥和元年,供工=谭为内者造铜雁足镫,护相、守啬夫博、掾并主,右丞扬、令贺省。重六斤。(《汉金》卷三)

整理者案:本篇亦见《金文续编》。绥和为西汉成帝年号(绥和元年为前8年),此为西汉物。

元寿二年镫

铜镫,重十八斤十二两。元寿二年,供工长造,啬夫奈、掾荆主,守左丞当、令就省。(《文物》1991.5)

整理者案:王卉《汉代铜器铭文汇总》"奈"、"掾"二字连续,未妥。又元寿为西汉哀帝年号(元寿二年为前1年),此为西汉物。

元寿六年镫

元寿六年造,国高工枚。重三斤。(柄)宜官。(盘外底,阳文)(《考古与文物》1991.5;4172.IA11.11)

整理者案:王卉《汉代铜器铭文汇总》"元寿"误作"元始"。又西汉哀帝元寿年号只有两年,元寿六年(4年)实为西汉平帝元始四年,而铸器者因未知改元,故仍沿用元寿年号。

长乐内者铜高镫(补)

元始五年尚方为长乐内者造铜高镫,重十斤八两,工谈作。第九五。(《考古与文物》2007.6P73)

整理者案:据铭文拟题。又元始为西汉平帝年号(元始五年为5年),此为西汉物。

山阳邸镫

山阳邸铜二尺镫,建武廿八年造。比廿一。(《汉金》卷三)

整理者案:本篇亦见《金文续编》。建武为东汉光武帝年号(建武廿八年为52年),此为东汉物。

山阳邸雁足长镫

山阳邸铜雁足长镫,建武廿八年造。比十二。(《文物》1981.11)

整理者案：东汉光武帝建武廿八年为52年，器物年代为东汉。

山阳邸鹰足短镫

山阳邸铜鹰足短镫，建武廿八年造。比甘。（《文物资料丛刊》4）

整理者案：王卉《汉代铜器铭文汇总》铭文无"铜"字，"廿"作"十二"，俱误（详见《丛刊》P118所录铭文）。又东汉光武帝建武廿八年为52年，器物时代为东汉。

东海宫司空铜盘缶镫

建武中元二年七月十六日，东海宫司空作铜盘缶镫，重五斤辈廿枚。工范循造，啬夫臣倍主，丞臣寿、长臣福省。（《汉金》卷三）

整理者案：本篇亦见《金文续编》。篇题，《金文续编》但作"东海宫司空盘"。"缶"，《贞松堂集古遗文》卷十三作"鉓"，王卉《汉代铜器铭文汇总》则作一阙文号。"循"，《贞松堂集古遗文》作"备"（所附图版亦如此），《历代著录吉金目》页1118上栏亦作"备"。又建武中元为东汉光武帝年号（建武中元二年为57年），此为东汉物。

汉元和二年尊字（补）

汉元和二年造，孔子庙祭器。汉元和二年造。

整理者案：据《两汉金石记》卷四补。篇题，《金石录补》卷一作"汉牺尊象尊铭"。《金石录补》末句"汉元和二年造"六字，且铭文"孔子庙祭器"在首句"汉元和二年造"之上。《两汉金石记》曰："右曲阜圣庙牺象山雷四尊，阳识，篆书。前十一字横书，四尊皆同而大小微别。凡四尊为篆四十有四，每字得汉尺一寸许也。后六字分二行，行三字。未见其器，不知铸于某器某处，但就拓本录此耳。元和二年是东汉章帝即位之十年，改元元和之乙酉岁。"《金石录补》曰："右牺尊象尊，在曲阜夫子庙大成殿案上，全作牺、象形而背上负尊，旁各有字。……《说文》：'尊，酒器也。'《周礼·小宗伯》'六尊'注：'牺尊、象尊、著尊、壶尊、太尊、山尊，以待祭祀宾客之礼。'"又东汉章帝元和二年为85年，此器为东汉物。

汉雷尊铭（补）

孔子庙祭器，汉元和二年造。

整理者案：据《金石录补》卷一补。《金石录补》曰："右尊在曲阜大成殿案上牺、象两尊之中，铭文十一字同。其文阳，其篆古，余作云雷回互之形。"又东汉章帝元和二年为85年，器物年代为东汉。

永元鹰足镫

永元二年，中尚方造铜鹰足镫，重九斤。工宋次等作。（《汉金》卷三）

整理者案:本篇亦见《金文续编》。王卉《汉代铜器铭文汇总》"尚"作"上",疑误。《积古斋钟鼎彝器款识》卷九曰:"秦太史所藏器。……《续汉书·百官志》:'少府卿属尚方。令一人,六百石。本注曰:掌上手工作御刀剑诸好器物。'《晋书·职官志》:'少府统材官、校尉、中左右三尚方。'晋袭汉制,有中左右三尚方,证以器之'中尚方',可知汉时有三尚方矣,是可补司马彪之阙。"又曰:"太史云:铭之对面尚有一'山'字,此失摹。"《从古堂款识学》卷九曰:"《汉书·百官表》《续汉书·百官志》:'尚方属少府。'《晋书·职官志》:'少府统中、左、右三尚方。'是器为永元二年造,知汉时尚方已有中、左、右,晋时特沿其制耳。"又永元为东汉和帝年号(永元二年为90年),此为东汉物。

耿氏作镫(补)

延光四年二月,耿氏作镫,比二。工张衰造。

整理者案:据《隶续》卷二(页302)补。篇题,《积古斋钟鼎彝器款识》卷九无"作"字。《金石综例》卷四曰:"比二者,言如此者有二。古一器非一,有云第一、第二者,此言比二,亦创例。"又延光为东汉安帝年号(延光四年为125年),此为东汉物。

龙虎鹿卢镫(补)

宜子孙。吉。

整理者案:据《历代钟鼎彝器款识》卷二十补。又见《考古图》卷九。

龙虎鹿卢镫(补)

吉。大吉。宜子孙。吉。

整理者案:据《积古斋钟鼎彝器款识》卷九补。篇题,《历代著录吉金目》页1108上栏同,《从古堂款识学》卷五作"大吉宜子孙镫"。《从古堂款识学》原注:"'大吉'二字本《易》,'宜子孙'三字本《诗》,古人语有所本,大率类此。"

大吉龙虎鹿卢镫(补)

大吉。大吉。

整理者案:据《历代著录吉金目》页1106下栏补。

大吉鹿卢镫(补)

大吉。吉。

整理者案:据《从古堂款识学》卷六补。

宜子孙镫(补)

宜子孙。

整理者案:据《从古堂款识学》卷五补。原注:"汉鹿卢镫,多作'宜子孙'等字。"

长宜子孙锭(补)

长宜子孙。

整理者案:据《历代著录吉金目》页1106下栏补。

上林镫(补)

上林。

整理者案:据《历代著录吉金目》页1104下栏补。

上林镫(补)

付上林。

整理者案:据《积古斋钟鼎彝器款识》卷九补。

禁中镫

禁中。(足、盘文同,阳文)(《汉金》卷七)

整理者案:本篇亦见《金文续编》。

兰宫行镫

兰宫。(《汉金》卷三)

整理者案:本篇亦见《陶斋吉金录》卷六、《金文续编》《历代著录吉金目》页1105下栏。而《陶斋吉金录》《历代著录吉金目》篇题无"行"字。

日上行镫

日上。(《汉金》卷三)

整理者案:本篇亦见《金文续编》《历代著录吉金目》页1105上栏。《金文续编》篇题无"行"字,《历代著录吉金目》篇题作"日上镫盘"。

有柄凤龟镫(补)

三三。

整理者案:据《历代著录吉金目》页1105上栏补。

东舍行镫

东舍。(《汉金》卷三)

整理者案:本篇亦见《金文续编》。

侯镫(补)

侯镫。

整理者案:据《历代著录吉金目》页1105上栏补。

斗酒鹿轳镫

斗酒。(《续编》)

大常明行镫

大常明。(阳文)(《汉金》卷三)

整理者案:本篇亦见《金文续编》。

大吉利行镫

大吉利。(阳文)(《汉金》卷三)

大吉鹿卢镫(补)

大吉吉。

整理者案:据《历代著录吉金目》页1105下栏补。

宜子孙行镫(一、二)

宜子孙。(阳文)(《汉金》卷三)

整理者案:此二篇亦见《金文续编》。

宜子孙鹿轳镫

宜子孙,吉。(阳文)(《汉金》卷三)

整理者案:本篇亦见《金文续编》。《贞松堂集古遗文》卷十三两收此镫,文全同;篇题作"宜子孙鹿庐残镫"。

黄山高镫

黄山。第四。(《汉金》卷三)

整理者案:篇题,《积古斋钟鼎彝器款识》卷九、《从古堂款识学》卷四、《历代著录吉金目》页1106下栏无"高"字。王卉《汉代铜器铭文汇总》未录此篇。《积古斋》曰:"《汉书·地理志》'右扶风槐里'注云:'有黄山宫,孝惠二年起。'"

六斤四两高镫

重六斤四两。(《汉金》卷三)

六斤十两高镫

重六斤十两。(《汉金》卷三)

七斤十二两高镫

重七斤十二两。(《汉金》卷三)

宜子孙大富镫(补)

宜子孙,大富□镫。

整理者案:据《历代著录吉金目》页1107下栏补。

宜昌平胜镫(补)

宜昌平胜。第三。

整理者案:据《历代著录吉金目》页1107下栏补。

隆虑家连钉

隆虑家连钉。第六。(《汉金》卷三)

整理者案:本篇亦见《金文续编》《历代著录吉金目》页1108上栏。《历代著录吉金目》篇题作"隆虑家镫"。

步高宫高镫

步高宫。工官造。温。(《汉金》卷三)

整理者案:本篇亦见《金文续编》。《历代著录吉金目》页1107下栏篇题"高镫"作"行镫"。王卉《汉代铜器铭文汇总》"宫"误作"官"。

真宫镫(补)

真宫,重八斤十两。

整理者案:据《历代著录吉金目》页1107下栏补。

阳平家镫

阳平家。工乙,工乙。(《汉金》卷三)

整理者案:本篇亦见《金文续编》。

十二斤高镫

十二斤九两十二朱。(《汉金》卷三)

整理者案:"朱"假借为"铢"。

真定高镫(一)

真定。重十斤十四两。(《汉金》卷三)

整理者案:本篇亦见《金文续编》。

真定高镫(二)

真定,重十三斤四两。(《汉金》卷三)

整理者案:本篇亦见《金文续编》。

敞府镫

敞府,重十斤十二两。(《汉金》卷三)

开封行镫

开封。(《汉金》卷三)

开封镫(补)

开封。一斤五两十二朱。

整理者案：据《贞松堂集古遗文》卷十三补。又见《金文续编》，篇题"封"下有"行"字。"朱"通"铢"。

东昏家行镫
东昏家，重十五两。第二。（《汉金》卷三）

整理者案：本篇亦见《金文续编》。

橐邑家行镫
橐邑家铜行锭一，重一斤。（《汉金》卷三）

整理者案：本篇亦见《金文续编》。

上林行镫
上林铜荳，重三斤。第卅七。（《汉金》卷三）

整理者案：本篇亦见《金文续编》《历代著录吉金目》页1109上栏，"荳"皆作"登"，下皆注一"镫"字。如此，则"荳"或"登"之形误字。

荥阳宫小锌镫
荥阳宫铜小锌登，重十两半。（《汉金》卷三）

整理者案：本篇亦见《金文续编》、王卉《汉代铜器铭文汇总》。王卉录文脱"锌"字。铭文"登"，假借为"镫"。

奉山宫行镫
奉山宫行镫，并重四斤。造九十七。（《汉金》卷三）

整理者案：本篇亦见《从古堂款识学》卷四、《金文续编》《历代著录吉金目》页1110上栏。《从古堂款识学》《历代著录吉金目》篇题皆无"行"字。铭末"七"字，《从古堂款识学》作"十"。

启封镫（补）
启封，一斤十二两十二铢，容一斗。

整理者案：据《金石录补》卷一补。《钟鼎款识》《历代著录吉金目》页1110上栏录本篇，铭文"铢"皆作"朱"，"一斗"皆作"一升"。《金石录补》曰："欧阳公得莲勺宫炉、林华观镫，为《汉书》所不载。而此镫曰'启封'，亦无可考。未知赵文敏何据乃题为'汉镫'也。铭传字佳，不忍弃，录之。"《钟鼎款识》曰："钱献之、吴侃叔并云：'启封'当即'开封'。《史记·功臣侯表》：陶舍以高祖十一年封开封侯。《史记》'启'作'开'，避景帝讳。后汉不讳，故《说文》'启'、'徹'字不注'上讳'。汉碑立于延熹后者皆书'启'字，知'启封'即'开封'也。元谓'开封'，《续汉志》属河南尹。"

内者乐卧行镫

内者乐卧,重一斤十四两。第卌四。(《汉金》卷三)

整理者案:本篇亦见《金文续编》。

曲成家锭(补)

曲成家铜锭,重一斤三两。第六。

整理者案:据《历代著录吉金目》页1109下栏补。

曲成家高鉴(一)

曲成家铜锭一,重一斤十两。第六。(《汉金》卷三)

整理者案:本篇亦见《金文续编》《历代著录吉金目》页1109下栏,篇题"鉴"皆作"锭"。

曲成家高镫(二)

曲成家铜锭,重一斤十两。第廿三。(《汉金》卷三)

曲成家行镫

曲成家行烛一,容一升升,重一斤十两。第一。(《汉金》卷三)

整理者案:本篇亦见《金文续编》。"升升",《贞松堂集古遗文补遗》卷下作"斗□升",《历代著录吉金目》页1111下栏作"斗升",《秦汉金文汇编》上编作"升□升"。

圣得镫

圣得镫。(柄)(《参加伦敦中国艺术国际展览会出品目录》"铜器"八九)

整理者案:《西清古鉴》卷三十曰:"铭曰'圣得',《易》曰:'日月得天而能久照,圣人变化而能久成。'义或取诸此。殆宫中所用金缸之类欤。"

宜子孙吉镫

宜子孙,吉。(《考古》1965.12)

子孙吉镫

子孙吉。(《考古》1966.3)

重十三斤十一两镫

重十三斤十一两。(《西汉南越王墓》P303;G62—1)

重十三斤十二两镫

重十三斤十二两。(同前;G62—2)

二斤六两镫

二斤六两。(《考古与文物》1980.1)

横山宫镫

横山宫。(《文博》1993.2)

赵姬家镫

赵姬家。(《文物》1984.11;M2:27)

恭庙镫

恭庙。(《文物》1991.10;K1:4)

宁陵侯铜镫

宁陵侯,重十三两半。(《考古与文物》1985.5)

敕庙牛镫

敕庙牛镫四,礼乐长监治。(《文物》1959.7)

徐按:拓本不清,疑"敕"当为"刺"。整理者案:王卉《汉代铜器铭文汇总》"敕"亦作"刺"。

宜官镫

宜官。(阳文)(《秦汉金文汇编》上编)

高尺铜登

铜登一,高尺,重□□□。(《古文字研究》第十九辑)

整理者案:"登"假借为"镫"。又王卉《汉代铜器铭文汇总》未录此篇。

窦氏镫

窦氏,重四斤十两。(《文物》2004.6)

楚镫

楚,容三升,八斤。卅七。守室,八斤十四两。(《文物》1998.8;W2:46)

徐按:"七"原报告误释为"十"。整理者案:王卉《汉代铜器铭文汇总》未录此篇。

土孙夫人铜镫

土孙夫人铜镫。(《文物》1994.8)

江都宦者镫一(补)

江都宦者。容二升,重三斤□□。(《考古》2013.10,P30;M1:3654)

江都宦者镫二(补)

江都宦者。容三升半升。重七斤。(《考古》2013.10,P30;M1:3657)

江都宦者镫三(补)

江都宦者。容三升半升,重六斤八两。(《考古》2013.10,P30;M1:3659)

江都宦者镫四（补）

江都宦者。容二升,重二斤十二两。(《考古》2013.10,P30;M1:3655)

江都宦者镫五（补）

江都宦者。容半升,重一斤四两。(《考古》2013.10,P30;M1:3608)

江都宦者镫六（补）

江都宦者。容半升,重一斤四两。(《考古》2013.10,P30;M1:3660)

江都宦者镫七（补）

江都宦者。容二升,重三斤二两。(《考古》2013.10,P30;M1:3653)

江都宦者镫八（补）

江都宦者。重三斤,容一升半升。六年哺陵造。(《考古》2013.10,P30;M1:3656)

江都宦者镫九（补）

江都宦者。容□升半升。重十斤十二两。(《考古》2013.10,P30;M1:3648)

江都宦者镫十（补）

江都宦者。并重一钧三斤。容三斗三升。(《考古》2013.10,P31;M1:3605)

枸家铜镫（补）

枸家铜熙,定乌(焉)八方。重七斤十二两。(《四川文物》2011.5P53)

长沙剌庙铜牛镫（补）

剌庙牛镫四。礼乐长监治。(《文物》2007.12P58)

整理者案:此器又见《古文字研究》第十九辑周世荣《湖南战国秦汉魏晋铜器铭文补记》,出土于长沙枫树坪西汉墓,故为西汉物。

禁中尚卧镫（补）

内者未央尚浴乘舆金行一,重三斤。第百一十五。(镫盘外侧)禁中尚卧。(镫柄)(《考古与文物》2007.6P74)

整理者案:据铭文拟题。

启封镫（补）

启封,一斤十二两十二朱,容一升。

整理者案:据《金索》卷二补。《金索》曰:"启封,即开封。朱,即铢。一斤十二两十二铢,盖一斤十二两半也。"

牛镫（补）

敕庙牛镫曰,礼乐长监治。(右侧)

整理者案:据《全集·秦汉》说明页36补。《全集·秦汉》为西汉早期物。

锭

尚浴府行烛盘

内者未央尚浴府乘舆金行烛盘一，容二升，重二斤十二两。元年，内者造。苐初八十四。温卧。(《汉金》卷三)

整理者案：本篇亦见《金文续编》。篇题，《十六长乐堂古器款识考》卷四、《积古斋钟鼎彝器款识》卷九、《历代著录吉金目》页 1117 上栏"府"下有"金"字。篇题、铭文之"盘"字，《金索》卷三作"槃"。铭文"内者造"，《积古斋》《金索》《金文续编》《历代著录吉金目》作"内向造"。铭文"温卧"二字，《古器款识考》《金索》《金文续编》《历代著录吉金目》置于"内者未央"上，王卉《汉代铜器铭文汇总》则无之。《古器款识考》曰："温卧者，当是温室卧处所用也。尚浴府者，澡浴之室也。其盘非一，故曰第初八十四也。古无'苐'字，隶书有之，后又误为'第'。'内向'，未详。或云是内者令之名。汉器往往有此体。铭在盘底外侧。"《积古斋》说此器亦节引《古器款识考》为之。《金索》曰："此当是未央宫温室卧处上澡浴府所用之烛槃也。尚浴，如尚方、尚衣之类。槃即盘字。可携以行，故曰行烛。汉自文帝始称前元、后元，武帝始号建元。此但云元年，当在西汉之初，高、惠时物也。内向，疑内者令之名。"

□食官镫（补）

□食官镫一合，容三斗，并盖重十二斤十两。十年。负仪。

整理者案：据《历代著录吉金目》页 1113 上栏补。铭文有"十年"二字，则此器疑为西汉武帝建元前物。

苦宫行烛定

苦宫铜凫喙烛定，重一斤九两，径五寸。始元二年刻。(《汉金》卷三)

整理者案：本篇亦见《金文续编》。《历代著录吉金目》页 1113 上栏录本篇，铭文"凫"作"鸟"，"径"作"高"。又"定"通"锭"。又始元为西汉昭帝年号（始元二年为前 85 年），此为西汉物。

车宫锭盘

车宫铜锭盘，五凤四年造。工黄得。(《汉金》卷三)

整理者案：本篇亦见《金文续编》。五凤为西汉宣帝年号（五凤四年为前 54

年),此为西汉物。

车宫铜承烛盘(补)

车宫铜承烛盘,重三斤八两,五凤四年造。扶。

整理者案:据《历代钟鼎彝器款识》卷二十补。篇题,《考古图》卷九、《金索》卷三无"铜"字。铭文"承"字,《考古图》《历代著录吉金目》页 1111 下栏作"丞"。《金索》曰:"车宫,未知所在。五凤四年,汉宣帝之二十年,明年改甘露矣。'造'字下空。末一'扶'字,乃其号,或其工之名,未可知也。汉器有'扶'字者甚多。"又西汉宣帝五凤四年为前 54 年,此器为西汉物。

阳邑铜烛行锭

阳邑铜烛行锭,重三斤十二两。初元年三月,河东造。第三。(《考古与文物》1980.1)

徐按:原报告言"初元年"即"初元元年"。当是漏刻一"元"字。整理者案:王卉《汉代铜器铭文汇总》"初元年"正作"初元元年"。应据补一"元"字。又"初元"为西汉元帝年号,此为西汉物。

中山宦者常浴铜锭(一)

中山宦者常浴铜锭,重三斤十二两。卅二年。第廿五。卢奴造。(《满城汉墓发掘报告》P258;1:4113)

中山宦者常浴铜锭(二)

中山宦者常浴铜锭,重八斤十二两。卅二年。第。(《满城汉墓发掘报告》P258;1:4120)

柗林明堂铜锭(一)

柗林明堂铜锭,重三斤八两。高八寸。卅四年,钟官造。第二。(《满城汉墓发掘报告》P258;1:4114)

柗林明堂铜锭(二)

柗林明堂铜锭,重三斤八两,高八寸。卅四年,钟官造。第七。(《满城汉墓发掘报告》P258;1:4116)

整理者案:周筠等以为"柗"同"椒"。见周筠、陈静《满城汉墓出土铜器铭文研究》(载《文物春秋》2010.3P51—66)。

柗林明堂铜锭(三)

柗林明堂铜锭,重三斤八两,高八寸。卅四年,钟官造。第十。(《满城汉墓发掘报告》P258;1:4118)

枍林明堂铜锭(四)

枍林明堂铜锭,重三斤,高八寸。卅九年,钟官造。(《满城汉墓发掘报告》P258;1:4115)

汲□家行锭

汲□家铜行锭,重二斤三两。第十一。(《汉金》卷三)

筑阳家小立锭

筑阳家铜小立锭,高四寸半寸,容四分升一,连盘并重一斤八两。第八。(《汉金》卷三)

整理者案:本篇亦见《金文续编》《历代著录吉金目》页1115下栏。《历代著录吉金目》篇题无"小立"二字。

阳信家铜锭

阳信家铜锭,高尺六寸,重九斤。(《文物》1982.9;K1:005)

御当户锭

御当户锭一,第然于。(《满城汉墓发掘报告》P69;1:4112)

整理者案:周筠等录文"于"作"千"。见周筠、陈静《满城汉墓出土铜器铭文研究》(载《文物春秋》2010.3P51—66)。又《全集·秦汉》说明页30为西汉中期物。

御铜拈锭

御铜拈锭一,承盘俩,中山内府。第鹠。(器壁)铜锭盘一,中山内府。第鹠。(盘口沿)(《满城汉墓发掘报告》P71;1:4274)

整理者案:王卉《汉代铜器铭文汇总》"盘"俱作"般",盘口铭文"内府"误作"内服"。又案:周筠等录文"承"作"举"。见周筠、陈静《满城汉墓出土铜器铭文研究》(载《文物春秋》2010.3P51—66)。

御铜卮锭(一)

御铜卮锭一。中山内府。第鹄。(杯)卮锭。第鹄。(盘)。(《满城汉墓发掘报告》P71;1:5086)

整理者案:王卉《汉代铜器铭文汇总》无"内"字,"鹄"作阙文号。

御铜卮锭(二)

御铜卮锭一,中山内府。第鹕。(杯)卮锭。第鹕。(盖)(《满城汉墓发掘报告》P71;1:5087)

整理者案:王卉《汉代铜器铭文汇总》杯铭无"内"字,两"鹕"字俱作阙文号。

御铜盘锭
御铜盘锭一。第田鹏。(《满城汉墓发掘报告》P74;1:4117)

整理者案:王卉《汉代铜器铭文汇总》"盘"作"般"。

虹烛锭(补)
王氏铜虹烛锭,两辟,并重廿二斤四两。第一。

整理者案:据《历代钟鼎彝器款识》卷二十补。薛尚功曰:"《博古录》云:铭十八字,自三代至秦器,无斤两之识。此器显其所重。又字书与汉五凤炉款识相类,实汉物也。"此器亦见《啸堂集古录》卷下。《宣和博古图》卷十八"廿二斤"释作"二十二斤"。

长沙七斤铜锭
长沙七斤。(《满城汉墓发掘报告》P74;1:5011)

馆陶家行钉
铜钉一,径二寸八分,高三寸九分,重一斤八两。馆陶家。(《汉金》卷三)

整理者案:本篇亦见《金文续编》。《从古堂款识学》卷四、《历代著录吉金目》页1113下栏篇题作"馆陶镫"。王卉《汉代铜器铭文汇总》铭文"馆陶家"在"铜钉一"上。

豆

菑川宦谒右般北宫豆
菑川宦谒右般北宫豆,元年五月造。第十五。(《考古》1993.6;M1:22)

整理者案:铭文但云"元年",应为西汉武帝建元前物。

土军侯高烛豆
土军侯烛豆,八斤十三两。(《汉金》卷三)

□民高烛豆
□民烛豆,容一升半升,重六斤十六两。(《汉金》卷三)

整理者案:本篇亦见《金文续编》。

元成家烛豆
元成家行烛豆,重二斤十四两。第十七。(《贞松堂集古遗文续编》卷下)

整理者案:《贞松堂集古遗文续编》卷下"行"下有"镫"字。

真倱中铭釭(补)

真倱中。

整理者案:据《汉代物质文化资料图说》页102补。

闵翁主釭镣

闵釭翁主铜一具。(肩)闵翁主釭中镣。(盘)闵翁主釭镣盖。(盖)(《文物天地》1987.5)

徐按:肩铭"釭"应在"铜"后。不知是释文有误还是原刻之误。未见拓片,暂不能定。整理者案:王卉《汉代铜器铭文汇总》未录此篇。

炉

内者未央尚卧熏炉

内者未央尚卧金黄涂竹节熏卢一具,并重十斤十二两。四年,内官造。五年十月输。第初三。(盖)内者未央尚卧金黄涂竹节熏卢一具,并重十一斤。四年,寺工造。五年十月输。第初四。(圈足)(《文物》1982.9;K1:003)

徐按:器盖误配。整理者案:本篇《秦汉金文汇编》上编题作"阳信家熏炉"。圈足铭"十一斤"误作"十斤十二两","寺工"误作"内官"。又铭文中"熏卢"即"熏炉"。又铭文但云"四年"、"五年",则此器为西汉武帝建元前物。

常食中般执炉(一)

常食中般。(腹)廿九年效见。(口沿外壁)(《考古》1994.4)

整理者案:铭文但云"廿九年",则此器应为西汉武帝建元前物。

常食中般执炉(二)

常食中般。(《考古》1994.4)

整理者案:王卉《汉代铜器铭文汇总》未录此篇。据上篇,此器为西汉武帝建元前物。

龙渊宫燻炉(补)

龙渊宫燻炉,重五斤三两。元朔二年工成造。

整理者案:据《陇右金石录》卷一补。《陇右金石录》曰:"今存。此器出于泾川,周约尺余,高七寸,圆形,有盖,独足而下有承盘,有篆文在炉外侧,凡四行十七字。为汉武帝时遗物。'工成'者,盖工匠而名成也。龙渊宫不见史传,惟《汉书·

祠祀志》'湫渊祀朝那'注，苏林曰：'湫渊，在安定朝那县，不增不减，不生草木。'师古曰：'此水在今泾州界，清澈可爱，不容秽浊。或有喧污，辄兴云雨。土俗亢旱，每于此求之，相传云龙之所居也。天下山川隈曲亦往往有之。'此器所出去朝那湫渊不远，是否即湫渊遗物，姑录俟考。"元朔为西汉武帝年号（元朔二年为前127年），此为西汉物。

龙渊宫铜熏炉（补）

龙渊宫铜熏炉，重五斤十四两。元朔三年工禹为内者造。第八。

整理者案：据《历代著录吉金目》页1123上栏补。西汉武帝元朔三年为前126年，此为西汉物。

龙渊宫铜熏炉（补）

龙渊宫铜熏炉，重三斤十四两。元朔三年工禹为内者造。第八。

整理者案：据《历代著录吉金目》页1123上栏补。此器与上器铭文仅"三斤"、"五斤"小异，其余全同。而"三""五"形极近，本易致误。颇疑二者本为一器。

奇华宫铜燏炉

奇华宫铜燏炉，容一斗二升，重十斤四两。天汉二年，工赵博造，护守、丞贤省。（《考古与文物》1994.4）

徐按：原报告"丞"误释为"巫"，又误将"护守巫贤省"连续。整理者案：天汉为西汉武帝年号（天汉二年为前99年），此为西汉物。

梁山宫熏炉

梁山宫，元凤五年造。（盖）梁山宫□熏炉，并重二斤半。元凤五年造。（《考古与文物》1994.4）

整理者案：王卉《汉代铜器铭文汇总》无"盖"，炉铭脱"元凤五年造"五字。又元凤为西汉昭帝年号（元凤五年为前76年），此为西汉物。

阳泉熏炉

阳泉使者舍熏炉一，有盘及盖，并重四斤一两。元康五年，六安十三年正月乙未，内史属贤造，雒阳付守长则丞善、掾胜、传舍啬夫兑。（《汉金》卷四）

徐按："两""元康"三字已泐，笔者补释。详见本书第三章。整理者案：本篇亦见《金文续编》。篇题，《簠斋金石文考释》之《汉阳泉使者舍熏炉考释》"熏"作"薰"，《金索》卷三作"阳泉使者熏炉铭"，《积古斋钟鼎彝器款识》卷九、《愙斋集古录》卷十三、《历代著录吉金目》页1123下栏"泉"下有"使者舍"三字。铭文"熏"字，《簠斋金石文考释》亦作"薰"。铭文"一两元康"四字，《积古斋》《金索》

《历代著录吉金目》作四阙文号。铭文"炉"、"盘",《积古斋》《金文续编》《历代著录吉金目》《秦汉金文汇编》上编所收图版皆作"庐"、"般",当据改。铭文"兑",《积古斋》《历代著录吉金目》作"充"。王卉《汉代铜器铭文汇总》自《小校》卷13P59录本篇,无"四斤"二字。《积古斋》曰:"铭五十一字,磨灭者四字,秦太史所藏器。江郑堂云:'颜师古《汉书·地理志》注鱼秦云:汉火行,忌水,故去洛水而加佳。器文洛作雒,其为光武以后之器无疑。弟五行剥蚀不可辨,盖两数及年号也。云六安十三年者,乃侯国纪年,如孔庙汉石既书五凤二年,又书鲁三十四年也。'考《汉书·窦融传》有六安侯盱,又《楚王英传》,肃宗建初二年封英子楚侯种,后徙封六侯。《续汉书·郡国志》无六县,是光武时省入六安国。然一地无封两侯之理,自必盱国除后,乃徙封种。则所缺年号当在章和以后矣。阳泉亦侯国,不知何时国绝省入六安改为县。使者,疑是四百石、三百石之长,有事于侯国,故称使者耳。内史属者,内史之属官。后汉河南尹,职与前汉左右内史同。岂内史之称,至后汉尚相延不改耶?当时诸侯王亦置内史,或者贤乃六安内史属官亦未可知。雒阳付守长,不知何官,其县长之类欤?"《金索》曰:"鹣按:此莾时器,非光武以后之物。《汉书·窦融传》有六安侯盱,又《王莽传》:'州从禹贡为九,爵从周氏有五,子男一则,土方五十里。'故王莲湖先生有'顺武男则相'古印。此有'则丞'二字,意者六安侯亦子男之国,故称'则'。则有相,必有丞。此所缺一行当为'新始建国'四字,但未见其器,未知泐文,不敢臆定。要之,属西汉末年无疑。"

齐安炉(补)

齐安宫铜熏炉,容五升,具盖重五斤六两。神爵四年典宫啬夫中、佐史司马让造。第一百卅一。廿三。

整理者案:据《历代钟鼎彝器款识》卷十九补。篇题,《考古图》卷九作"熏炉",《金索》卷三作"齐安宫熏炉"。铭文"典",《历代著录吉金目》页1123下栏作"曲"。铭文"中"字,《积古斋钟鼎彝器款识》卷九、《金索》作"忠"。铭文"佐史"下,《积古斋》《金索》《历代著录吉金目》有"工"字。铭文"一百"下,《积古斋》《金索》有"一"字。铭文"廿三",《积古斋》《金索》作"卅三"。又神爵为西汉宣帝年号(神爵四年为前58年),故此为西汉物。

孝文庙铜熏炉

孝文庙铜熏炉,容三升,重四斤十四两。五凤二年九月造。(《文物》1997.7)

整理者案:五凤为西汉宣帝年号(五凤二年为前56年),此为西汉物。

莲勺宫熏炉

莲勺宫铜一斗鼎下盘,重四斤十三两。五凤三年正月己丑,工谓成徐安定属

圣守属定昌造。(《考古》1997.12)

徐按：炉而自名"鼎"，疑原刻误。末句原拓不清，疑释文有误。整理者案：篇题，《金索》卷三作"莲勺宫博山罏下槃铭"。《历代著录吉金目》页 1123 下栏无"宫熏"二字。《历代钟鼎彝器款识》卷十九、《金索》《历代著录吉金目》所录铭文，"十三两"作"十两"，"谓"作"渭"，无"定属圣"三字。《金索》曰："刘原父《古器记》云：'右一器，上为山，下为槃，世俗谓之博山炉。'欧阳公《集古录》云：'林华观行镫铭一，莲勺宫博山罏下槃铭一，皆五凤年造。'盖此即博山炉下承槃，《考古图》不录。铭曰'一斗鼎'，故薛氏疑为非博山者。然鼎寔无承槃，惟炉乃有之。故从欧阳氏之旧名也。莲勺，县名，去长安七十余里。《宣帝纪》云'困于莲勺'，疑其中有离宫焉。"王卉《汉代铜器铭文汇总》未录本篇。又西汉宣帝五凤三年为前 55 年，此为西汉物。

汧阳宫铜熏炉（补）

汧阳宫铜燻炉，重五斤三两。甘露四年工虞德造。守属、阳澂邑丞圣、佐博临。

整理者案：据《历代著录吉金目》页 1123 上栏补。甘露为西汉宣帝年号（甘露四年为前 50 年），此为西汉物。

弘农宫铜方炉

上林荣宫，初元三年受。弘农宫铜方卢（炉），广尺，长二尺，下有承灰，重卅六斤。甘露二年，工常絹造，守属，顺临。第二。（《文物》1973.5）

整理者案：《秦汉金文汇编》上编题作"甘露二年方炉"。"工常絹造"误作"工絹造"，然所收图版不误。王卉《汉代铜器铭文汇总》"絹"则作阙文号。又案：甘露为西汉宣帝年号（甘露二年为前 52 年），初元为西汉成帝年号（初元三年为前 46 年），故此器《全集·秦汉》说明页 26 定为西汉晚期物。

阳信家铜提链炉

阳信家铜炉，容斗五升。（《文物》1982.9；K1:004）

整理者案：《秦汉金文汇编》上编、《中国书法全集》第九册页 41 图 19、《全集·秦汉》说明页 27 皆题作"阳信家炉"。《全集·秦汉》定此为西汉中期物。据《中国书法全集》第九册页 185 图版考释 19，此器作于西汉中期，1981 年出土于陕西兴平茂陵一号无名冢一号丛葬坑。

阳信家铜温手炉

阳信家铜温手炉盖。

阳信家铜温手炉(腹)。(《文物》1982.9;K1:012)

整理者案:据铭文所出文献,此为西汉晚期物。

阳信家常卧铜温手炉

阳信家常卧铜温手炉承盘,重二斤四两。(腹)阳信家铜温手炉承盘。(盘)(同前;K1:007)

整理者案:据铭文所出文献,此为西汉晚期物。

孺子炉(补)

建和三年徐穉作。

整理者案:据《历代著录吉金目》页1121上栏补。建和为东汉桓帝年号(建和三年为149年),故此为东汉物。

熏炉

熏炉,重三斤□两,容二升十四龠。(《汉金》卷四)

整理者案:本篇亦见《金文续编》。"炉"字,《金文续编》作"卢",《秦汉金文汇编》上编所收铭文图版作"庐"。则"卢"、"庐"皆假借为"炉"。

熏炉(补)

熏炉,盖重九两。(盖)熏炉,重□斤三两,容二升四龠。(器)

整理者案:据《筠清馆金石》卷五补。铭文"龠"字,《历代著录吉金目》页1112下栏录作"䈞"。《筠清馆金石》曰:"䈞,龠之借字。龚定盦藏一器,容一升十四龠,有'婴桃第一'四字。"

菑川太子家炉

菑川大子家金燯炉,容二升半,重十斤八两。(《汉金》卷四)

整理者案:本篇亦见《金文续编》。篇题,《金索》卷三作"菑川大子金燯炉铭",《积古斋钟鼎彝器款识》卷九、《愙斋集古录》卷十三、《历代著录吉金目》页1122上栏俱无"家"字。铭文"炉"字,《积古斋》《金文续编》《历代著录吉金目》作"卢",《秦汉金文汇编》上编所收图版作"庐"。铭文"二升",《积古斋》《金索》《愙斋集古录》《历代著录吉金目》作"二斗"。《积古斋》《金索》并曰:"《汉书·王子侯表》:龙邱侯等,皆菑川懿王子。陆元侯等,皆菑川靖王子。北乡侯,菑川孝王子。此菑川太子,不知何属。"又王卉《汉代铜器铭文汇总》未录此篇。

平安侯家染炉

平安侯家染炉。第十。重六斤三两。(《汉金》卷四)

整理者案:本篇亦见《金文续编》,"炉"字皆作"鑪"。《历代著录吉金目》页

1121下栏篇题无"家染"二字。《贞松堂集古遗文》卷十五、《历代著录吉金目》"染"作一阙文号。本篇又见陈直《两汉经济史料论丛》P136,铭文"染炉"作"熏炉"。

重三斤熏炉(补)

熏炉,重三斤□两,容二斗十四蘥。

整理者案:据《历代著录吉金目》页1121下栏补。

宜富且寿熏炉(补)

宜寿且富□□□昌□贵宜于万子孙。

整理者案:据《历代著录吉金目》页1122上栏补。铭文"于万"疑"千万"之误。

二斤三两熏炉

今二斤三两。(《考古学报》1985.2;5:21)

重三斤六两熏炉

左。重三斤六两。今三斤十一两。(《考古学报》1985.2;5:22)

雒阳武库熏炉

雒阳武库熏炉,重三斤。(盖)重二斤十四两。(身口沿)(《文博》1988.1)

徐按:原报告误释"熏"为"东"。详见本书第一章。整理者案:王卉《汉代铜器铭文汇总》无"盖"、"身口沿"字样。

张端君错炉

张端君错炉一。(《考古》1966.4)

张端君熏炉(补)

张端君熏炉一。(《考古》1966.4P185)

常食中般执炉(三)

常食中般。(腹、耳杯文同)(《考古》1994.4)

整理者案:王卉《汉代铜器铭文汇总》未录下二篇。

常食中般执炉(四)

常食中般。(腹)(《考古》1994.4)

常食中般执炉(五)

常食中般。(腹)(《考古》1994.4)

鼎胡熏炉

鼎胡。(《文物》1993.9;M1:208)

杨是熏炉(补)

蜀郡成都杨是造,传子孙。(《小校》卷13P8)

整理者案:据王卉《汉代铜器铭文汇总》补。原无篇题,此据铭文拟题。"是"通"氏","杨是"即"杨氏"。

博山炉(补)

天兴子孙,富贵昌宜。

整理者案:据《历代钟鼎彝器款识》卷十九补。《考古图》卷十曰:"器得于投子山,重一斤七两,中间苻叶,有文曰'天兴子孙',又口'富贵昌宜'。按《汉朝故事》,诸王出,间则赐博山香炉。《晋东宫旧事》,太子服用则有博山香炉。一云炉象海中博山,下有槃贮汤,使润气蒸香,以象海之回环。"《金索》卷三曰:"李太白诗云:'洛阳名工铸为金博山,千琢复万镂,上刻秦女携手仙。'则唐时犹重其器矣。"

薰炉(补)

祖□。

整理者案:据《历代著录吉金目》页1121上栏补。

汉铜薰炉铭文(补)

内官,容三□少。重三斤八两□□。

整理者案:据《辽阳金石录》页105补。原说明:"铜薰炉,出土于太子河区石嘴山。铭文刻在薰炉柄部,楷体,辽阳市博物馆藏。按:内官,官署名,负责审理诏狱的官狱,宗正所属机构。"

斗

成山宫渠斗

扶。成山宫铜渠钭,重二斤。神爵四年卒史任欣、杜阳右尉司马赏、氂少内佐王宫等造。河南。(《汉金》卷四)

整理者案:本篇亦见《金文续编》。《筠清馆金石》卷五录本篇,铭文"扶"字在"河南"下。《筠清馆金石》曰:"此器当亦是盛酒之物。"又"钭"即"斗"字。神爵为西汉宣帝年号(神爵四年为前58年),故此为西汉物。

成山宫铜渠斗款(补)

神爵四年。

整理者案:据《金石续编》卷一补。《金石续编》曰:"篆书。在阳湖董氏。神爵四年,汉宣帝即位之十六年,其明年改元五凤矣。东莱郡有成山,太始三年武帝幸琅邪,礼日成山。神爵间,立成山日祠于不夜。《地理志》:'不夜有成山日祠。'《文选·子虚赋》张楫注曰:'成山在东莱掖县,于其上筑宫阙。'此云成山宫,殆即是此。盖立祠时所造也。"又此器年代为西汉。

五铢泉斗(补)

五铢。

整理者案:据《历代著录吉金目》页1098下栏补。

刁斗(补)

长宜子孙。货泉。货泉。货泉。货泉。

整理者案:据《历代著录吉金目》页1098下栏补。

刁斗(补)

大吉祥。

整理者案:据《续考古图》卷三补。

熨斗

五凤熨斗

五凤元年四月,考工贤友,缮作府啬夫赵良、平阳付守长吴安光主,左丞万福并省。重三斤十二两。第二。(《汉金》卷四)

整理者案:本篇亦见《金文续编》。《历代著录吉金目》页963下栏录本篇,题作"五凤镫斗"。五凤为西汉宣帝年号(五凤元年为前57年),此为西汉物。

永元熨斗

永元六年闰月一日,十湅牢熨斗。宜衣。重三斤,直四百。保二亲,大富利,宜子孙。(《汉金》卷四)

整理者案:本篇亦见《金文续编》。《历代著录吉金目》页1100上栏题作"宜衣熨斗"。《贞松堂集古遗文》卷十五、《历代著录吉金目》"牢"皆作"守"。又永元为东汉和帝年号(永元元年为89年),此为东汉物。

上蔡侯熨斗

建光元年三月,上蔡侯造。(《贞松堂集古遗文续编》卷下)

整理者案：建光为东汉安帝年号（建光元年为121年），此为东汉物。

千万熨斗

千万。（阳文）（《汉金》卷四）

整理者案：本篇亦见《金文续编》。

五铢熨斗（补）

五铢。

整理者案：据《历代著录吉金目》页1099上栏补。

新货泉熨斗（补）

货泉。（钱文五）

整理者案：据《历代著录吉金目》页1099下栏补。

新宜子孙熨斗（一至三）

宜子孙。（阳文）（《汉金》卷四）

宜子孙熨斗（一）

宜子孙。（《汉金》卷四）

整理者案：本篇亦见《金文续编》。

宜子孙熨斗（二）

宜子孙。（《汉金》卷七）

长宜子孙熨斗（一、二）

长宜子孙。（阳文）（《汉金》卷四）

整理者案：《金文续编》录同题器铭一，铭文"子孙"下尚有"货泉"二字。

大吉利熨斗

大吉利,长宜子孙。（阳文）（《汉金》卷四）

整理者案：本篇亦见《金文续编》《历代著录吉金目》页1099下栏。《历代著录吉金目》篇题"利"下有"长宜子孙"四字。

带尺铜熨斗（补）

长宜子孙。（《文物》2010.8P93）

直衣熨斗（补）

熨斗直衣。（《收藏界》2002.3P18）

张端君熨斗（补）

张端君熨斗一。（《考古》1966.4P185）

阳信家熨铫

阳信家熨铫,容二升。（《文物》1982.9；K1:016）

书刀

西汉霍贺铁环首书刀(补)
宜官腆二千石。(阴刻)。(《南方文物》2013.4P75)
整理者案:篇题据铭文补。

广汉郡书刀(补)
永元十六年,广汉郡工官卅中……史成、长荆、守丞熹王。
整理者案:据《秦汉金文汇编》上编补。《历代著录吉金目》页1101下栏题作"永元十六年金马书刀"。《贞松堂集古遗文》卷十五、《金文续编》《历代著录吉金目》"卅中"作"卅涷","王"作"主"。铭文省略号,《贞松堂集古遗文》作九个阙文号。又永元为东汉和帝年号(永元十六年为104年),此为东汉物。

广汉郡书刀(补)
永元十□年,广汉郡工官,卅涷书刀,工冯武……。
整理者案:据《贞松堂集古遗文》卷十五补。《历代著录吉金目》页1101上栏题作"永元十六年金马书刀",原题注:"铭文存十四字。"又器物时代为东汉。又《金文续编》"年""汉"字皆阙释。

广汉郡书刀(补)
(上缺)广汉□□□卅□□□□秋造。护工卒、史克、长不、丞奉主。
整理者案:据《贞松堂集古遗文》卷十五补。本篇亦见《金文续编》《历代著录吉金目》页1101下栏。《历代著录吉金目》题作"永元十六年金马书刀"。

汉永建书刀
永建元年正月,使者□□□铜刀□不□□。(《双剑誃古器物图录》卷下)
整理者案:永建为东汉顺帝年号(永建元年为126年),此为东汉物。

金马书刀(补)
(释缺)。
整理者案:据《历代著录吉金目》页1101上栏补。原题注:"铭文约存六字。"

砚滴

龟砚滴(补)

女用。

整理者案:据《西清古鉴》卷三十八补。《历代著录吉金目》页1102下栏录本篇,"女"作"汝"。

钩

张师带钩(补)

五月丙午。张师带钩。

整理者案:据《两汉金石记》卷一补。器物时代,《两汉金石记》入西汉高帝六年,但曰:"按此或在景帝六年,今姑系于此。"《历代著录吉金目》页1162下栏录本篇,铭文"丙午"下有一阙文号。"带钩"作"信印"。

汉带钩字(补)

六年五月丙午乍。张师信印。

整理者案:据《两汉金石记》卷四补。篇题,《积古斋钟鼎彝器款识》卷十作"张师信钩"。铭文"乍",《积古斋》作一阙文号。《两汉金石记》曰:"汉自武帝始有年号,此器但云六年,故知是西汉器也。考惠帝六年壬子、吕后六年己未、文帝六年丁卯,此三年之五月皆无丙午,惟高帝六年庚子、景帝六年庚寅此二年之五月皆有丙午,此器当属何时,则弗能深考矣。'乍'即'作'字,古器款识皆如此。"又曰:"又见带钩一,以建初尺度之,长一寸四分,其下隐起圆处径五分,文曰'宜子'二字,古文篆,阴款。又见带钩一,建初尺长五寸三分,其背之上下各有银镂三字,曰'丙午钩君宜官',篆书。又带钩一,建初尺长五寸四分,阴款,篆书'景初元年五月丙午造'凡九字。考魏明帝景初元年五月丁酉朔丙午是其十日也。又江秋史有带钩二,一曰'建初□年五月丙午造',一曰'永平□年五月丙午造',合前二钩,皆云'丙午',盖汉魏铸钩用五月丙午日也。此可作带钩故实。"又王卉《汉代铜器铭文汇总》据《小校》卷13P36录文,"六年五月"作"六月五日"。

永平钩

永平二年二月。(《汉金》卷六)

整理者案:永平为东汉明帝年号(永平二年为59年),此为东汉物。

建初元年钩

建初元年三月三日丙午造。辟……(《海外中国铜器图录》第一集)

整理者案:王卉《汉代铜器铭文汇总》无"辟……"。又建初为东汉章帝年号(建初元年为76年),此为东汉物。

建初钩

建初七年五月五日造。(《汉金》卷六)

整理者案:东汉章帝建初七年为82年,此为东汉物。王卉《汉代铜器铭文汇总》未录此篇。

永元十三年钩

永元十三年五月丙午日钩。(《中国文物报》1989.4.14[总127期])

整理者案:永元为东汉和帝年号(永元十三年为101年),此为东汉物。又王卉《汉代铜器铭文汇总》未录此篇。

保身长生大吉利钩

永元十四年五月丙午作。保身,长生,大吉利。(《安徽通志金石古物考稿》第十六册)

整理者案:东汉和帝永元十四年为102年,此为东汉物。

永元十□□钩(补)

永元十□□五月丙午七日钩。

整理者案:据《贞松堂集古遗文》卷十四补。又永元为东汉和帝年号,器物时代为东汉。

永宁元年钩(补)

永宁元年五月廿一日丙午钩。(《小校》卷13P37)

整理者案:据王卉《汉代铜器铭文汇总》补。原无篇题,此据铭文拟题。又永宁为东汉安帝年号(永宁元年为120年),此为东汉物。

建和二年钩

建和二年五月三日丙午作钩。辟五存。(《安徽通志金石古物考稿》第十六册)

整理者案:建和为东汉桓帝年号(建和二年为148年),此为东汉物。

永兴钩

永兴二年五月丙午日,君一作。大吉羊。(《汉金》卷六)

整理者案:永兴为东汉和帝年号(永兴二年为154年),此为东汉物。

建安三年钩(补)

建安三年,孔文父作。(《小校》卷13P40)

整理者案:据王卉《汉代铜器铭文汇总》补。原无篇题,此据铭文拟题。又建安为东汉献帝年号(建安三年为198年),此为东汉物。

午钩

午。(阳文)(《汉金》卷六)

整理者案:本篇亦见《金文续编》。

同字钩(补)

同。

整理者案:据《历代著录吉金目》页1152下栏补。

士字钩(补)

士。

整理者案:据《历代著录吉金目》页1152下栏补。

生字钩(补)

生。

整理者案:据《历代著录吉金目》页1152下栏补。

共钩(补)

共。

整理者案:据《历代著录吉金目》页1152下栏补。

蜡封印钩(补)

□。

整理者案:据《历代著录吉金目》页1153上栏补。

司马印钩

司马。(《汉金》卷六)

整理者案:本篇亦见《金文续编》,铭文末注"反文"二字。《历代著录吉金目》页1155上栏篇题无"印"字。

常双印钩

常双。(《汉金》卷六)

整理者案:本篇亦见《金文续编》,铭文末注"反文"二字。

王霸印钩

王霸。(《汉金》卷六)

整理者案:本篇亦见《金文续编》。

千金合符钩

千金。(《汉金》卷六)

整理者案:本篇亦见《金文续编》。《历代著录吉金目》页1153下栏题注"千金半钩"。

千秋合符钩

千秋。(《汉金》卷六)

千万钩

千万。(阳文)(《汉金》卷六)

整理者案:本篇亦见《金文续编》。

巨万钩

巨万。(阳文)(《汉金》卷六)

整理者案:本篇亦见《金文续编》。

宜官钩

宜官。(《汉金》卷六)

长寿合符钩(一至三)

长寿。(一阴一阳)(《汉金》卷六)

整理者案:《金文续编》收同题铭文一篇,文同,无"一阴一阳"字样。

永寿合符钩

永寿。(阳文)(《汉金》卷六)

大幸合符钩

大幸。(《汉金》卷六)

整理者案:本篇亦见《金文续编》。

盖市钩

盖市。(《辽海文物学刊》1992.1;M2:5)

公钩(补)

公作。

整理者案:据《陶斋吉金录》卷七补。亦见《历代著录吉金目》页1153上栏。

上卫钩(补)

上卫。

整理者案:据《历代著录吉金目》页1153下栏补。

□京钩(补)

□京。

整理者案:据《贞松堂集古遗文》卷十四补。本篇亦见《金文续编》。

冯安钩(补)

冯安。

整理者案:据《历代著录吉金目》页1156下栏补。

富来钩(补)

富来。

整理者案:据《历代著录吉金目》页1156下栏补。

孟兴钩(补)

孟兴。

整理者案:据《历代著录吉金目》页1155下栏补。

虎贲钩(补)

虎贲。

整理者案:据《历代著录吉金目》页1155下栏补。

吴晏印钩(补)

吴晏。

整理者案:据《贞松堂集古遗文》卷十四补。本篇亦见《金文续编》。

宋凤钩(补)

宋凤。

整理者案:据《历代著录吉金目》页1155下栏补。

高告印钩(补)

高告。

整理者案:据《历代著录吉金目》页1156下栏补。

章侯钩(补)

章侯。

整理者案:据《历代著录吉金目》页1156下栏补。

贾苍钩(补)

贾苍。

整理者案:据《陶斋吉金录》卷七补。亦见《历代著录吉金目》页1157上栏。

亭京钩(补)

亭京。

整理者案:据《历代著录吉金目》页1157上栏补。

军曲钩(补)

军曲。

整理者案:据《历代著录吉金目》页1156上栏补。

徐丰钩(补)

徐丰。

整理者案:据《历代著录吉金目》页1156上栏补。

真定带钩(补)

真定。

整理者案:据《历代著录吉金目》页1156上栏补。

丙午钩(补)

丙午。

整理者案:据《历代著录吉金目》页1154下栏补。

吉羊钩(补)

吉羊。

整理者案:据《历代著录吉金目》页1155上栏补。

延年钩(补)

延年。

整理者案:据《历代著录吉金目》页1155下栏补。

万岁钩(补)

万岁。

整理者案:据《历代著录吉金目》页1157上栏补。

千四钩(补)

千四。

整理者案:据《历代著录吉金目》页1153下栏补。

日利钩(补)

日利。

整理者案:据《历代著录吉金目》页1154下栏补。

长寿半钩（补）

长寿。

整理者案：据《积古斋钟鼎彝器款识》卷十补。《积古斋》曰："案铭作阴款，揣其制，当更有一钩，文必阳识，古人合之以当符券也。"

千斤金合符钩

千斤金。(《汉金》卷六)

整理者案：本篇亦见《金文续编》。《历代著录吉金目》页1157上栏篇题作"千斤金半钩"。

日入千合符钩

日入千。(阳文)(《汉金》卷六)

整理者案：本篇亦见《金文续编》。

日益寿合符钩（一）

日益寿。(一阴一阳)(《汉金》卷六)

整理者案：《金文续编》收同题铭文一篇，文同，无"一阴一阳"字样。

日益寿合符钩（二）

文同。(阳文)(《汉金》卷六)

长相思合符钩

长相思。(《续编》)

整理者案：本篇王卉《汉代铜器铭文汇总》未录。

赵充国印钩

赵充国。(《汉金》卷六)

整理者案：本篇亦见《金文续编》。王卉《汉代铜器铭文汇总》未录此篇。

庆延年印钩

庆延年。(《汉金》卷六)

整理者案：本篇亦见《金文续编》。

千万年钩（补）

千万年。

整理者案：据《历代著录吉金目》页1157上栏补。

大司马钩（补）

大司马。

整理者案：据《历代著录吉金目》页1157下栏补。

午钩(补)

午□□。

整理者案:据《历代著录吉金目》页1157下栏补。

司马君钩(补)

司马君。(《小校》卷13P30)

整理者案:据王卉《汉代铜器铭文汇总》补。原无篇题,此据铭文拟题。

保身钩(补)

保身钩。

整理者案:据《历代著录吉金目》页1158上栏。

君宜高官钩(一)

君宜高官。(阳文)(《汉金》卷六)

整理者案:亦见《陶斋吉金录》卷七。

君宜高官钩(二)

文同。(《汉金》卷六)

位至三公钩

位至三公。(《汉金》卷六)

整理者案:本篇王卉《汉代铜器铭文汇总》未录。

□作大吉钩

□作。大吉。(阳文)(《汉金》卷六)

整理者案:本篇王卉《汉代铜器铭文汇总》未录。

长年未央钩

长年未央。(阳文)(《汉金》卷六)

整理者案:本篇亦见《金文续编》,无"阳文"字样。

□方辟兵钩

□方辟兵。(阳文)(《汉金》卷六)

整理者案:本篇亦见《金文续编》。《秦汉金文汇编》上编、王卉《汉代铜器铭文汇总》"□"作"翕"。

大光延年符钩

大光延年。(《双剑誃吉金图录》卷下)

长毋相忘印钩

长毋相忘。(《汉金》卷六)

日利千万钩

日利千万。(阳文)(《汉金》卷六)

整理者案:本篇亦见《金文续编》,无"阳文"字样。

丙午神钩(补)

丙午神钩。

整理者案:据《历代著录吉金目》页1159上栏补。王卉《汉代铜器铭文汇总》据《小校》卷13P32录文,铭文脱"钩"字。

司马军钩(补)

司马军钩。

整理者案:据《历代著录吉金目》页1159上栏补。

卫骑将军钩(补)

卫骑将军。

整理者案:据《历代著录吉金目》页1160下栏补。

十二神钩(补)

十二神钩。

整理者案:据《历代著录吉金目》页1158下栏补。王卉《汉代铜器铭文汇总》据《小校》卷13P30录文,铭文脱"钩"字。

长宜子孙钩(补)

长宜子孙。

整理者案:据《山左金石志》卷二补。《山左金石志》曰:"右钩长五寸八分,宽八分,嵌金银丝,乃革带钩也。"又曰:"《晋语》:'乾时之役,申孙之矢集于桓钩。'《左氏传》:'管仲射桓公,中带钩。'古人为之以铜,著于胸腹之间,非徒以为饰,且以捍矢。此钩状若雕狐,篆文铭四字,曰'长宜子孙',篆法异常,且多粟点,制作之工,非秦汉人不能。黄司马得之于济宁。"

长宜寿昌钩(补)

长宜寿昌。

整理者案:据《历代著录吉金目》页1160上栏补。

长寿连钩(补)

右钩长寿。

整理者案:据《历代著录吉金目》页1160上、下栏补。

高阳钩(补)

高阳生宝。

整理者案:据《历代著录吉金目》页1160下栏补。

钩□钩(补)

钩□十□。

整理者案:据《历代著录吉金目》页1160下栏补。

安国君长钩(补)

安国君长。

整理者案:据《历代著录吉金目》页1161上栏补。

长宜君官钩(补)

长宜君官。

整理者案:据《历代著录吉金目》页1161上栏补。

官作大吉钩(补)

官作。大吉。

整理者案:据《历代著录吉金目》页1159下栏补。

宜用大吉钩(补)

宜用。大吉。

整理者案:据《历代著录吉金目》页1159下栏补。

长生大富钩(补)

长生。大富。

整理者案:据《历代著录吉金目》页1160上栏补。

长宜子孙带钩(补)

长宜子孙。

整理者案:据《金索》卷三补。铭文"孙",《金索》所附拓片作"系",乃"孙"之省文。

子午卯酉钩(补)

子午卯酉。

整理者案:据《历代著录吉金目》页1158下栏补。

汉左护都尉钩(补)

左护都尉。

整理者案:据《八琼室金石札记》卷二补。《札记》曰:"四字分列左右。"

日利八千万钩

日利八千万。(《考古》2000.3)

整理者案：本篇王卉《汉代铜器铭文汇总》未录。

愿君毋相忘钩

愿君毋相忘。(《汉金》卷六)

整理者案：本篇亦见《金文续编》。《历代著录吉金目》页1161上栏篇题"忘"下有"带"字。

大者千万家钩（补）

大者千万家。

整理者案：据《历代著录吉金目》页1160下栏补。

中臧府从事钩（补）

中臧府从事。

整理者案：据《历代著录吉金目》页1160下栏补。

君高迁钩

丙午钩,君高迁。(阳文)(《汉金》卷六)

整理者案：《从古堂款识学》卷四、《历代著录吉金目》页1161下栏题作"丙午钩"。

丙午钩（一）

丙午钩,君宜官。(《海外中国铜器图录》第一集)

丙午钩（二）

丙午钩,君高迁。(《文物》1984.12)

整理者案：此器亦见《积古斋钟鼎彝器款识》卷十。

天帝使者钩（补）

大吉。天帝使者。

整理者案：据《历代著录吉金目》页1161上栏补。

至珍钩（补）

至珍钩,丁卯癸。

整理者案：据《历代著录吉金目》页1161下栏补。

长宜子孙带钩（补）

长宜子子孙孙。

整理者案：据《金索》卷三补。

孟氏钩（补）

孟氏□□□□□。

整理者案：据《历代著录吉金目》页 1162 上栏补。

龙蛇辟兵钩

龙蛇辟兵，保身长生，烁消金石，厌胜众精。(《汉金》卷六)

整理者案：本篇亦见《金文续编》。

神珍奇钩

五月丙午，神珍奇钩。口容明珠，手抱白鱼，位至公侯。(《汉金》卷六)

整理者案：本篇亦见《金文续编》，"神珍"作"袖珍"。"容"，《金文续编》《历代著录吉金目》页 1163 下栏作"含"。王卉《汉代铜器铭文汇总》铭文"钩"字误作"购"。

丙午神钩

丙午神钩。□容珠，手抱鱼，位至三公。(《汉金》卷六)

整理者案：本篇亦见《金文续编》。

丙午神钩(补)

丙午神钩。君高迁。

整理者案：据《积古斋钟鼎彝器款识》卷十补。《积古斋》曰："造铜器必于丙午日，取干支皆属火。元所见带钩有作'丙午钊君宜官'者，有作'五月丙午造'者。此云丙午，亦铸钩之日也。君高迁者，颂祷之辞。此钩嵌金银丝，身作神人鸟喙抱鱼食象，首作兽面，故曰神钩。考《山海经·大荒南经》云：'白水山生白渊，昆吾之师所浴，有人名曰张宏，在海上捕鱼。海中有张宏之国，食鱼，使四鸟，有人焉，鸟喙，有翼，方捕鱼于海。'郭注：'昆吾，古王者号。'《音义》：'昆吾，山名。溪水内出善金。'盖当时取善金作钩，因象其地之神人以为饰也。首作兽面，盖师比形。《史记》：'汉文帝遗匈奴黄金胥纰一。'《汉书》作'犀毗'。张晏云：'鲜卑，郭落带瑞兽名。'《战国策》：'赵武灵王赐周绍黄金师比，以傅王子。'延笃云：'师比，革带钩也。'班固《与窦宪笺》云：'复赐固犀比金头带。'《东观汉记》：'郑遵破匈奴，上赐金刚鲜卑绲带一。'然则师比、胥纰、犀毗、鲜卑、犀比，声相近而文互异，其实一也。《楚辞·天问》：'晋制犀比，昭白日只。'王逸以为博棋，误矣。师比之制，创自赵武灵王，而革带有钩，由来已旧。古人以铜著胸腹间，所以拘带且以捍矢。《左传·僖二十四年》：'齐桓公置射钩而使管仲相。'杜注：'中带钩。'《吕览·贵卒》：'管子扞弓射公子小白，中钩。'《国语·晋语》：'乾时之役，申孙之矢集于桓钩。'韦注：'带钩也。在腹。'《庄子·达生》：'以钩注者惮。'《胠箧》云：'窃钩者诛。'《荀子·礼论》：'缙绅而无钩带。'扬子《太玄·格》：'裳格鞶钩。'据之,则钩之制古矣。《南史·吉士瞻传》:'浚仗库防火池,得一金革带,钩隐起,雕镂甚精。篆文曰:赐尔金钩,既公且侯。'玩其辞,当亦汉器也。《考古图》带钩有四,第一钩身形若守宫手抱鱼,与此器差似。其余形制各异。元尚有汉钩二器,款识亦俱不同。传曰:'坐客满堂,视钩各异。'其是之谓与。"

五月丙午钩

五月丙午钩。(《考古》1962.10;M3;11)

五月丙午钩(补)

五月丙午□。

整理者案:据《贞松堂集古遗文》卷十四补。

丙午钩君高迁(补)

丙午钩,君高迁,宜子孙。

整理者案:据《历代著录吉金目》页1162上栏补。

左将军钩(补)

千秋。左将军见□□王。

整理者案:据《历代著录吉金目》页1162上栏补。王卉《汉代铜器铭文汇总》据《小校》卷13P36录文,"见□□王"作"□□昴王"。

大富寿钩(补)

大吉利,大富寿。大吉利,宜子孙。

整理者案:据《历代著录吉金目》页1162下栏补。王卉《汉代铜器铭文汇总》据《小校》卷13P36录文,"大富寿"在"宜子孙"上。

五月丙午大吉钩(补)

五月丙午日大吉,服之者宜官必贵。

整理者案:据《历代著录吉金目》页1163上栏补。

五月五日错金钩(补)

五月五日丙午钩,大吉君宜高令高迁。

整理者案:据《历代著录吉金目》页1163上栏补。

长宜君官张师钩(补)

长宜君官,士至三公。张师信印。

整理者案:据《历代著录吉金目》页1163上栏补。

长宜君官钩(补)

长宜君官,士至三公。

整理者案:据《积古斋钟鼎彝器款识》卷十补。《金索》卷三曰:"词与汉竟(镜)同。"

蕳川太子钩(补)

今蕳川太子家赐。

整理者案:据《八琼室金石札记》卷二补。《札记》曰:"钩云'家赐',是赐其家臣者。"

汉袖珍奇钩(补)

日月丙午袖珍奇钩□□明□子孙□□位至公侯。

整理者案:据《陶斋吉金续录》卷二补。

师比

师比(补)

常双。

整理者案:据《历代著录吉金目》页1164上栏补。原注:"按此器《汉金文录》作钩,参看'常双印钩'。"

赵充国师比(补)

赵充国。

整理者案:据《历代著录吉金目》页1164上栏补。原注:"按此器《贞松堂集古遗文》作钩,参看'赵充国印钩'。"

师比(补)

丙午神钩。口容珠,手抱鱼,位至三公。

整理者案:据《历代著录吉金目》页1164上、下栏补。原注:"按此器《汉金文录》作钩,参看'丙午神钩'。"又案:上三器《历代著录吉金目》既以别名著录,今姑从之另标目而录于此。

铃

永平小铃(补)

永平二年。(一面)宜子孙。吉。(一面)

整理者案:据《金索》卷三补。《积古斋钟鼎彝器款识》卷十录本篇,无铭文"吉"字。铭文"永平二年"在"宜子孙"下。《积古斋》曰:"《诗·载见》云:'和铃央央。'《左·桓二年》传云:'锡鸾和铃,昭其声也。'古者以铃置于旂旆上,所以和声也。永平,东汉明帝年号。"《八琼室金石札记》卷二曰:"汉小铎铭……有'宜牛'、'宜田原'、'宜子孙'、'宜子大吉'、'牛马大吉利'、'土日'各种。"又东汉明帝永平二年为59年。

永平小铃(补)

宜子孙。永平二年。

整理者案:据《山左金石志》卷二补。《山左金石志》曰:"黄司马(易)得之于济宁,名为撒帐铃。按古人器物多用铃铎。《左氏传》曰:'锡鸾和铃,昭其声也。'故古人重之。而后世遂以为装饰之具。王勃《乾元殿颂》:'雷渚翔英,扰龙铃于高席。'又似可施于帷帐。"又东汉明帝永平二年为59年。

牛马铃(补)

马。

整理者案:据《历代著录吉金目》页1166上栏补。

已铃(补)

已已。

整理者案:据《历代著录吉金目》页53下栏补。

天马铃

天马。(阳文)(《文物》1990.8)

大吉铃

大吉。(文)(《汉金》卷三)

整理者案:王卉《汉代铜器铭文汇总》未收本篇。

宜牛铃

宜牛。(阳文)(《汉金》卷三)

大吉利铃

大吉利。(阳文)(《汉金》卷三)

整理者案:《秦汉金文汇编》上编合本篇与下篇为一,未妥。《金索》卷三题作"小铃"。

宜牛犊铃

宜牛犊。(阳文)(《汉金》卷三)

整理者案:本篇又见《金文续编》、陈直《两汉经济史料论丛》P137。陈直曰:"此器亦称为铎。"

日千万铃

日千万。(阳文)(《汉金》卷三)

整理者案:本篇及下篇之"万"字,《秦汉金文汇编》上编俱作"萬",其所收图版正作"萬"。

宜子孙小铃(补)

宜子孙。

整理者案:据《历代著录吉金目》页53下栏补。

宜子孙铃(补)

宜子孙。宜牛羊。

整理者案:据《历代著录吉金目》页1167上栏补。

日千金铃(补)

日千金。同。

整理者案:据《从古堂款识学》卷九补。《历代著录吉金目》页54上栏录本篇,无"同"字。《从古堂款识学》曰:"吉以富为福,'日千金',言其福也。同,聚也。"

百千万铃(补)

百千万。

整理者案:据《历代著录吉金目》页53上栏补。

宜子铃(补)

宜子。宜子。

整理者案:据《历代著录吉金目》页54下栏补。

牛马铃(补)

牛马。大吉。

整理者案:据《历代著录吉金目》页1166下栏补。

牛马铃

牛马。大吉□。(阳文)(《汉金》卷三)

整理者案:亦见《陶斋吉金录》卷七。

牛马铃(补)

大吉。宜牛马。

整理者案:据《陶斋吉金录》卷七补。亦见《历代著录吉金目》页1166下栏。

小铃（补）

牛马。（一面）大吉利。（一面）

整理者案：据《金索》卷三补。《历代著录吉金目》页1166下栏题作"牛马大吉利铃"。《金索》曰："吉下一字泐，从它本补之。"

宜牛马铃（一）

宜牛马。（阳文）（《贞松堂吉金图》卷下）

宜牛马铃（二）

宜牛马，大吉利。（阳文）（《贞松堂吉金图》卷下）

整理者案：王卉《汉代铜器铭文汇总》未收本篇。

宜牛犊铃（补）

宜牛犊，大吉利。

整理者案：据《历代著录吉金目》页1167上栏补。

大吉利宜牛犊铃

大吉利，宜牛犊。（阳文）（《汉金》卷三）

整理者案：本篇亦见《金文续编》。

宜牛羊铃

宜牛羊，大富昌。（阳文）（《汉金》卷三）

整理者案：王卉《汉代铜器铭文汇总》未录此篇。

日入千万残铃

日入千万。（阳文）（《汉金》卷三）

整理者案：本篇亦见《金文续编》。

大吉宜子铃

大吉，宜子。（阳文）（《汉金》卷三）

整理者案：篇题，《积古斋钟鼎彝器款识》卷十无"大吉"二字，《金索》卷三作"小铃"。《积古斋》《金索》铭文"大吉"、"宜子"互乙。《金索》曰："黄小松得之沸宁，以为古人撒帐铃也。"

富贵宜□铃（补）

富贵，宜□。（《小校》卷13P43）

整理者案：据王卉《汉代铜器铭文汇总》补。原无篇题，此据铭文拟题。

宜子孙铃（一、二）

大吉利，宜子孙。（阳文）（《汉金》卷三）

248

整理者案:篇题,《积古斋钟鼎彝器款识》卷十、《陶斋吉金录》卷七作"汉宜子孙铎"。《积古斋》曰:"古人以木铎振文教,以金铎奋武卫。《礼·乐记》'夹振之'注云:'夹,舞者振铎以为节。'此器高不过三寸,军政不足以发号,乐舞亦不可以为节,当是铃属。然铃铎二器可通称,故仍旧名为铎。《说文》解'铎'字云:'大铃也。'"

大吉利宜子孙铃(补)

大吉利五五,宜子孙五五。

整理者案:据《历代著录吉金目》页 55 下栏补。

大吉利宜子孙铃(补)

大吉利糸五,宜子孙糸糸。

整理者案:据《历代著录吉金目》页 55 下栏补。

五月宜子孙铃(补)

五月宜子孙,□□大□利。

整理者案:据《历代著录吉金目》页 55 下栏补。

长宜子孙小铃(补)

长宜子孙,位至公侯。

整理者案:据《贞松堂集古遗文》卷十五补。

小铃(补)

土日。(一面)大利。(一面)

整理者案:据《金索》卷三补。《金索》曰:"按'土日'二字未审,疑是丑日所造,亦宜牛之意。"

宜牛羊铃(补)

五五。宜子孙,宜牛羊。

整理者案:据《历代著录吉金目》页 1167 下栏补。王卉《汉代铜器铭文汇总》据《小校》卷 13P46 录文,"五五"作"五",置于"宜牛羊"下。

造作臣书铃

大吉利,宜牛犊。造作臣书。(阳文)(《汉金》卷三)

整理者案:本篇亦见《陶斋吉金录》卷七、《金文续编》。《陶斋吉金录》题作"汉宜牛犊铎"。王卉《汉代铜器铭文汇总》本篇自《小校》卷 13P48 录文,但"造作"二字在"臣书"下。

大富贵铃

大富贵,宜子孙,宜牛羊。(阳文)(《汉金》卷三)

整理者案:本篇亦见《金文续编》。

牛保犊铃

李。(阴刻)牛保犊,大吉宜。(阳文)(《双剑誃吉金图录》卷下)

整理者案:据辞例,"吉"下应断开。又案:王卉《汉代铜器铭文汇总》无"李(阴刻)"字样。

符节

安国侯虎符

与安国侯为虎符。第三。(《汉金》卷六)

整理者案:本篇亦见《金文续编》。

临辕侯虎符

与临袁侯为虎符。第二。(《汉金》卷六)

整理者案:本篇亦见《金文续编》。《历代著录吉金目》页1132下栏题作"铜虎符"。王卉《汉代铜器铭文汇总》铭文"侯"下有"伟"字。

东莱虎符

东莱。左一。(《汉金》卷六)

整理者案:本篇亦见《金文续编》。

东莱太守虎符(补)

东莱左一。(符肋)与东莱太守为虎符。(符脊,八字半文)

整理者案:据《历代符牌图录前编》页17补。

玄菟虎符

玄菟。左二。(《汉金》卷六)

整理者案:本篇亦见《金文续编》。

玄菟太守虎符(补)

与玄菟太守为虎符。(符脊,八字半文)玄菟左二。(符肋)

整理者案:据《历代符牌图录后编》页89补。

常山虎符

常山。左三。(《汉金》卷六)

整理者案:本篇亦见《金文续编》。

常山虎符（补）

与常山太守为虎符。（符脊，八字半文）常山右一。（符肋）

整理者案：据《历代符牌图录前编》页13补。

廮陶虎符

廮陶。右三。（《汉金》卷六）

整理者案：本篇亦见《金文续编》。王卉《汉代铜器铭文汇总》铭文"廮"作阙文号。

河平郡虎符

河平郡。左二。（《汉金》卷六）

整理者案：本篇亦见《金文续编》。

河平郡虎符（补）

河平郡左二。（符肋）新与河平□□连率为虎符。（符脊，十一字半文）

整理者案：据《历代符牌图录前编》页21补。

敦德郡虎符（补）

新与敦德广□连率为虎符。（符脊，十一字半文）敦德郡左二。（符肋）

整理者案：据《历代符牌图录前编》页23补。

压戎郡虎符

压戎郡。右二。（《汉金》卷六）

整理者案：本篇亦见《金文续编》。

压戎郡虎符（补）

新与压戎西镇连率为虎符。（十一字半文）压戎郡，右二。

整理者案：据《历代著录吉金目》页1137上栏补。

伏波将军虎符（补）

与上将前锋伏波将军为虎符第一。（十四字半文）上将左一。

整理者案：据《从古堂款识学》卷四补。《吴兴金石记》卷二无"上将左一"四字，曰："钱坫旧藏。"

广有郡虎符

广有郡。右。（《汉金》卷六）

整理者案：本篇亦见《金文续编》，篇题"虎"作"爵"。

张掖太守虎符

与张掖太守为虎符。张掖，左一。（《衡斋金石识小录》图二八）

整理者案:《历代著录吉金目》页 1134 上栏篇题但作"虎符"。铭文"虎符"下小注"半文"二字。

桂阳虎符

桂阳。右一。(《汉金》卷六)

整理者案:本篇亦见《金文续编》。

桂阳太守虎符

与桂阳太守为虎符。桂阳。右一。(《衡斋金石识小录》图二八)

整理者案:《历代著录吉金目》页 1134 下栏铭文"虎符"下有小注"半文"二字。

杜阳虎符

与杜阳太守为虎符。第一。(脊部)杜阳左一。(左半肋部)(《文物》1981.9)

整理者案:王卉《汉代铜器铭文汇总》无"脊部"、"左半肋部"字样。

齐郡虎符

与齐郡大守为虎符。(脊)右二。(肋右半)齐郡。左二。(肋左半)(《文博》1990.6)

整理者案:王卉《汉代铜器铭文汇总》无"脊"、"肋右半"、"肋左半"字样。

鲁王虎符

汉与鲁王为虎符。(脊)鲁。左五。(肋)(《考古与文物》1988.2)

整理者案:王卉《汉代铜器铭文汇总》无"脊"、"肋"字样。

阜陵王虎符(补)

汉与阜陵王为虎符。第五。(半文)

整理者案:据《历代著录吉金目》页 1133 上栏补。

阜陵王虎符(补)

汉与阜陵王为虎符第五。(十字半文)阜陵左五。

整理者案:据《历代著录吉金目》页 1135 下栏补。

瘿陶虎符(补)

瘿陶右三。汉与瘿陶长为虎符第三。(十字半文)

整理者案:据《历代著录吉金目》页 1135 下栏补。

新莽铜虎符(补)

新与武亭□□连率为虎符。(背部十一字半文)武亭□□。(腹部)

整理者案:据《十六长乐堂古器款识考》卷四补。《古器款识考》曰:"右虎符长五寸,高五分,头至足深一寸四分,尾一寸。满身鎏金,背有'新与武亭□□连率为虎符'十一字半文,腹有'武亭□□'四字。并阴识。盖新莽时所造也。《汉书·莽传》及《地里志》所载莽改郡国,无武亭之称,未识是何地。但制造精工,非后人所及。"《积古斋钟鼎彝器款识》卷十曰:"《汉书·王莽传》:莽以《周官·王制》之文置卒正、连率,大尹职如太守,公氏作牧,侯氏卒正,伯氏连率。此铭云'新与武亭□□连率为虎符',是莽时所造也。"

欧公虎符(补)

与欧公□□为虎符第□。(半文)欧公左第一。

整理者案:据《历代著录吉金目》页1135下栏、页1136上栏补。

欧公虎符(补)

与欧公□□为虎符第□。(半文)欧公右第一。

整理者案:据《历代著录吉金目》页1136上栏补。

新平太守虎符(补)

与新平太守为虎符。(半文)新平。

整理者案:据《历代著录吉金目》页1133上栏补。

铜虎符(补)

乐安右三。乐安王□□。

整理者案:据《历代著录吉金目》页1133上栏补。

上党铜虎符(补)

上党右二。与上党守为虎符。(半文)

整理者案:据《历代著录吉金目》页1133上、下栏补。

泗水王虎符(补)

与泗水王为虎符。(七字半文)泗水左一。

整理者案:据《历代著录吉金目》页1133下栏补。

南郡铜虎符(补)

与南郡守为虎符。(符背)南郡左二。(符腹)

整理者案:据《十六长乐堂古器款识考》卷三补。篇题,《积古斋钟鼎彝器款识》卷十作"南郡铜虎符"。《古器款识考》曰:"右铜虎符长二寸三分,头高九分,尾高六分,背有铭七字,曰'与南郡守为虎符',腹有铭四字,曰'南郡左二'。《史记·文帝本纪》:'二年九月,初与郡国守相为铜虎符。'即此是也。字皆错以银。旧说云:'虎符右留京师,左与郡守。其合处左有方空,右有方柱。'余谓虎符自古皆有,特不以铜作之耳。信陵君得魏王虎符,夺晋鄙军在七国时。《说文解字》曰:'琥,发兵瑞玉,为虎文。'是古用玉符。"《积古斋》引《古器款识考》之说,"夺晋鄙军"之"夺"字误作"奋"。

右领军虎符（补）

合同。右领军□□道渠府苐□。（半文）

整理者案:据《历代著录吉金目》页1134上栏补。

坐须葰国王虎符（补）

坐须右一。与坐须葰国王虎符。（半文）

整理者案:据《历代著录吉金目》页1134上栏补。

长沙太守虎符（补）

与长沙太守为虎符。（八字半文）长沙左二。

整理者案:据《历代著录吉金目》页1134下栏补。

铜虎符（补）

与济阴太守为合符。（符脊,八字半文）济阴右二。（符肋）

整理者案:据《续考古图》卷一、《历代著录吉金目》页1134下栏补。

古斗葰王虎符（补）

古斗右第一。与古斗葰王为虎符。（半文）

整理者案:据《历代著录吉金目》页1134下栏补。

上郡太守虎符（补）

与上郡太守为虎符第一。（半文）上郡左三。

整理者案:据《历代著录吉金目》页1135上栏补。

堂阳侯虎符

与堂阳侯为虎符。（左右颈肋间,各镌篆书两行,文字相同）（《文物天地》1990.1）

河东太守虎符（补）

□河东太守□。弟五。

整理者案:据《历代著录吉金目》页1131下栏补。

金符（补）

金符。光祖宁益年□□。

整理者案:据《陶斋吉金录》卷六补。亦见《历代著录吉金目》页1132上栏,未释"益"字。

亭□虎符（补）

亭□左一。（符肋部）□□□第一。（符脊，五字半文）

整理者案：据《陶斋吉金录》卷六补。亦见《历代著录吉金目》页1132上栏。

西河太守虎符（补）

与西河太守为虎符。（符脊上）西河左三。（符肋部）（《文物》2012.6P95）

渔阳太守虎符（补）

与渔阳太守为虎符。（符脊上，八字半文）渔阳左二。（符肋部）

整理者案：据《历代符牌图录前编》页15补。

五原太守虎符（补）

与五原太守为虎符。第一。（符背）五原左一。（符肋）

整理者案：据《两汉金石记》卷五补。《两汉金石记》曰："皆篆书，陷银为之。五原，秦为九原，武帝更名，东汉同之。顾氏《印薮》、吴氏《印统》所载铜虎符二，一曰'上郡弟二'，一曰'南海弟一'，当是一时所造。"

汉铜虎符铭（补）

朔方太守。右第三。

整理者案：据《金石录补》卷一补。

汉残鱼符铭（补）

同。

整理者案：据《陶斋吉金录》卷六补。"同"字作双钩文。

军督残节（补）

军督□□在。

整理者案：据《历代著录吉金目》页1138上栏补。

左戲行节（补）

戎者司马左戲行节。

整理者案：据《历代著录吉金目》页1138下栏补。

龙虎铜节（补）

王命命惠，赁一櫖飮之。

整理者案：据《积古斋钟鼎彝器款识》卷十补。《积古斋》曰："吴侃叔云：櫖，古文菴。《尔雅》'暗，闇'，即谅阴之阴。《左传》'鹿死不择音'，亦以音为阴。"又曰："《后汉书》：'皇甫规为中郎将，持节监关中兵，军大疫，死者十三四。亲入菴庐巡视，三军感悦。'此节铭云'王命命惠赁一菴飮之'，事正相类。盖军行遇疫，故王名赁一苍以栖军之病疫者,而为糜药以饮之也。《说文》:'赁,庸也。'此铭虽微,亦可见古昔行军既体恤兵卒,复无纤芥骚动。官民皆可法也。"又曰:"《周礼》:'掌节,山国用虎节,泽国用龙节。'此节一面作龙首形,一面作虎形。"此器亦见《古文字研究》第十九辑周世荣《湖南战国秦汉魏晋铜器铭文补记》,题作"王命铜虎节",只有"一"前五字,铭文"赁"作"任"。周世荣曰:"一九四六年,长沙黄泥坑蝦蟆井曾出土龙节一件,正面刻文与此器相同,背面刻'一檐饮之'四字。该器造型与广州南越王墓出土的'王命命车□(得?)'虎节形制相似。"据此,则此器应为西汉物。

漏壶

丞相府漏壶(补)

廿一斤十二两,六年三月己亥年史神、工谭正。丞相府。

整理者案:据《历代钟鼎彝器款识》卷十九补。又见《考古图》卷九。《考古图》原注:"按此器制度……视其铭文则汉器也。"铭文"己亥年史",《金索》卷二作"己亥卒史",曰:"鹏按是铭《考古图》及薛氏俱释作'己亥年',窃疑汉人铭识'年'上不加子支,且既云'六年',不当复云'己亥年'矣。后见丹徒刘氏有一拓本,作'卒'字,乃知'卒'下亦系'十'字,与'年'字相似,故误会为'年'字也。孔庙有《百石卒史碑》。"《金索》说可从。又铭文但云"六年",则此器为西汉武帝建元前之物。

干章铜漏壶

干章。(壶底,阳文)干章铜漏一,重卅二斤。河平二年四月造。(身)中阳铜漏。(第二层梁上)(《考古》1978.5)

徐按:原报告"干"误释为"千"。裘锡圭先生改释"干"。详见本书第一章。

整理者案:王卉《汉代铜器铭文汇总》无"壶底,阳文"、"身"、"第二层梁上"字样。又河平为西汉成帝年号(河平二年为前27年),此为西汉物。

杵臼

重四斤三两铜杵
铜杵,重四斤三两。(《文物》1973.4;TG3)

重八斤一两铜杵
重八斤一两。(《考古学报》1983.4;43号)

重廿斤铜臼
铜臼一,重廿斤,容五升四合。(《文物》1973.4;TG2)
整理者案:《秦汉金文汇编》上编"升"字作阙文号,"四合"作"四两"。

重廿二斤铜臼
重廿二斤。(《考古学报》1983.4;38号)
徐按:"廿二"原报告误释为"廿一"。

李卿药臼
李卿。(《考古》1984.9)

构件

魏中尚方帐构(补)
五月十日,中尚方造。长一丈,广六尺,泽漆,平帐下构铜,重六斤十二两。
整理者案:据《秦汉金文汇编》上编补。《贞松堂集古遗文》卷十五"泽漆"作"泽柒","平帐"作"正帐"。《八琼室金石札记》卷二录本篇题作"帐构铜款"。

帐构铜(补)
在□下。
整理者案:据《贞松堂集古遗文》卷十五补。

帐构铜(补)
前右上广。
整理者案:据《贞松堂集古遗文》卷十五补。

广六尺帐构铜
广六尺,长一丈,泽漆,高八尺五寸,铜平帐构边长构。(《贞松堂集古遗文补

遗》卷下)

整理者案:本篇亦见《金文续编》。《两汉金石记》卷四题作"汉帐构铜字",铭文"漆"作"涞"。《历代著录吉金目》页1127下栏题作"帐构",铭文"平"作"斗"。《秦汉金文汇编》上编篇题"广"上有"魏"字,铭文"丈"作"尺"。铭文"五",《金文续编》《秦汉金文汇编》皆作"三"。王卉《汉代铜器铭文汇总》铭文末"长构"字作"长钩"。《两汉金石记》曰:"右帐构铜字,阴文隶书,凡二十字。其字极细而精劲淳古,在厉樊榭所咏《魏景初帐构铜字》之上,当是汉代之物无疑。汉器无年月者甚多,不必异也。"

满城帐构

甲下,甲下,内。乙,乙,内。丙下,丙下。丁,丁,内。(底座构件)

子,子,内。丑,丑,内。寅,寅,内。卯,卯。(顶角构件)

甲,甲。乙,乙,第二。丙,丙。丁,丁。户,户。(立柱中段承插构件)

一。二。三。四。(构木和地枨中段折叠式构件)

上四,甲上,丁上。(立柱上端构件)

甲,甲。(落销构件)

甲,甲。乙。丙。丁,丁。(垂脊中段承插构件)(《满城汉墓发掘报告》P170—172;1:4320)

一字构件(补)

一。(《考古》2013.10,P39;M1:4489)

二字构件(补)

二。(《考古》2013.10,P39;M1:3760)

钥

汉建武钥

建武十七年三月丙申,工周隻造铜钥。(《双剑誃古器物图录》卷下)

整理者案:建武为东汉光武帝年号(建武十七年为41年),此为东汉物。

雍库钥

雍库篇一,重二斤一两。名百一。(《汉金》卷四)

整理者案:本篇亦见《金文续编》。王卉《汉代铜器铭文汇总》自《小校》卷13P73录本篇,"库"作"车"。

铜键

千金氏铜键
千金氏。(阳文)(《考古学报》2004.2;M3:7)

尚方千金氏铜键(补)
尚方千金氏。
整理者案:据《历代著录吉金目》页1144下栏补。

金铺

金铺(补)
丰□。
整理者案:据《历代著录吉金目》页1144上栏补。

铜衾

莲西宫铜鸟衾(补)
莲西宫铜鸟链,容一斗八升,并重十一斤二两,元康元年考工工贤友缮造,啬夫建,护当时主,令长平,右丞义省。
整理者案:据陈直《两汉经济史料论丛》P136—137补。又元康为西汉宣帝年号(元康元年为前65年),此器为西汉物。

中官铜衾
中官。(二见)(《文物》1991.10;K1:3)

闵翁主家铜衾
闵翁主家。(《文物》1960.3)
整理者案:亦见《古文字研究》第十九辑周世荣《湖南战国秦汉魏晋铜器铭文补记》一文。

单安侯家奁盖

单安侯家,重一斤十四两。第二。(《汉金》卷四)

整理者案:本篇亦见《金文续编》。《愙斋集古录》卷十三、《历代著录吉金目》页1126上栏所录铭文,"四"作一阙文号。

常食奁(补)

常食。(《考古》2013.10,P60;M1:3894)

刷

一字铜刷(补)

一。(《考古》2013.10,P32;M1K1⑥:2174)

山字铜刷(补)

山。(《考古》2013.10,P33;M1K1⑥:1398)

农器

二农器

二。(《汉金》卷四)

整理者案:王卉《汉代铜器铭文汇总》未录此篇。又案:《贞松堂集古遗文》卷十五篇题及铭"二"俱作"阳二"。

阳二农器(补)

阳二。

整理者案:据《金文续编》补。亦见《历代著录吉金目》页1060下栏。

宜农器

宜。(阳文)(《汉金》卷四)

整理者案:《历代著录吉金目》页1058下栏题作"宜钱"。

大宫锄

大宫。(阳文)(《汉金》卷四)

中山农器

中山。(阳文)(《汉金》卷四)

整理者案:《贞松堂集古遗文补遗》卷下、《历代著录吉金目》页 1058 下栏篇题皆作"中山铜钱"。《历代著录吉金目》原注:"此乃钱镈之钱,农器也。"

张大农器(补)

张大。

整理者案:据《历代著录吉金目》页 1060 下栏补。

大吉利农器

大吉利。(《汉金》卷四)

整理者案:本篇亦见《金文续编》。又《贞松堂集古遗文》卷十五两收本篇,文全同。王卉《汉代铜器铭文汇总》未录此篇。

临菑右大农器(补)

临菑右大。

整理者案:据《历代著录吉金目》页 1060 下栏补。又见陈直《两汉经济史料论丛》P135,铭文"大"下有"农"字。

铜钱范

更始泉范(一、二)

更始二年七月,工维岑刻。(《汉金》卷四)

整理者案:此更始帝刘玄时物。更始二年为 24 年。

五铢铜范(补)

更始二年十月,工缑岑刻。

整理者案:据陈直《两汉经济史料论丛》P123 补。此为更始帝刘玄时物。此与上篇仅一字之异,殆为同一物。

建武货泉范(补)

货泉。(面三,背三)建武二年二月丙申,太仆监,掾苍,考工令通,齐国令史凤,工周钱造。(范底阴文,隶书)

整理者按:据《两汉金石记》卷五补。《两汉金石记》曰:"据艺堂释文。光武建武二年丙戌是年正月甲子朔,则丙申是二月三日也。是为东汉金石文字之最古者。"东汉光武帝建武二年为 26 年。

建武泉范(一、二)

建武二年三月丙申,大仆监,掾苍,考工令通,丞或,令史凤,工周仪造。(《汉

261

金》卷四)

徐按:"监"容氏误释为"临"。整理者案:本篇亦见《金文续编》。又东汉光武帝建武二年为26年。

建武五铢范(补)

五铢。(钱文四面)建武十年三月丙申,太仆监,掾苍,考工令通,丞或,令史凤,工周仪造。(底文)

整理者案:据《金索》卷四补。《吴兴金石记》卷二题作"建武泉范",曰:"两行列五铢钱八枚,字背相间,底文曰……凡二十六字。"据此增"钱文四面"、"底文"字样。又铭文"十十",《吴兴金石记》作"十一"。陈直《两汉经济史料论丛》P123录本篇,铭文无"五铢"二字,"十十"作"十七"。案作"十七"是,《中国书法全集》第九册页50图36亦作"十七",题作"建武十七年钱范"。《中国书法全集》第九册页190图版说明36曰:"据罗振玉考,'建武十七年三月丙申',其中'十七'二字作'十十'。两字之直画已模糊,然尚可辨。《古泉汇》谓前一品为'二年',后一品为'二十',误也。'七'字古文作'十'。建武十七年三月正是丙申朔,与范背所记正合。若二年三月是癸亥朔,二十年三月是己酉朔,均与范背不合也。'考工',西汉属少府,东汉改属太仆。"又曰:"一九五八年石家庄市文物单位亦发现一个铜制五铢钱范,其形制、铭文完全相同,经仔细审视,为一范所铸。'十七'二字较此件更为清晰。"又东汉光武帝建武十七年为41年。

大利五铢泉范

大利。(阳文)(《汉金》卷四)

整理者案:本篇亦见《金文续编》。"大利"下有"五铢"二字,是。

大利泉范

大利。(阳文)(《汉金》卷四)

日利泉范(一、二)

日利。(阳文)(《汉金》卷四)

整理者案:《从古堂款识学》卷四题作"五铢泉范"。注曰:"'日利'二字每见之,两面印,盖汉人吉利常语。"《金索》卷四曰:"此器藏海宁陈玉垣家。'日利'二字方劲有法,真汉篆也。此范底文,面文未知。"又本篇亦见《金文续编》。"日利"下有"五铢"二字,是。

好哉泉范

好哉。(阳文)(《汉金》卷四)

整理者案:本篇亦见《金文续编》。"好哉"下有"大泉五十"四字,是。

母二泉范

母二。(《汉金》卷四)

整理者案:本篇亦见《金文续编》。"母二"下有"布泉"二字,是。

日万泉泉范

日万泉。(阳文)(《汉金》卷四)

整理者案:《从古堂款识学》卷四曰:"泉,钱本名。古曰泉,后转曰钱。《汉书·王莽传》谓'莽每有所兴造,必欲依古',即此可见。"本篇亦见《金文续编》。"日万泉"下有"大泉五十"四字,是。

吾欲□泉范

吾欲□□。(阳文)(《汉金》卷四)

大利千万泉范

大利千万。(阳文)(《汉金》卷四)

整理者案:王卉《汉代铜器铭文汇总》未录此篇。本篇亦见《金文续编》。"大利千万"下有"货泉"二字,是。

日利千万泉范

日利千万。(阳文)(《汉金》卷四)

整理者案:本篇亦见《金文续编》。"日利千万"下有"大泉五十"四字,是。

富人大万泉范

富人(千)大万。(阳文)(《汉金》卷四)

整理者案:《从古堂款识学》卷四曰:"'大万'犹云'巨万'。"据《金索》卷四及《愙斋集古录》卷十三,知此铭为范底之文。本篇亦见《金文续编》。"大万"下有"大泉五十"四字,是。

五铢多成泉范

五铢多成,利主长生。(阳文,反书)(《汉金》卷四)

长乐未央泉范

长乐未央,贵□侯王。(阳文)(《汉金》卷四)

整理者案:王卉《汉代铜器铭文汇总》脱"贵□侯王"四字。

龙泉范(补)

大泉五十。

整理者案:据《金文续编》补。

凤泉范(补)

大泉五十。

整理者案:据《金文续编》补。

新莽货泉范

大利毋央。(《双剑誃古器物图录》卷下)

新莽货泉范(补)

大泉五十。(面)六。(背)

整理者案:据《从古堂款识学》卷五补。

新莽货泉范(补)

大泉五十。(面)十六。(背)

整理者案:据《从古堂款识学》卷四补。原注:"十六,计数字。"

新莽泉范(补)

小泉直一。小泉直一。小泉直一。(面)

整理者案:据《金索》卷四补。《金索》曰:"此范八觚,面列'小泉直一'泉六枚,正背各三联,六茎以贯其蒂。"

新莽泉范(补)

小泉直一。小泉直一。(面)

整理者案:据《金索》卷四补。《金索》曰:"此一枚,余所得,八觚而四泉,两正两背,中有鼻而底平可鉴,殆范镜也。"

新莽泉范(补)

大泉五十。大泉五十。大泉五十。(面)

整理者案:据《金索》卷四补。《金索》曰:"形椭圆而长,两行,列泉六枚,半字半背分布之。"

新莽泉范(补)

大泉五十。大泉五十。(面)

整理者案:据《金索》卷四补。《金索》曰:"上二枚字,下二枚背,字横列。"

新莽泉范(补)

大泉五十。大泉五十。(面)

整理者案:据《金索》卷四补。《金索》曰:"形方,列泉四枚,上二枚背,下二枚字,平书。"

新莽泉范(补)

大泉五十。大泉五十。(面)

整理者案:据《金索》卷四补。《金索》曰:"左二枚背,右二枚字,字颠倒列之。"

新莽泉范(补)

大泉五十。(三面)富入六万。(背文)

整理者案:据《十六长乐堂古器款识考》卷四补。《古器款识考》曰:"右泉范厚六分,面长五寸,宽三寸七分,四边宽三分。内容'大泉五十',面背各三,位置不正,稍蚀不清。背长四寸五分,宽三寸五分,中四字,文曰'富入六万',篆书字画遒劲。余所得泉范甚多,独此大而奇,未识当时何所用也。"

新莽泉范(补)

大泉五十。(下二面)大吉。(背文)

整理者案:据《十六长乐堂古器款识考》卷四补。《两汉金石记》卷五题作"大泉五十范",《筠清馆金石》卷五题作"汉泉范"。《古器款识考》曰:"右泉范厚五分,面宽二寸,容'大泉五十',面背各二。背宽一寸七分,有'大吉'二字,隶书。新莽泉范大概并取吉祥之语,《汉书·食货志》载莽时泉刀诸事颇详,独不及此也。"《金索》卷四仅录背文,曰:"汉壶、汉铎往往有此二字(引按:即'大吉'二字)。"

大泉五十范(补)

大泉五十。(左二面)宜泉。吉利。(底文)

整理者案:据《两汉金石记》卷五补。

大泉五十范(补)

大泉五十。(下二面)金锡。(底文,反写横列)

整理者案:据《两汉金石记》卷五补。

大泉五十范(补)

大泉五十。(右二面)吉利。史方。(底文,俱隶书)

整理者案:据《两汉金石记》卷五补。《金索》卷四作"新莽泉范",未录泉文。《两汉金石记》曰:"小隶二字曰'史方',疑是铸范人名。"《金索》曰:"'吉利'一字大,'史方'二字小。'吉'似礼器碑笔法。史方,人名。或以为'史十方'者,非。"

新莽泉范(补)

货泉。货泉。货泉。

整理者案:据《金索》卷四补。《金索》曰:"《金石契》云:'洪氏《泉志》此泉凡十余品,亦有玉箸篆者。'按此范作玄针篆,盖十余品之一。"

莽范底文（补）

货泉。（二面）臣万大利。

整理者案：据《筠清馆金石》卷五补。《金索》卷四但录"臣万大利"，曰："'臣万大利'四字，只见拓本，未见其器。然必泉范之底，如'富人大万'之属。"

新莽刀范（补）

契刀五百。

整理者案：据《金索》卷四补。《金索》曰："范中列契刀一正一背，契下从木，不失古法。阳文正书，其中有小挺，盖以范为洗也。"

新莽刀范（补）

一刀平五千。

整理者案：据《金索》卷四补。《金索》曰："面列金错刀一正一背，上有二茎贯之。'一刀'二字阴文，盖以为嵌金之地，'平五千'三字阳文，惟形式差小。又阳文正字不能铸刀，或几格间小洗耳。古诗云：'美人赠我金错刀，何以报之英琼瑶'，盖重其品也。"

新莽布范（补）

大布黄千。

整理者案：据《金索》卷四补。《金索》曰："面列大布二枚，一背一正，其下有二茎贯之，形式短小，阳文。正字疑亦范洗。"

新莽布范（补）

大布黄千。

整理者案：据《金索》卷四补。《金索》曰："其布文正面反书，布短一分半，不能准式，未必是铸币之范。且字画阳文，范边高峻，盖小洗之属矣。"

始建国残范（补）

始建国。

整理者案：据陈直《两汉经济史料论丛》P120 补。

器范

除凶去央铃范

除凶去央，辟兵莫尚（当）。（阳文）（《汉金》卷三）

整理者案：本篇亦见《金文续编》、王卉《汉代铜器铭文汇总》。王卉录文"夬"作"殃"。

东三铁齿轮范（补）

东三。

整理者案：据《冶金考古》P152 所录补。

申三六角釭范（补）

申三（？）。

整理者案：据《冶金考古》P152 所录补。

弘一铁铲范（补）

弘一。

整理者案：据《冶金考古》P65 所录补。

弘二铁锄范（补）

弘二。

整理者案：据《冶金考古》P65 所录补。

铜牌

建武厌胜牌（补）

建武三年。（《小校》卷 13P80）

整理者案：据王卉《汉代铜器铭文汇总》补。原无篇题，此据铭文拟题。又建武为东汉光武帝年号（建武三年为 27 年），此为东汉物。

申铜牌

申。（两面均刻）（《考古学报》1985.1）

长命富贵厌胜牌

吉，长命富贵。（阳文）（《汉金》卷四）

平阳主宫厌胜牌（补）

平阳主宫。（《小校》卷 13P78）

整理者案：据王卉《汉代铜器铭文汇总》补。原无篇题，此据铭文拟题。

尚方治大厌胜牌（补）

尚方治大。（《小校》卷 13P79）

整理者案:据王卉《汉代铜器铭文汇总》补。原无篇题,此据铭文拟题。

良金厌胜牌(补)

良金一朱。(《小校》卷13P79)

整理者案:据王卉《汉代铜器铭文汇总》补。原无篇题,此据铭文拟题。

杖棒

大吉羊杖首

大吉羊,宜□官。(阳文)(《汉金》卷四)

整理者案:本篇亦见《金文续编》。

吉羊杖首(补)

吉羊,宜官。

整理者案:据《贞松堂集古遗文》卷十五补。

廿一年内官铜棒件

廿一年,内宫。三斤□两。居室。(《考古与文物》1994.4)

整理者案:此器但云"廿一年",当为西汉武帝建元之前物。

铜器

汉器(补)

五年三月廿日造。

整理者案:据《金石录补》卷一补。亦见《钟鼎款识》。而《历代著录吉金目》页1177上栏录本篇,"五年"上有二阙文号。《金石录补》曰:"自汉武帝建元纪元以后,凡器物无不用当时年号者。此必建元以前之物,故只称五年也。"据此,则此为西汉武帝建元以前物。

元凤六年铜器(补)

元凤六年五月。

整理者案:据《历代著录吉金目》页1175下栏补。又元凤为西汉昭帝年号(元凤六年为前75年),此为西汉物。

永始元年铜器（补）

永始元年大吉。三月五日大吉。陈鸿存记。大吉。

整理者案：据《历代著录吉金目》页 1177 下栏补。永始为西汉成帝年号（永始元年为前 16 年），此为西汉物。

始建国元年铜器盖款（补）

始建国元年正月癸酉朔日制。

整理者案：据《八琼室金石补正》卷二补。新莽始建国元年为 8 年。

建武三年铜器（补）

建武三年。

整理者案：据《历代著录吉金目》页 1174 下栏补。又建武为东汉光武帝年号（建武三年为 27 年），此为东汉物。

完器（一、二）

完。（阳文）（《汉金》卷四）

整理者案：本篇亦见《金文续编》。《愙斋集古录》卷十三入本篇于"千金氏残器"中，铭文"完"下尚有图形字，未识。

同铜器（补）

同。

整理者案：据《历代著录吉金目》页 1170 下栏补。

注氏器

注氏。（《汉金》卷四）

整理者案：本篇亦见《贞松堂集古遗文补遗》卷下、《金文续编》。《贞松堂集古遗文补遗》铭文误作"注家"。

晋阳器

晋阳。（《汉金》卷四）

整理者案：本篇亦见《金文续编》。

汤金铜器（补）

汤金。

整理者案：据《积古斋钟鼎彝器款识》卷十补。《积古斋》曰："汤字反写，璗之省。《尔雅·释器》：'黄金谓之璗。'《说文》云：'金之美者。与玉同色。'此曰汤金，言美金所铸之器也。"

大郭铜器（补）

大郭。

整理者案:据《历代著录吉金目》页1171上栏补。

大翟器

大翟。(《续编》)

整理者案:《历代著录吉金目》页1171上栏篇题"器"上有"铜"字。

宜子孙铜器(补)

宜子孙。

整理者案:据《积古斋钟鼎彝器款识》卷十补。《积古斋》曰:"元所藏器。以建初尺度之,长二寸八分,广七分,未详何器之饰。"

侯家器

侯家。吉。(《汉金》卷四)

整理者案:本篇亦见《金文续编》。《历代著录吉金目》页1172下栏篇题"器"上有"铜"字。

千金氏器(一至三)

千金氏。(阳文)(《汉金》卷四)

整理者案:《金文续编》录同题器一,铭文同。《从古堂款识学》卷六曰:"汉器每铭'大富',字'千金',富之意也。又镜铭云'家当大富',氏与家同义。"《愙斋集古录》卷十三篇题"器"上有"残"字。

尚方故治器(一至三)

尚方故治。(阳文)(《汉金》卷四)

整理者案:《金文续编》录有同题器铭,文同。

尚方故治器(补)

尚方故治,千万。(《小校》卷13P80)

整理者案:据王卉《汉代铜器铭文汇总》补。原无篇题,此据铭文拟题。

尚方铜器(补)

尚方治大。

整理者案:据《历代著录吉金目》页1174下栏补。

尚方铜器(补)

尚方。解鹰形。故治。

整理者案:据《历代著录吉金目》页1175上、下栏补。"解鹰",疑即"獬豸"。

尚方铜器(补)

尚方。(上层横书)解鹰形。(中画)故治。(中层直书)八千。(下层右)万。

(下层左)

  整理者案:据《积古斋钟鼎彝器款识》卷十补。亦见《历代著录吉金目》页1176下、1177上栏,然未详细说明,甚不可解。《积古斋》曰:"(此器)识凡三层。上层横书'尚方'二字,中画一角兽,乃解廌也,中层直书'故治'二字,下层三字分书于孔之两旁,左曰'万',右曰'八千'。"《两汉金石记》卷四录此器,题作"尚方故治字",无"解廌形"三字。曰:"《汉书·百官表》:'尚方令丞属少府。'注曰:'主作禁器物也。'《后汉书·百官志》:'尚方令一人,六百石。本注曰:掌上手工作御刀剑、诸好器物。丞一人,员吏十二人,吏从官六人,皆属少府。章和以下,加尚方、考工、别作监。皆六百石,宦官为之。转为监副,或省。'据此则尚方之职虽前后同隶少府,而当东汉时,所治屡有兼增。此言故治者,是明此器为尚方所旧办,非新增之器物也。准此言之,当是东汉时器。曰万曰八千,其次第之数也。其器之用则不可晓也。"

留里杨黑铜器(补)

留里杨黑。

  整理者案:据《历代著录吉金目》页1174下栏补。原注:"《汉金》四·十六名作'留里杨黑酒器'。"

宜月器

宜月,巨久。(阳文)(《汉金》卷四)

  整理者案:本篇亦见《金文续编》。

钩□器

钩□□□。(《汉金》卷四)

大富虫王器

大富虫王。(阳文)(《汉金》卷四)

  整理者案:《历代著录吉金目》页1170上栏题作"大富铅守宫",而1173下栏仍题"大富虫王器"。

平阳封宫器(补)

平阳封宫。

  整理者案:据《历代著录吉金目》页1174上栏补。

良金一朱铜器(补)

良金一朱。

  整理者案:据《历代著录吉金目》页1174上栏补。

汉金(补)

良金四朱。

整理者案:据《筠清馆金石》卷五补。《历代著录吉金目》页1174上栏题作"良金四朱铜器"。

□君子兮器

□君子兮。(阳文)(《汉金》卷四)

整理者案:篇题及铭文之阙文号,《历代著录吉金目》页1173下栏作"时"字之古文,而《秦汉金文汇编》上编则释为"省"字。

吉利铜器(补)

吉利。史十万。

整理者案:据《积古斋钟鼎彝器款识》卷十补。《积古斋》曰:"史,作器者氏,或官名。十万,亦吉祥语也。"

永昌府铜器

永昌府。第一。(《衡斋金石识小录》)

平阳器柄

平阳,重十四两。(《汉金》卷四)

□阳残器

□阳,卅斗一升。(《汉金》卷四)

整理者案:《秦汉金文汇编》上编阙文号作"苴","升"作"斗"。王卉《汉代铜器铭文汇总》"升"亦作"斗"。

胡宽器

新丰工胡宽造。(《汉金》卷四)

寿命昌铜器(补)

寿命昌,宜侯王。

整理者案:据《积古斋钟鼎彝器款识》卷十补。

器盖(补)

盖重三斤六两。

整理者案:据《从古堂款识学》卷五补。

内者乐卧铜器(补)

内者乐卧。重一斤十四两。第。

整理者案:据《积古斋钟鼎彝器款识》卷十补。《积古斋》曰:"乐卧,当是长乐宫卧处所用器也。"《历代著录吉金目》页1177上栏原注："按是器,《金文录》作镫,《金石索》作鐎斗,铭作十三字。参看'内者乐卧行镫'及'内者乐卧鐎斗'。"《金索》卷三录本篇,"第"下有"卌四"二字,铭文总十三字,与《历代著录吉金目》云《金石索》"铭作十三字"者合。《金索》曰:"内者,係造器之官。《续汉书·百官志》云:'内者,六百石。掌中布张诸衣物是也。''乐卧'二字,未详。按汉行烛槃有'温卧',此当是长乐宫卧处所用之鐎斗也。"

容一升半升铜器(补)

容一升半升,重八斤十四两。

整理者案:据《历代著录吉金目》页1177上栏补。

器盖(补)

弟十三。重十斤六两,容一斗。

整理者案:据《历代著录吉金目》页1177上、下栏补。本篇铭文与《汉金文录》卷一所收之"第十三鼎"铭文全同。此处题作"器盖",殆"第十三鼎"之盖铭。

甘泉宫器

甘泉宫□□容□斗,重……。(《汉金》卷四)

整理者案:《历代著录吉金目》页1177下栏"重"下省略号作三阙文号。王卉《汉代铜器铭文汇总》脱"□□容□斗,重……"。

中阳器

□都,三斗一升少半升,十三斤八两。中阳。(《汉金》卷四)

整理者案:本篇亦见《金文续编》。

不知名器(补)

(释阙)

整理者案:据《历代著录吉金目》页1177下栏补。原题注:"铭文十九。"

高成侯家器

主铜□盖,连□并重廿斤十两,容五斗□。高成侯家。(《汉金》卷四)

整理者案:本篇亦见《金文续编》。

大吉田器

大吉丑,胜无午,小吉未,神后子,大魁酉,天阴门,魁戌。(《汉金》卷四)

整理者案:据铭文,篇题"田"应是"丑"之误字,《贞松堂集古遗文补遗》卷下、《金文续编》、王卉《汉代铜器铭文汇总》篇题正作"丑"可证。《历代著录吉金目》页1177下栏篇题作"大吉丑铜器"。铭文"无",《历代著录吉金目》作"光";"戌",

《贞松堂集古遗文补遗》《历代著录吉金目》卷下作"成"。

杨子赣家铜器盖

杨子赣家铜□盖，并重□十六斤。(《古文字研究》第十九辑)

整理者案：王卉《汉代铜器铭文汇总》未录此篇。查《古文字研究》第十九辑周世荣《湖南战国秦汉魏晋铜器铭文补记》一文，铭文"铜□"作"铜釜(？)"。

长久富铜器(补)

长久富，宜酒食，乐未央。(一行)癸。(又一行)癸。(末一行)

整理者案：据《八琼室金石札记》卷二补。《札记》曰："末一癸字，或岁阳，或作器者名，或记器之次第，均不可知。"

行乐器具

骄騕博局(一、二)

骄騕。一、二、三、四、五、六、七、八、九、十、十一、十二、十三、十四、十五、十六。(《汉金》卷四)

整理者案：本篇亦见《金文续编》。王卉《汉代铜器铭文汇总》误"騕"为"妻"、"畏"二字。铭文"十六"下，《金文续编》曰："又二。文同。"陈直《两汉经济史料论丛》P130 所录则有"騕"字。

骄騕铜骰

(文同《骄騕博局》)(《考古学报》1985.2；5；27)

酒来铜骰

一、二、三、四、五、六、七、八、九、十、十一、十二、十三、十四、十五、十六。酒来，骄。(《满城汉墓发掘报告》P273；2；3064)

弹丸(补)

骄。一、二、三、四、五、六、七、八、九、十、十一、十二。魋十三、十四、十五、十六。魋。九、十、十一、十二。

整理者案：据《历代著录吉金目》页1169下栏补。

圣主佐宫中行乐钱

第一、圣主佐，第二、得佳士，第三、常毋苛，第四、骄次己，第五、府库实，第六、五谷成，第七、金钱拁，第八、珠玉行，第九、贵富寿，第十、寿毋病，第十一、万民番，第十二、天下安,第十三、起行酒,第十四、乐无忧,第十五、饮酒歌,第十六、饮其加,第十七、自饮止,第十八、乐乃始,第十九、田田妻鄙,第廿、寿夫王母。(《满城汉墓发掘报告》P271;2:3023)

整理者案:王卉《汉代铜器铭文汇总》无"第一"之类序号,未妥;又"府库实"之"实"误作"买"。

券契

汉安井券(补)

汉安二年六月朔

颖阳里堕建□□

井迺作神券

永□无极

泉深三丈有五□

二季长陈正二百　荡阴龚敬臣百

平原鲍亮三百　雒阳吕仲仁百

下邳东高臣百

彭城长邯郸熊宣季五百

豫州宋孟百

整理者案:据《两汉金石记》卷四补。《两汉金石记》曰:"海盐张芑堂以汉安井券搨本见示,云:'吴门陆贯夫所藏,得于昆山徐氏传世楼者,不知其是金是石也。'搨本以建初尺度之,高四寸,横长七寸。前后字各五行,后姓名字仅及分许。凡出钱者七人。按汉碑出钱人名或举其县,或举其郡而系以县,从未有书总部之名者。若此文之'豫州',则是十三部之总名而书于人名之上,有是理乎?其字法虽极似汉隶,然其字多係礼器碑阴上二横内之字,则亦不无可疑。未见其原刻,不敢臆断也,姑就搨本录之,以俟博考。"又汉安为东汉顺帝年号(汉安二年为143年),此为东汉物。

廿三升少半升残券(补)

□廿三升少半升。

整理者案:据《历代著录吉金目》页1145下栏补。

举契文二（补）

平易封宫。

钩弋宫。

整理者案：据《两汉金石记》卷四补。《两汉金石记》曰："右二器形制一同。以建初尺度之，长三寸二分，宽三分许。字在其旁，皆篆书，阴款。其四字者藏吴门毛氏家，海盐张芑堂明经（燕昌）、武进赵味辛舍人（怀玉）先后以拓本相贻者也。芑堂云是'平易封宫'四字。其三字者，钱塘黄秋盦通判（易）所得拓本。亦皆未见其器，录于此以俟考。"又曰："芑堂云：'汉宫举契也。'愚按《史记·秦始皇本纪》：'秦武公享国二十年，居平阳封宫，葬宣阳聚东南。'然此器之文于它书未有所考，姑存芑堂之说，附著于汉器之末，以俟更详之。"

其它

伏波铜板（补）

建武十八年，伏波造。（《小校》卷13P40）

整理者案：据王卉《汉代铜器铭文汇总》补。原无篇题，此据铭文拟题。又建武为东汉光武帝年号（建武十八为42年），此为东汉物。

西顺郡铜板

西顺郡□符则车山官。（阳文）第二百三十八。（左侧）重七十一斤。（右侧）（《文物》1979.11）

整理者案：王卉《汉代铜器铭文汇总》"官"作"宫"。

元和二年鎏金银铜舟（补）

元和二年，蜀郡西工造乘舆黄白涂舟，中铜五升粉铫，铸工陵、涂工歆、文工顺、㳡工来、造工世，护工掾敦、长廷、丞旴、掾嗣、令史况主。（《文物》2014.1P90—91）

整理者案：篇题据铭文原出处拟。又元和为东汉章帝年号（元和二年为85年），此为东汉物。

灵丘骆马印

灵丘骆马。（《汉金》卷四）

整理者案：王卉《汉代铜器铭文汇总》未录此篇及下一篇。又《贞松堂集古遗文》卷十五,《历代著录吉金目》页 1147 下栏篇题"骆"作"烙",铭文"骆"作"骑"(《贞松堂集古遗文》所摩图版亦作"骑",当据改)。

中府铜吊饰(补)

中府。(《文物》2013.6P33,M1:14)

日入千金铜佩钱(补)

日入千金。(正面,隶书)长毋相忘。(背面,篆书)(《文物》2013.7P68)

张端君铜箕

张 端 君 官□□。(《考古》1966.4)

整理者案:王卉《汉代铜器铭文汇总》"官"下多一阙文号。

王小铁铲(补)

王小。(《考古学集刊》第一辑 P177;古 460)

西汉纪年铁"雒江桥敦"(补)

广汉郡雒江桥敦(墩),重册五石,大(太)始元年造。(《四川文物》2015.1P6)

阳一铁铸模(补)

阳一。

整理者案:据《冶金考古》P148 所录补。

河一铁铸模(补)

河一。

整理者案:据《冶金考古》P137 所录补。

田戎铜材(补)

汝南富波宛里田戎卖。(右边)二十五。(正面)百二十 斤。(上横头面)

整理者案:据陈直《两汉经济史料论丛》P121 补。

汉陵阳甒(补)

陵阳子明受王孙□作甒用瀗。

整理者案:据《筠清馆金石》卷五补。《筠清馆金石》曰:"阳陵,隶丹杨郡。《说文》:'甒,䎱属。'"又曰:"第八字疑金。"

洵城□(补)

洵城□□。

整理者案:据《历代著录吉金目》页 1174 下栏补。

皮氏□(补)

皮氏□□□□。

整理者案:据《历代著录吉金目》页1175下栏补。

铜鱼(补)

大吉昌,宜侯王。(面文,阴款)…利。(背文)

整理者案:据《八琼室金石札记》卷二补。

朱提残字(补)

(释缺)

整理者案:据《历代著录吉金目》页1150上栏补。原题注:"铭文六。"

钱币铭文

半两钱(补)

半两。

整理者案：据《钱录》卷三补。汉时半两钱行于汉初至武帝时，其重量、形制亦有变化。《历代古钱图说》对此多有说明。《图说》页四十八下曰："《汉书·食货志》：汉兴，以秦泉重难用，更令民铸荚钱，按文曰半两，小如榆荚，故民间呼曰荚钱。"又曰："《汉书·高后纪》：'二年七月，行八铢钱。'顾烜曰：'高后时既患荚钱之轻，又苦秦钱之重，故更铸八铢钱，按文曰半两，重八铢。'"又曰："《汉书·高后纪》：'六年，行五分钱。'按五分钱者，五分十二铢而得而铢四絫，为其重。文曰半两，穿孔极大，即荚钱之一种。"又曰："《汉书·文帝纪》：'五年夏四月，除盗铸钱令，更造四铢钱。'《史记·平准书》：'孝文时，荚钱益多轻，乃更铸四铢钱，其文为半两。令民纵得自铸钱，故吴诸侯也，以即山铸钱，富埒天子。邓通，大夫也，以铸钱财过王者，故吴邓氏钱布天下。'按文曰半两，重四铢。"又页五十上曰："《武帝纪》：'建元五年春，罢三铢钱，行半两钱。'按此钱面有肉郭，俗称有郭半两，亦名三分钱。三分十二铢而得四铢，为此泉一枚之重。"

半两钱(补)

井目半两。

整理者案：据《古今钱略》卷七《古圜钱正品一》补。

中元银挺(一)

中元二年，考工所造。(《汉金》卷四)

整理者案：本篇亦见《金文续编》。中元，即建武中元，为东汉光武帝年号(中元二年为57年)，此为东汉物。

中元银挺(二至四)

中元二年。(《汉金》卷四)

整理者案:王卉《汉代铜器铭文汇总》未录此篇。又东汉光武帝中元二年为57年。

左尚方银挺(补)

光和四年,左尚方造。

整理者案:据《历代著录吉金目》页1148上栏补。篇题"挺"借为"锭"字。下同。又光和为东汉灵帝年号(光和四年为181年),此为东汉物。

契刀五百(补)

契刀五百。

整理者案:据《钱录》卷四补。《两汉金石记》卷五曰:"'契'字实作'栔','栔'即'契'字也。"《十六长乐堂古器款识考》卷四"契"字作"栔",曰:"右栔刀,长二寸,文曰'栔刀五百',字并阳识。'栔刀'二字横书,与错刀位置不同。《说文解字》:'栔,刻也,从木从㓞。'《汉书·食货志》作'契'。《解字》又曰:'契,大约也。从大从㓞。'二字不同义。"《历代古钱图说》页五十一下曰:"《汉·食货志》:'王莽造契刀,其环如大钱,身形如刀,长二寸,文曰契刀五百。'荀悦《汉纪》:'居摄二年夏四月,更造契刀,一直五百,与五铢并行。'"

契刀(补)

契刀。

整理者案:据《金索》卷四补。

平五千刀(补)

(一刀)平五千。

整理者案:据《金索》卷四补。

平五千刀(补)

一刀平五千。

整理者案:据《两汉金石记》卷五补。《两汉金石记》曰:"《食货志》:莽造错刀,以黄金错其文,曰一刀直五千。张晏亦曰:'其文上曰一,下曰刀。不与《志》相应。'师古曰:'张说非也。王莽泉、刀今并尚在,形质及文与《志》相合,无差错也。'《汉志注》又载:刘奉世弟当时常得错刀,文曰'一刀平五千'。宋祁曰:'梅圣俞云饮刘原父家,原父怀二古钱劝酒,其一齐之大刀,长五寸半,其一王莽时金错刀,长二寸半。诗云:探怀发二宝,太公新室钱。独行齐大刀,镰形末连环。文存半辨齐,皆有模法圆。次观金错刀,一刀平五千。'"《十六长乐堂古器款识考》卷四题作"新莽错刀",曰:"右金错刀,长二寸,文曰'一刀平五千'。'一刀'二字阴识,以黄金错之;'平五千'三字阳识。平,即直也。《汉书·食货志》经作'直五千',似班固改之。于义虽无所戾,然竟非本事。"钱铭又见《考古学报》2014.2P247;M202:23。《文物》2014.3P19;M26:7。

铜刀币（补）

一刀直五千。

整理者案:据《钱录》卷四补。《金索》卷四曰:"《汉志》,莽居摄,变汉制,造大钱五十,又造契刀、错刀。契刀,其环如大钱,身形如刀,长二寸,文曰契刀五百。错刀,以黄金错,其文曰一刀直五千。"又曰:"《志》又云,大泉五十、契刀、错刀与五铢钱并行,凡四品。莽即真,以为书'刘'字有金刀,乃罢错刀、契刀及五铢,而更作金银龟贝钱布之品,则错刀之行未久亦。古诗云:'美人赠我金错刀,何以报之英琼瑶',则当时已重其品矣,宜今之罕觏也。"《历代古钱图说》页五十二上引荀悦《汉纪》曰:"居摄二年夏四月更造错刀,一直五千,与五铢并行。"

铜刀币（补）

大黄布刀。

整理者案:据《钱录》卷四补。

大泉五十（补）

大泉五十。

整理者案:据《钱录》卷四补。《两汉金石记》卷五曰:"《汉书·食货志》:'王莽居摄,变汉制,于是更造大泉,径寸二分,重十二铢,文曰大泉五十。'盖汉自武帝铸五铢钱,后阅宣、元、成、哀、平五世,无所变更。至是,莽始变法也。《周官·外府》郑注曰:'汉惟有五铢久行,王莽改货,而易作泉布,多至十品。今存於民间者,大泉径一寸二分,重十二铢,文曰大泉,直十五货泉也。'"钱铭又见《文物》2014.3P19;M26:7。《文物》2014.3P34,图一七。

小泉（补）

小泉直一。

整理者案:据《钱录》卷四补。《历代古钱图说》页五十二下曰:"《汉书·食货志》:'莽作泉布之品,名曰宝货。小钱径六分,重一铢,文曰小泉直一。次七分,三铢,曰幺钱一十。次八分,五铢,曰幼钱二十。次九分,七铢,曰中钱三十。次一寸,九铢,曰壮钱四十。因前大钱五十,是为钱货六品,直各如其文。后以百姓愤乱,其货不行,乃但行小泉直一与大钱五十二品。'按今钱文'泉'字,《汉书》皆作'钱'。钱为钱货之本字,泉为同音通假字。莽讳卯金刀,故用泉字。"

幺泉（补）

幺泉十一。

整理者案：据《钱录》卷四补。

幼泉（补）

幼泉二十。

整理者案：据《钱录》卷四补。

中泉（补）

中泉三十。

整理者案：据《钱录》卷四补。

壮泉（补）

壮泉四十。

整理者案：据《钱录》卷四补。又案：《金索》卷四曰："莽始建国，更作小钱，径六分，文曰小泉直一，重一铢。次幺泉一十，次幼泉二十，次中泉三十，次壮泉四十。因前大泉五十，为泉货六品。"

货泉（补）

货泉。

整理者案：据《金索》卷四补。《金索》曰："《汉志》：'天凤元年，莽罢大小钱，改作货泉，径一寸，重五铢，文右曰货，左曰泉，枚直一。'与货布二品并行。"《历代古钱图说》页五十五上曰："按今所见大小不一，又有传形、饼钱、合背等。又光武建武初年，亦铸此泉，今已不能辨识矣。"《钱志新编》卷四曰："《汉官仪》曰：莽铸货泉，其文为'白水真人'。光武居白水乡，乃应其瑞。有二品，悬针文者，俗谓之男钱。又有反文及对文者。"

益货（补）

益货。

整理者案：据《历代古钱图说》页五十上补。《图说》曰："益，为汉武帝元朔二年所封菑川懿王子刘胡之侯国，故属北海郡，故城在今山东寿光县西。益都在寿光北十五里。盖今之益都，在汉为侯国。由此可知益货当为汉武帝时益都所铸。"

布泉（补）

布泉。

整理者案：据《中国历代货币大系》补。《历代古钱图说》页五十五下曰："《汉书·王莽传中》：'吏民出入，持布钱以副符传。'按莽六泉、货泉等之'泉'字，《汉书》皆作'钱'。则此'布钱'当即'布泉'也。"《钱志新编》卷四曰:"李孝美曰:径九分,重四铢,背面肉好,皆有周郭。《旧谱》曰:径寸、悬针文者,谓之男钱,言佩之则生男。"

五铢一泉(补)

五铢一泉。

整理者案:据陈直《两汉经济史料论丛》P119 补。

宜子孙货泉(补)

宜子孙货泉。(《小校》卷13P64)

整理者案:据王卉《汉代铜器铭文汇总》补。原无篇题,此据铭文拟题。

小布(补)

小布一百。

整理者案:据《两汉金石记》卷五补。亦见《金索》卷四。《两汉金石记》曰:"《食货志》:'小布长寸五分,重十五铢,文曰小布一百。自小布以上,各相长一分,相重一铢,文各为其布名,直各加一百。上至大布,长二寸四分,重一两,而直千钱矣。是为布货十品。'注:'师古曰:布亦泉耳。谓之布者,言其分布流行也。'宋祁曰:'各加一百,当删一字。'按'十品'者,谓大布、次布、弟布、壮布、中布、差布、厚布、幼布、幺布、小布也。'自小布以上,各相长一分'者,谓幺布长寸六分,至大布,长二寸四分也。各'相重一铢'者,谓幺布重十六铢,上至大布,重二十四铢也。'直各加一百'者,谓幺布二百,上至大布,直千也。'一'字必不可删。假如宋祁说'一百'当删'一'字,则'一分'、'一铢'何不亦删'一'字,而必'一百'之是删乎?凡宋祁校《汉书》所云某字当省者,大约类此。"又案:莽时布货十品,皆铸于始建国二年。

幺布(补)

幺布二百。

整理者案:据《两汉金石记》卷五补。亦见《金索》卷四。

幼布(补)

幼布三百。

整理者案:据《两汉金石记》卷五补。亦见《金索》卷四。

序布(补)

序布四百。

整理者案:据《中国历代货币大系》补。《金索》卷四录此品,"序"作"厚"。

《十六长乐堂古器款识考》卷四曰:"新莽十布:一曰小布一百,长一寸五分;二曰幺布二百,长一寸六分;三曰幼布三百,长一寸七分;四曰序布四百,长一寸八分;五曰差布五百,长一寸九分;六曰中布六百,长二寸;七曰壮布七百,长二寸一分;八曰弟布八百,长二寸二分;九曰次布九百,长二寸三分;十曰大布横千,长二寸四分。小布重十五铢,由小布以上递重一铢,递加一百,故大布重一两,而直千钱。其命名之义,则以大小相对。次、弟、壮、中、差、序、幼、幺,两两相因。今《汉书·食货志》乃讹作'厚布',非矣。莽十布,余收获皆全,独此可以证史书传写之误,大布可以正时俗解释之谬,故录入之。益以见古物之留存于世为功不小,岂特供展玩而已哉?"

差布(补)

差布五百。

整理者案:据《两汉金石记》卷五补。亦见《金索》卷四。

中布(补)

中布六百。

整理者案:据《两汉金石记》卷五补。亦见《金索》卷四。《金索》曰:"六从一下丨,不可解。疑以'一'为五,'丨'为一,合成六。"

壮布(补)

壮布七百。

整理者案:据《金索》卷四补。

弟布(补)

弟布八百。

整理者案:据《金索》卷四补。铭文"弟"字,《中国历代货币大系》所附钱币拓片作"羌"。

次布(补)

次布九百。

整理者案:据《两汉金石记》卷五补。亦见《金索》卷四。

大布(补)

大布黄千。

整理者案:据《两汉金石记》卷五补。亦见《从古堂款识学》卷四。《两汉金石记》曰:"此布前人著录皆作'大布黄刀'。海盐张芑堂(燕昌)《金石契》引吴门张端木曰:此布之文乃是'大布黄千',《汉书》所云'莽布十品,大布直千钱',意谓是欤?

而《泉志》所云'大布黄刀',了无意义。且篆文'刀'字岂有中多一点者乎?盖'千'字也。但观幺布等形制,研究自明矣。……方纲按:此布文自应读作'大布黄千'。"《十六长乐堂古器款识考》卷四曰:"古衡字作横,横字亦作黄,皆通用也。《檀弓》'衡缝'注:'今礼制衡读为横。'《考工记》'衡四寸'注:'衡,古文横。'又横字从黄,故即以黄代横耳。今或读为'大布黄刀'者,非也。《汉书·食货志》:'新莽大布重一两,长二寸四分。'今以建初尺较之,恰长二寸四分,知建初尺与莽尺相同。"《从古堂款识学》曰:"今按所见大布,文作'大布黄千'。黄即横省,通作衡。衡,平也。平义为直,故错刀直五千,文作'平五千'。黄义亦为直,故大布直千钱,文作'黄千'耳。"《八琼室金石札记》卷三曰:"大布黄千,十布之最大者。大黄者,布之名。古以之名弩,亦以之名山。或读为'大布横千'者,非。"钱铭又见《文物》2014.3P34,图一七。

货布(补)

货布。

整理者案:据《两汉金石记》卷五补。亦见《金索》卷四。《两汉金石记》曰:"《食货志》:'天凤元年罢大小钱,改作货布,长二寸五分,广一寸。首长八分有奇,广八分。其圜好径二分半,足枝长八分,间广二分。其文右曰货,左曰布,重二十五铢,直货泉二十五。'愚按:诸泉布惟此一品尺寸最详,今以建初尺度之,无不与《志》所云纤毫悉应者,足徵建初尺即刘歆铜斛尺无疑也。"《金索》曰:"此布在十品之外。"又案:天凤时,此货布与货泉并行。

货布五百(补)

方七寸。(柄端)货布五百。(布身)

整理者案:据《钱录》卷四补。又见《金索》卷四,"方七寸"作"方寸匕"。《金索》曰:"疑莽所铸。"

四布当三十(补)

四布当三十。

整理者案:据《金索》卷四补。

端布当千(补)

端布当千。十货。

整理者案:据《金索》卷四补。《金索》曰:"此布极大,背文作'十货'字,诸谱未详何代。惟《续夷坚志》'莽有端布当千',或即此也。"

四比当忻铜布(补)

四比(币)。(正面,篆书)当忻。(背面,篆书)(《文物鉴定与鉴赏》2015.1P84)

整理者案:据铭文所出文献,此为西汉早期楚国钱币。

四曲文钱(补)

文信(?)。(《考古》1982.3P227,M34:40)

汉宜钱(补)

宜。

整理者案:据《从古堂款识学》卷四补。

汉压胜钱(补)

长乐未央。君宜子孙。

整理者案:据《从古堂款识学》卷四补。

国宝金匮(补)

国宝金匮直万。(《历代》)

整理者案:据王卉《汉代铜器铭文汇总》补。原无篇题,此据铭文拟题。

三铢(补)

三铢。

整理者案:据《钱录》卷三补。此西汉武帝时物。《历代古钱图说》页四十八下曰:"《武帝纪》:'建元元年春二月,行三铢钱。'《平准书》:'令县官销半两钱,更铸三铢钱,文如其重。'"

丞相三铢(补)

丞相三铢。

整理者案:据陈直《两汉经济史料论丛》P115补。陈直定此为西汉钱。

高柳四铢(补)

高柳四铢。

整理者案:据陈直《两汉经济史料论丛》P114补。陈直定此为西汉钱。

临菑四铢(补)

临菑四铢。

整理者案:据陈直《两汉经济史料论丛》P114补。陈直定此为西汉钱。

阳丘四铢(补)

阳丘四铢。

整理者案:据陈直《两汉经济史料论丛》P114补。陈直定此为西汉钱。

驺四铢(补)

驺四铢。

整理者案:据陈直《两汉经济史料论丛》P114 补。陈直定此为西汉钱。

东阿四铢(补)

东阿四铢。

整理者案:据陈直《两汉经济史料论丛》P114 补。陈直定此为西汉钱。

宜阳四铢(补)

宜阳四铢。

整理者案:据陈直《两汉经济史料论丛》P114 补。陈直定此为西汉钱。

临朐四铢(补)

临朐四铢。

整理者案:据陈直《两汉经济史料论丛》P114 补。陈直定此为西汉钱。

姑幕四铢(补)

姑幕四铢。

整理者案:据陈直《两汉经济史料论丛》P114 补。陈直定此为西汉钱。

兰陵四铢(补)

兰陵四铢。

整理者案:据陈直《两汉经济史料论丛》P115 补。陈直定此为西汉钱。

东安四铢(补)

东安四铢。

整理者案:据陈直《两汉经济史料论丛》P115 补。陈直定此为西汉钱。

高阳四铢(补)

高阳四铢。

整理者案:据陈直《两汉经济史料论丛》P115 补。陈直定此为西汉钱。

上蔡四铢(补)

上蔡四铢。

整理者案:据陈直《两汉经济史料论丛》P115 补。陈直定此为西汉钱。

高密四铢(补)

高密四铢。

整理者案:据陈直《两汉经济史料论丛》P115 补。陈直定此为西汉钱。

市四铢(补)

市四铢。

整理者案:据陈直《两汉经济史料论丛》P115 补。陈直定此为西汉钱。

临四铢（补）

临四铢。

整理者案：据陈直《两汉经济史料论丛》P115 补。陈直定此为西汉钱。

丞相四铢（补）

丞相四铢。

整理者案：据陈直《两汉经济史料论丛》P115 补。陈直定此为西汉钱。

五铢（补）

五铢。

整理者案：五铢铭钱，所见甚多。《历代古钱图说》对此钱亦有说明，曰："《平准书》：'京师铸锺官赤侧，一当五，赋官用，非赤侧不得行。'如淳曰：'以赤铜为其郭也。'"又曰："《武帝纪》：'元狩五年，罢半两钱，行五铢钱。'《平准书》：'请诸郡国铸五铢钱，周郭其下，令不可磨取镕焉。'"

长乐五铢（补）

长乐。五铢。（《小校》卷 13P7）

整理者案：据王卉《汉代铜器铭文汇总》补。

四出五铢（补）

四出五铢。（《中原文物》1984.3P42，M1）

整理者案：据铭文所出文献，此为东汉桓帝时钱币。然灵帝时亦有此品。《两汉金石记》卷五曰："《灵帝纪》：'中平三年铸四出文钱。'《献帝春秋》曰：'灵帝作角钱，犹五铢而有四道，连于边轮'。今所存者，或背文四出，或止二道者，为小异耳。"《金索》卷四曰："灵帝作角钱，背文四出，俗称为四道五铢，有铜、铱二等。"

直百五铢（补）

直百五铢。为。

整理者案：据《两汉金石记》卷五补。亦见《金索》卷四。《两汉金石记》曰："《泉志》：顾烜曰：'汉献帝建安十九年，刘备铸。'《蜀志》注：'从西曹掾刘巴议也。'又顾烜曰：'刘巴说刘备铸直百钱，文曰五铢直百。'洪遵曰：'有一种面文相类，背肉粗恶，穿左有一为字。'潘毅堂云：'或取犍为郡也。'"《金索》曰："昭烈帝钱，文直百五铢，有径九分、七分者，背有一'为'字，或云指犍为郡。"《钱志新编》卷四曰："《蜀志》：先主初拔成都，军用不足，铸直百五铢钱。顾烜曰：径一寸一分，重八铢。洪氏曰：凡四种，有径九分、重五铢者，背面有周郭，字文明坦。径七分、重三铢八参者,形制窊薄。背文穿左有一'为'字者,背面粗恶。又铸'直百'二字,钱径七分、重四铢。又传形五铢钱,'五'字在左,'铢'字在右,俗称蜀钱。"

直百五铢(补)

直百。

整理者案:据《金索》卷四补。《金索》曰:"又一种,上'直'下'百',无'五铢'字。《泉志》:'顾烜曰:汉建安十九年刘备铸,直百钱,文曰五铢直百。'"

传形五铢(补)

五铢。十。

整理者案:据《金索》卷四补。《金索》曰:"传形五铢,亦昭烈铸,左右相反,铢字亦反穿,上有'十'字。"《两汉金石记》卷五亦录有此品,无"十"字。《两汉金石记》引《泉志》曰:"顾烜曰:'刘备铸直百钱、传形五铢。'《旧谱》曰:'五字居左,铢字居右,谓之传形。'"

五铢(补)

五铢。三。

整理者案:据《金索》卷四补。《金索》曰:"此钱文正穿,下有'三'字,未知何时所铸,因与上'十'字相类,附录之。"

平当五铢(补)

平当五铢。

整理者案:据《金索》卷四补。《金索》曰:"文半篆半楷。李《谱》:平当五铢,或云汉代所铸。"

富贵昌五铢(补)

富贵昌。五铢。(《小校》卷13P9)

整理者案:据王卉《汉代铜器铭文汇总》补。

富贵昌五铢(一至三)(补)

富贵昌。宜侯王。五铢。(《小校》卷13P16—17)

整理者案:据王卉《汉代铜器铭文汇总》补。

上林三官五铢(补)

上林三官五铢。(《考古学报》2007.1P34Bb型Ⅰ式)

整理者案:据王卉《汉代铜器铭文汇总》补。

君宜侯王五铢(补)

君宜侯王五铢。

整理者案:据《金索》卷四补。《金索》曰:"君宜侯王钱,旧谱云:'径寸,重如其文,并篆书,形制与汉五铢同。'按'君宜侯王',盖吉利语,汉人多用之。"

六铢钱(补)

六铢钱。

整理者案:据《汉代物质文化资料图说》页444补。

法钱一(补)

第一。

整理者案:据陈直《两汉经济史料论丛》P116补。陈直定此为西汉钱。

法钱二(补)

第四。

整理者案:据陈直《两汉经济史料论丛》P116补。陈直定此为西汉钱。

法钱三(补)

第七。

整理者案:据陈直《两汉经济史料论丛》P116补。陈直定此为西汉钱。

法钱四(补)

第九。

整理者案:据陈直《两汉经济史料论丛》P116补。陈直定此为西汉钱。

法钱五(补)

第十。

整理者案:据陈直《两汉经济史料论丛》P116补。陈直定此为西汉钱。

法钱六(补)

第十一。

整理者案:据陈直《两汉经济史料论丛》P116补。陈直定此为西汉钱。

法钱七(补)

第十六。

整理者案:据陈直《两汉经济史料论丛》P116补。陈直定此为西汉钱。

法钱八(补)

第十七。

整理者案:据陈直《两汉经济史料论丛》P116补。陈直定此为西汉钱。

法钱九(补)

第十八。

整理者案:据陈直《两汉经济史料论丛》P116 补。陈直定此为西汉钱。

法钱十(补)

第十九。

整理者案:据陈直《两汉经济史料论丛》P116 补。陈直定此为西汉钱。

法钱十一(补)

第廿三。

整理者案:据陈直《两汉经济史料论丛》P116 补。陈直定此为西汉钱。

法钱十二(补)

第廿八。

整理者案:据陈直《两汉经济史料论丛》P116 补。陈直定此为西汉钱。

法钱十三(补)

第一,重四两。

整理者案:据陈直《两汉经济史料论丛》P116 补。陈直定此为西汉钱。

法钱十四(补)

第五,重四两。

整理者案:据陈直《两汉经济史料论丛》P116 补。陈直定此为西汉钱。

法钱十五(补)

第九,重四两。

整理者案:据陈直《两汉经济史料论丛》P116 补。陈直定此为西汉钱。

法钱十六(补)

重一两十二铢。

整理者案:据陈直《两汉经济史料论丛》P116 补。陈直定此为西汉钱。

法钱十七(补)

重一两十三铢。

整理者案:据陈直《两汉经济史料论丛》P116 补。陈直定此为西汉钱。

法钱十八(补)

重一两十四铢。

整理者案:据陈直《两汉经济史料论丛》P116 补。陈直定此为西汉钱。

新币(补)

新币十一铢。

整理者案:据陈直《两汉经济史料论丛》P120 补。

重廿四铢铜钱(补)

重廿四铢铜钱。

整理者案:据《汉代物质文化资料图说》页 444 补。

铅 券

西汉建元元年荥阳邑王兴圭买田铅券(补)

建元元年夏五月朔廿二日乙巳,武阳太守大邑荥阳邑朱忠,有田在黑石滩,田二百町,卖与本邑王兴圭为有。众人李文信,贾(价)钱二万五千五百。其当日交评。东比王忠交,西比朱文忠,北比王之祥,南比大道。亦后各无言其田。王兴圭业。田内有男死者为奴,有女死者为妣(婢)。其日同共人,沽酒各半。

整理者案:据张传玺《中国历代契约会编考释》P58 录文补。又建元为西汉武帝年号(建元元年为前140年)。

西汉黄龙元年南阳郡诸葛敬买地铅券(补)

黄龙元年壬申,五月丙子朔,八日乙亥。诸葛敬从南阳男子马吉庆卖所名有青栾年部罗佰(陌)田一町,直(值)钱二万一千,钱即日毕。田东比贺方,南比沈大义,西尽大道,北比郑江生。根生土著毛物,皆属诸葛敬。田中若有尸死,男即当为奴,女即当为婢,皆当为诸葛敬趋走给使。田东西南北以大石为界。时旁人丁阳、郭平皆知倦约,沽酒各半。

整理者案:据《历代著录吉金目》页1147下栏补。张传玺《中国历代契约会编考释》P60 所录,"卖"作"买";"栾"下无"年"字;"二"作"两";"尸死"作"死尸";"倦约"作"券约"。又黄龙为西汉宣帝年号(黄龙元年为前49年)。

建武中元元年广阳郡徐胜买地铅券(补)

建武中元元年丙辰四月甲午朔廿八日乙酉,广阳太守大奴徐胜,从武邑男子高纪成,卖所名有黑石滩部罗佰(陌)田一町,贾(价)钱二万五千,钱即日毕。田东比皇甫忠,南比孙仲信,西比张淮,北比大道。根生土著毛物,皆属徐胜。田中若有死尸,男即为奴,女即为婢,皆当徐胜给使。时旁人姜同、许义皆知券约,沽酒各半。

整理者案：据《文物》1972.5P60录文补。又建武中元为东汉光武帝年号（建武中元元年为56年）。

延光四年东郡李德买地铅券（补）

延光四年乙丑朔三日庚午，东郡太守李德迁葬于黾池县，买地一亩余，价值钱万二千。东部李校尉，西部黄家后里，南部路北和睦里。如地中伏有尸骸者，男为奴，女为婢。同第三子迁葬于此，皆执券约。时年五十有六。

整理者案：据《文物》1964.12P61录文补。延光为东汉安帝年号（延光四年为125年）。

延熹四年钟仲游妻买地券（补）

延熹四年九月丙辰朔卅日已酉直闭，黄帝告丘丞、墓伯、地下二千石、墓左墓右、主墓狱吏、墓门亭长，莫不皆在。今平阴偃人乡苌富里钟仲游妻薄命蚤（早）死，今来下堃（葬），自买万世冢田，贾（价）直（值）九万九千，钱即日毕。四角立封，中央明堂皆有尺六桃卷、钱布、铅人。时证知者，先□□曾□□□□□氏知也。自今以后，不得干□□生人，有天帝教如律令。

整理者案：据《贞松堂集古遗文》卷十五补。《历代著录吉金目》页1147上栏篇题"买地券"作"镇墓券"。券文中括注之字，据黄景春《早期买地券、镇墓文整理与研究》录文（P64）之注释增。"已酉"，《历代著录吉金目》、陈锟键《东汉到晋买地券文字研究》作"乙酉"；"狱吏"，《历代著录吉金目》作"狱史"；"曾□□□"，《东汉到晋买地券文字研究》作"曾王父母"。又延熹为东汉桓帝年号（延熹四年为161年）。

建宁二年王未卿买地铅券（补）

建宁二年八月庚午朔廿五日甲午，河内怀男子王未卿，从河南河南街邮部男子袁叔威买辇门亭部什三邨（陌）袁田三亩，亩贾（价）钱三千一百，并直（值）九千三百，钱即日毕。时约者袁叔威。沽酒各半，即日丹书铁券为约。

整理者案：据《贞松堂集古遗文》卷十五补。篇题据券文增"建宁二年"四字。陈锟键《东汉到晋买地券文字研究》"辇"作"辇"，"邨"下有"西"字，"铁券"作"铁卷"。建宁为东汉灵帝年号（建宁二年为169年）。

建宁四年孙成买地券（补）

建宁四年九月戊午朔廿八日乙酉，左骏厩官大奴孙成，从雒阳男子张伯始卖（买）所名有广德亭部罗佰（陌）田一町，贾（价）钱万五千，钱即日毕。田东比张长卿，南比许仲异，西尽大道，北比张伯始。根生土著毛物，皆属孙成。田中若有尸死,男即当为奴,女即当为婢,皆当为孙成赹(趋)走给使。田东、西、南、北以大石为界。时旁人樊永、张义、孙龙,异姓樊元祖,皆知卷约。沽酒各半。

整理者案:据《芒洛冢墓遗文续编》卷上补。又据铭文于篇题增"建宁四年"四字。黄景春《早期买地券、镇墓文整理与研究》P68 录本篇,"乙酉"作"已酉","皆属"作"皆归","卷约"作"张约"。券文中括注之字,据黄景春录文之注释。陈锟键《东汉到晋买地券文字研究》"樊"作"樊"。又东汉灵帝建宁四年为171年。

熹平二年雒阳县赵奇买地铅券(补)

东汉熹平二年七月朔五日戊午,雒阳剌使(史)赵奇购迁于雒阳东七里,计地廿八丈四尺。东家和陆里,西赵家后田。除淮阴太守第三子迁此冢。世垂延贻永万年。

整理者案:据张传玺《中国历代契约会编考释》P64 录文补。熹平为东汉灵帝年号(熹平二年为173年)。

光和元年曹仲成买地券(补)

光和元年十二月丙午朔十五日,平阴都乡市南里曹仲成,从同县男子陈胡奴买长谷亭部马领佰(陌)北冢田六亩,亩千五百,并直九千,钱即日毕。田东比胡奴,北比胡奴,西比胡奴,南尽松道。四比之内,根生伏账物一钱以上,皆属仲成。田中有伏尸□骨,男当作奴,女当作婢,皆当为仲成给使。时旁人贾、刘,皆知券约,他如天帝律令。

整理者案:据黄景春《早期买地券、镇墓文整理与研究》P70 录文补。券文中括注之字,据黄景春录文之注释。陈锟键《东汉到晋买地券文字研究》"长谷"作"长古","账物"作"财物","尸□骨"作"既□"。又光和为东汉灵帝年号(光和元年为178年)。

光和二年王当买地券(补)

光和二年十月辛未朔三日癸酉,告墓上、墓下、中央主土,敢告墓伯、魂门、亭长、墓主、墓皇、墓丞:青骨死人王当、弟伋偷及父元兴 等,从河南□□ 左 仲 敬子孙等,买谷郏亭部三陌西袁田十亩以为宅,贾(价)直(值)钱万,钱即日毕。田有丈尺,卷(券)书明白。故立四角封界,界至九天上、九地下。死人归蒿里,地下 不 得 何(诃)止, 他姓 不 得 名。佑富贵,利子孙,王当、当弟伋偷及父元兴等。当来入臧(葬),无得劳苦苟(诃)止,易(亦)勿繇(繇)(徭)使,无责生人父母、兄弟、妻子,家室生人无 殃 ,各令死者无適(适)负。即欲有所为,待焦大豆生,铅卷

(券)华荣,鸡子之鸣,乃与诸神相听。何以为真? 铅卷(券)尺六为真。千秋万岁,后无死者,如律令。卷(券)成,田本曹奉祖田卖与左仲敬等,仲敬转卖与王当、弟伎偷及父元兴。约文□□,时知黄唯、留登胜。

整理者案:据黄景春《早期买地券、镇墓文整理与研究》P72 录文补。券文中括注之字及所补缺字,据黄景春《早期买地券、镇墓文整理与研究》录文之注释。陈锟键《东汉到晋买地券文字研究》"主土"作"主士","陌西"作"佰西"。又东汉灵帝光和二年为179年。

光和五年中山郡蒲阴县刘公则买地铅券(补)

[光]和五年二月[戊子朔]廿八日乙卯,□□□帝、神师,敢告墓上、墓下……土□、主士、墓□丞□、地下二千石、墓主、墓皇、墓昌、东仟、西仟、南佰、北佰、丘丞、墓佰(伯)、东……南成北□魂□□□□□中游徼、佰门卒史□,太原太守中山蒲阴县所成里刘公……早死,今日合墓□□□□。[上]至苍天,下至黄泉。青骨死人刘公则,自以家田三梁[亭]……得东佰(陌)索界八亩。南北长七十步,东西广九十六步。田有丈尺,券书明白,故立四角封界。□……□大□士,谨为刘氏之家解除咎殃,五残六贼。女□□猾,七十二不祥,天殃夜光,八尸九敏,或有……侍何仲不垚,生死异路,不得相妨。死人归蒿里戊己。地上地下,不得苛(诃)止。他□不……无适,有富利生人[子]孙。□□□□敢劳苦,无呼鸡□,无得[苛]中,无责……令死人无道□即[欲有]得,待[焦]大豆生菜,段鸡上雏[鸣],[铅]券[华荣]。……诸神[相听]。[何以]为信? 尺□桃□□□。□则绝道。上绝天文,下绝地理,绝墓葬□,□适除解。千秋万世……复死者,[世]世[富]贵,永宜子孙……

整理者案:据罗操《从买地券看东汉时期的土地买卖和土地契约》P63—64 录文补。据文中"[铅]券[华荣]"之语归入铅质买地券。陈锟键《东汉到晋买地券文字研究》"墓□丞"作"墓□永","太原太守"作"大原大守","所成里"作"博成里","苍天"作"仓天","□大□士"作"□大立士","苛止"作"前□","他□不"作"他时不","段鸡"作"叚鸡"。又东汉灵帝光和五年为182年。

光和六年都乡戴子起买地铅券(补)

光和六年十月戊寅朔卅日丁末,都乡戴子起自有父世一丘一顷,南至海,北至陆,东至□,西至千(阡),上半(伴)天,下入渊。子起□知之。子起薄命,来归土,十月卅日□(葬),为子起买冢田万三百,申告冢皂、丘丞、墓伯、□、□伯,使子起来

（葬），无得□留止。子起食地下米,随下礼;子起食地下□。随地下俗。墓王、魂神无责子起妻子、兄弟、父母。欲责□□,□乌白头,马生角,乃与神。何以为信,尺六桃券丹□□为信。时乡里丁福沽酒各半,时正南使者丁子与神约,万岁不更,如律令。

整理者案:据罗操《从买地券看东汉时期的土地买卖和土地契约》P63—64 录文补。又东汉灵帝光和六年为183年。

光和七年樊利家买地铅券（补）

光和七年九月癸酉朔六日戊寅,平阴男子樊利家,从洛阳男子杜謂子、子弟阳买石梁亭部桓千（阡）东比是（氏）佰（陌）北田五亩,亩三千,并直（值）万五千,钱即日异（毕）。田中根[生]土著,上至天,下至黄,皆□□行田,南尽佰（陌）北,东自比謂子,西比羽林孟□。若一旦田为吏民秦胡所名有,謂子自当解之。时旁人杜子陵、李季盛,沽酒各半。钱千无五十。

整理者案:据《贞松堂集古遗文》卷十五补。篇题据券文增"光和七年"四字。券文中括注之字及所增"生"字,则据黄景春《早期买地券、镇墓文整理与研究》录文(P78)之注释。又东汉灵帝光和七年为184年。

中平五年房桃枝买地铅券（补）

中平五年三月壬午朔,七日戊午,雒阳大女房桃枝,从同县大女赵敬买广德亭部罗西造步兵道东冢下余地一亩,直（值）钱三千,钱即毕。田中有伏尸,男为奴,女为婢,田东、西、南比旧秋,北比樊汉昌。时旁人樊汉昌、王阿顺皆知券约。沽各半。钱千无五十。

整理者案:据《贞松堂集古遗文》卷十五补。又据券文于篇题增"中平五年"四字。铭文"田中"原作"日中","旧秋"原作"旧□",皆据黄景春《早期买地券、镇墓文整理与研究》录文(P79)之注释及陈锟键《东汉到晋买地券文字研究》录文(P227)改补。又《芒洛冢墓遗文续编》卷上录本篇题作"雒阳大女房桃枝买地券",铭文"罗西"下有"比"字,"券约"作"卷约"。又案:此券亦见《中国书法全集》第九册页53图42,"罗西"下亦有"比"字。据《中国书法全集》第九册页192图版说明42,此券传出土于河南洛阳。《中国书法全集》曰:"券文首句'中平五年三月壬午朔七日戊午',根据《二十史朔闰表》,七日应为戊子。实属镌刻时的笔误。'广德亭部',广德为地名。汉承秦制,十里一亭,亭所管辖的区域称为亭部。"又曰:"买地券是一种类似买地契约的随葬品。起源于东汉。初期的形制模拟简策,内容模仿真实的买地契约。对于这类买地券的性质问题,学术界有不同的看法,有人认为是'真实的土地买卖文书',有人则认为是'模仿土地买卖文书制作的随葬明器'。"又中平为东汉灵帝年号(中平五年为188年)。

中平五年召陵县性待郎买地铅券(补)

中平五年三月壬午朔七日戊午,雒阳东郡太守南阳召陵人性待郎迁于雒阳东冢下,买地廿五丈八尺。东至大路,西至大石头,南至大冢,北至石人。如地中伏尸,男为奴,女为婢。券卒年葬地一顷,钱十五万,以供葬事殡。其年多故□□乙酉□葬。

整理者案:据张传玺《中国历代契约会编考释》P65录文补。东汉灵帝中平五年为188年。

中平五年雒阳县男子买地铅券(补)

中平五年十二月戊申朔七日甲寅,雒阳男子□□□,从同县男子申阿、仲节、季节、元节所名有当利亭部大阳仟北高坑佰西垣冢田一町,东西长廿五步,南北卅八步,东□东出角佰,广五步,长五十四步,并为田五亩。贾(价)钱亩五千五百,并为钱二万七千五百五十,钱即日毕。约田中根生土着伏财物,上至仓(苍)天,下至黄泉,悉□□冥有,当□□□讼名有地者。时诣者,营冢长丞。营三得甫卿,卿无适甫。卿子男胡□、网得、元平及阿、仲节、元节、季节,当□□□田决□不能如平,平如故。田东比沐君谦、沐君高、沐□□。南比章延年、章仲千、章阿□。西比申阿、申仲节、季节、元节。北比申阿、申中(仲)节、季节、元节。(正面刻辞)

时旁人汵阿车、王伯玉、刘唐、许伯雁、王元迪、师□金,皆知券约。矢□所这,对为券书。沽酒各半。官钱千无六十,行钱无五十。(背面刻辞)

整理者案:据《中原文物》2010.3P75—76录文补。东汉灵帝中平五年为188年。

建安三年崔坊买地铅券(补)

建安三年三月八日,祭主崔坊,伏缘先考奄逝以来,葬地未卜,延日者择此高原来世朝近地,世袭吉日。时洋钱于皇天后土处,买到龙子冈阴地一区,始移分葬,永为阴宅,千侯百岁,永无殃咎。若有干犯,将军、亭长缚送致罪,先有居者,各相安好,分付工匠修安厝巳(已)(以)后,示保全吉,立券孝子崔坊。

整理者案:据张传玺《中国历代契约会编考释》P65—66录文补。《历代著录吉金目》页1147上栏所录,"近地"作"迎地","永无"作"永毋","示保"作"永保"。又建安为东汉献帝年号(建安三年为198年)。

□孟叔铅买地券(补)

□平□年十月□□□□辛亥,河南男子□孟叔,从雒阳男子王孟山、山子男元显、显子男富年,买所名有…………田□亩,贾(价)钱万,即日毕□钱□孟山、元显、富年□。田西比□□□贾(价)…………田□□从孟叔便□□□□□上至苍天,下至□□亻…………九□□樊□元,皆知卷(券)约,沽酒各□。

整理者案:据黄景春《早期买地券、镇墓文整理与研究》P80—81录文补。文中括注之字,皆据黄景春《早期买地券、镇墓文整理与研究》录文之注释。

东汉召陵马荣买地铅券(补)

□□□[年]三月初七戊午,东郡太守马荣,南阳召陵人,姓□,为博士,时人常推重之。初为郡功[曹,举孝]廉,再迁,除交长,后为东郡太守。元年十二月卒于官。买地于洛阳东地,计廿四丈五尺。□□□姓。如地中伏尸,男为奴,女为婢。此券。卒年五十有七。

整理者案:据张传玺《中国历代契约会编考释》P67—68录文补。

镇墓文

元嘉元年袁孝刘铅镇墓文（补）

元嘉元年十月十一日□□□□袁孝刘冢，如律令。（背有道符）

整理者案：镇墓文载体多为陶器、石器和砖瓦，铅器者少见。本篇据《贞松堂集古遗文》卷十五补。《历代著录吉金目》页1146上栏篇题作"袁孝刘镇墓券"。铭文"律令"前"如"字，原作阙文号，此据《历代著录吉金目》及黄景春《早期买地券、镇墓文整理与研究》录文（P102）增。又元嘉为东汉桓帝年号（元嘉元年为151年）。

熹平六年镇墓文（补）

熹平六年九月癸未朔廿四日丙午……日去……相……民人……西属长安，死人东属大山。生人属阳，死属阴，生人□□□无相干……

整理者案：据黄景春《早期买地券、镇墓文整理与研究》P128录文补。熹平为东汉灵帝年号（熹平六年为177年）。

程氏镇墓文（补）

（甲）告立之印，恩（思）下墓皇、墓伯、墓长、墓令、丘丞、地下二千石、地下都尉、延门佰（伯）史、蒿里父老、冢中守老蛇，程氏当塟父母，一臧五棺，无责家室孙子儿妇，还往归后，塟埋以后。长宜孙子，他[如]律令。

（乙）告立之印，恩（思）下墓皇、墓伯、墓长、墓令、丘丞、地下二千石、地下都尉、延门佰（伯）史、蒿里父老、冢中守老蛇，程氏当塟父母，一臧五棺，无责家室孙子儿妇，还往归后，塟埋以后。长宜孙子，他如律令。

（丙）告立之印，恩（思）下墓皇、墓伯、墓长、墓令、丘丞、地下二千石、地下都尉、延门佰（伯）史、蒿里父老、冢中守老蛇，程氏当塟父母，一臧五棺，无责家室孙子儿妇,还往归后,蓳埋以后。长宜孙子,他如律令。

（丁）告立之印,恩(思)下墓皇、墓伯、墓长、墓令、丘丞、地下二千石、地下都尉、延门佰(伯)史、蒿里父老、冢中守老蛇,程氏当蓳父母,一臧五棺,无责家室孙子儿妇,还往归后,蓳埋以后。长宜孙,他如律令。

整理者案：据黄景春《早期买地券、镇墓文整理与研究》P137—138 录文补。文中括注之字及所增"如"字,皆据黄景春《早期买地券、镇墓文整理与研究》录文之注释。

残镇墓券（补）

……□□西,生人□□□人出郭,死生异处,莫相干□。生人属西长安,死人属太山,丘丞墓伯□……南,故为丹书铁券,□及解适,千秋万岁,莫相来索,如律令。

整理者案：据《历代著录吉金目》页 1146 上栏补。黄景春《早期买地券、镇墓文整理与研究》P141—142 篇题"券"作"文"。

刘伯平镇墓券（补）

（上缺）□月乙亥朔廿二日丙申朔,天帝下令移前雒东乡东郡里刘伯平,薄命蚤（早）[死]（下缺）

（上缺）医药不能治,岁月重复,适与同时,魃鬼尸注(疰),皆归墓丘,大山君召（下缺）

（上缺）相念苦,勿相思,生属长安,死属大山,死生异处,不得相防(妨),须河水清,大山（下缺）

（上缺）□六丁,有天帝教如律令。

整理者案：据《历代著录吉金目》页 1146 补。文中括注之字及所增"死"字,则据黄景春《早期买地券、镇墓文整理与研究》P142—143 录文之注释。

主要参考文献

（宋）王　俅：《啸堂集古录》，《四部丛刊续编》本
（宋）王　黼：《宣和博古图》，明万历间泊如斋重修本
（宋）洪　迈：《容斋随笔》，上海古籍出版社1978年版
（宋）洪　适：《隶释·隶续》，中华书局1985年版
（宋）薛尚功：《历代钟鼎彝器款识》，辽沈书社1985年版
（宋）吕大临：《考古图·续考古图》，中华书局1987年影印文渊阁《四库全书》本
（宋）王厚之：《钟鼎款识》，《宋人著录金文丛刊》（初编）本，中华书局2005年版
（明）杨　慎：《金石古文》，清光绪八年学古斋刊本
（清）梁诗正等：《西清古鉴》，乾隆二十年武英殿刊本
（清）翁方纲：《两汉金石记》，刻本（哈佛燕京学社藏）
（清）赵绍祖：《安徽金石志略》，刻本
（清）钱　坫：《十六长乐堂古器款识考》，帝国图书馆藏嘉庆元年刊本
（清）毕沅、阮元：《山左金石志》，嘉庆二年仪征阮氏小琅嬛仙馆刊本
（清）张崇毅：《钱志新编》，道光十年尹氏酌春堂刊本
（清）冯云鹏、冯云鹓：《金石索》，道光十六年刊邃古斋藏本
（清）冯云鹏、冯云鹓：《金石索》，《万有文库》影邃古斋藏本
（清）吴荣光：《筠清馆金石》，道光廿二年刻本
（清）武　亿：《金石一跋》，道光二十三年授堂重刊本
（清）陆耀遹：《金石续编》，同治十三年毗陵双白燕堂刊本
（清）徐同柏、徐燕樵：《从古堂款识学》，光绪十二年同文书局石印本
（清）陆心源：《吴兴金石记》，光绪十六年自刊本
（清）冯登府：《金石综例》，《槐庐丛书》四编刊光绪丁亥行素草堂藏本
（清）叶奕苞：《金石录补》，《槐庐丛书》五编刊光绪丁亥行素草堂藏本
（清）吴大澂：《愙斋集古录》，光绪二十二年涵芬楼影印本

（清）端　方：《陶斋吉金录》，光绪三十四年石印本

（清）端　方：《陶斋吉金续录》，宣统元年石印本

（清）张仲炘：《湖北金石志》，民国十年（1921）湖北通志刊本

（清）陆增祥：《八琼室金石补正》，民国十四年（1925）吴兴刘氏希古楼刊本

（清）陆增祥：《八琼室金石札记》，民国十四年（1925）吴兴刘氏希古楼刊本

（清）阮　元：《积古斋钟鼎彝器款识》，《丛书集成初编》本，商务印书馆民国二十六年（1937）年版

（清）王　昶：《金石萃编》，北京市中国书店影印1921年扫叶山房本，1985年版

（清）梁诗正、于敏中：《钱录》，天津古籍出版社1989年版

（清）毕　沅：《中州金石记》，清刊本

（清）黄叔璥：《中州金石考》，顾氏金石舆地丛书本

陈介祺：《簠斋金石文考释》，1914年云窗丛刻本

黄　瑞：《台州金石录》，民国五年（1916）刘氏嘉业堂刊本

罗振玉：《芒洛冢墓遗文续编》，民国六年（1917）刊本

佚　名：《江苏金石记》，民国十六年（1927）江苏通志局石印本

福开森：《历代著录吉金目》，商务印书馆1939年版

张　维：《陇右金石录》，民国三十三年（1944）甘肃省文献征集委员会校印本

陈　直：《两汉经济史料论丛》，陕西人民出版社1980年版

中国考古学研究编委会：《中国考古学研究——夏鼐先生考古五十周年纪念论文集》，文物出版社1988年版

孙　机：《汉代物质文化资料图说》，文物出版社1991年版

丘光明：《中国历代度量衡考》，科学出版社1992年版

马定祥：《历代古钱图说》，上海人民出版社1992年版

刘正成、王镛：《中国书法全集》第9册《秦汉编·秦汉金文陶文卷》，荣宝斋出版1992年版（1995年第二次印刷）

周世荣：《湖南战国秦汉魏晋铜器铭文补记》，载《古文字研究》第十九辑，中华书局1992年版

邹宝库：《辽阳金石录》，辽阳市档案馆、辽阳博物馆编印，1994年版

张传玺：《中国历代契约会编考释》，北京大学出版社1995年版

朱心剑：《金石学》，《民国丛书》第五编第86册，上海书店1996年版

孙慰祖、徐谷富：《秦汉金文汇编》，上海书店出版社1997年版

罗振玉：《历代符牌图录》，中国书店1998年版

中国青铜器全集编辑委员会：《中国青铜器全集·秦汉》，文物出版社1998年版

湖北省荆州市周梁玉桥遗址博物馆：《关沮秦汉墓简牍》，中华书局2001年版

马飞海:《秦汉三国两晋南北朝货币》,上海辞书出版社 2002 年版

罗振玉:《贞松堂集古遗文》,北京图书馆出版社 2003 年版

徐正考:《汉代铜器铭文文字编》,吉林大学出版社 2005 年版

徐正考:《汉代铜器铭文综合研究》,作家出版社 2007 年版

徐正考:《汉代铜器铭文选释》,作家出版社 2007 年版

李京华:《冶金考古》,文物出版社 2007 年版

容　庚:《秦汉金文录》,《容庚学术著作全集》本,中华书局 2012 年版

容　庚:《金文续编》,《容庚学术著作全集》本,中华书局 2012 年版

黄景春:《早期买地券、镇墓文整理与研究》,华东师范大学 2004 年博士学位论文

王　卉:《汉代铜器铭文词语通释与研究》,华东师范大学 2009 年博士学位论文

陈锟键:《东汉到晋买地券文字研究》,台湾成功大学 2006 年硕士学位论文

罗　操:《从买地券看东汉时期的土地买卖和土地契约》,苏州科技学院 2011 年硕士学位论文

秦凤鹤:《甘肃出土先秦两汉青铜器铭文整理与研究》,西北师范大学 2012 年硕士学位论文

后 记

再度整理汉代金文的想法源于《全东汉文》的整理编纂。

2010年,西北师范大学赵逵夫先生成功申请了国家社科基金重大委托项目"《全先秦汉魏晋南北朝文》整理编纂与研究",此项目划分为七个子项目,其中《全东汉文》由我的导师万光治先生负责编纂。万师为进一步锻炼我,在与赵先生达成共识后,便让我协助他主持《全东汉文》的编纂工作。

为了能进一步体现出《全东汉文》的编纂价值,我们决定把东汉金文单独作为一个部分加以整理。虽然严可均所辑《全后汉文》也收有为数极少的几篇东汉金文,但因数量过少且整理质量不高而体现不出东汉金文对东汉时期历史文化研究的应有价值。有鉴于此,重新整理东汉金文不仅非常必要,而且还是《全东汉文》编纂工作的重要内容。

我最初准备的资料是徐正考先生编著的《汉代铜器铭文选释》和《汉代铜器铭文综合研究》二书,在阅读过程中,我发现还应做两个工作:一是要进一步扩大资料查阅搜集范围,即要增加2006年以来新发现的、新出土的且尚未被搜集整理的那部分材料;二是要扩大金文载体的材质类型,金文的载体材质不应只限于铜,还应扩大到金、银、铁、锡、铅。在此思路指导下去查找和阅读资料,便发现确实有必要再据其它论著所录金文对徐氏所做工作进一步做出补充和校订。另外,在所见的金文中,有些纪年明确,属于东汉时代;有些因无明确纪年,则不能确定是东汉还是西汉时代。所以,能够纳入《全东汉文》中的便是时代明确的那一部分,而那些时代不明的部分只能排除在外(排除的部分可能尚有一些该纳入东汉金文中)。

面对剩下的一堆材料,我有些犯难了。如果就这样丢弃而不加整理,我始终觉得有些可惜。再加上我所见的一些论著(如徐正考《汉代铜器铭文汇集》,罗振玉《贞松堂集古遗文》《贞松堂集古遗文补遗》《贞松堂集古遗文续编》,孙慰祖等

《秦汉金文汇编》,张传玺《中国历代契约会编考释》,王卉《汉代铜器铭文汇总》、黄景春《早期买地券、镇墓文整理与研究》等)在整理汉代金文时皆不分东、西汉,而是把两汉作为一个整体来处理。于是,我就把考察范围又扩大到整个两汉时代,所翻得的材料就更多了,这些材料恰好可弥补既有论著在数量上和器物材质类型上收录不完全的缺憾。另外,因既有论著收录同一条金文时也会出现异文,那么指出这些不同也是有意义之事。在这样的背景下,我便萌生了继续增补两汉金文和将不同论著中所录同条金文加以比勘的想法。把这个想法付诸实施后,就成了现在这本小册子了。

回过头来看,这本小册子从萌生想法,到查找资料,再到分类整理成形,断断续续地竟然耗费了将到五年时间。这段时间,我虽然花费了不少精力来整理,但未必能达到我当初的目的,更不好说能否让读者满意了。但无论怎样,两汉金文的整理工作一直不会有个尽头,随着时间的推移和新材料的不断面世,这方面的整理工作肯定还会继续下去。那么,我把整理出来的部分先拿出来,如果能对进一步的整理有些微补益或者提供一些教训,从而使后来的整理人员少走弯路,更好地达到整理目的,亦是我十分期待的事情,我亦将为此感到荣幸。

需要说明的是,整理这样一本小册子,需要耗费大量的时间。所幸贺州学院人事处、科研处给了我为期一年半的科研岗位,使我能够充分利用这段时间来细心梳理和辨析所收集的材料,从而完成最后的比勘工作。在此,特向贺州学院人事处、科研处致谢!

为加快整理工作,我的妻子钟桂玲女士(贺州学院马克思主义学院员工)帮我做了主要的录文工作,在此特向她的辛勤劳动表示感谢!她也理应成为这本小书的共同作者。

牟华林
2016年3月记于贺州学院